Klaus Oettinger
Aufrecht und tapfer

Kleine Schriftenreihe des Stadtarchivs Konstanz

Hg. von Jürgen Klöckler

Band 18

Zum Autor
Prof. Dr. Klaus Oettinger, Germanist und Literaturhistoriker, lehrte von 1980 bis 2001 Neuere Deutsche Literaturgeschichte an der Universität Konstanz.

Klaus Oettinger

Aufrecht und tapfer

Ignaz Heinrich von Wessenberg – ein katholischer Aufklärer

Essays, Vorträge, Analekten

UVK Verlagsgesellschaft Konstanz · München

Bibliografische Information der Deutschen Nationalbibliothek
Die Deutsche Nationalbibliothek verzeichnet diese Publikation
in der Deutschen Nationalbibliografie; detaillierte bibliografische Daten
sind im Internet über http://dnb.d-nb.de abrufbar.

ISSN 1619-6554
ISBN 978-3-86764-723-6

Einbandgestaltung: Susanne Fuellhaas, Konstanz
Einbandmotiv: Marie Ellenrieder: Porträt Ignaz Heinrich von Wessenberg
© Kupferstich-Kabinett, Staatliche Kunstsammlungen Dresden,
Foto: Herbert Boswank
Printed in Germany

UVK Verlagsgesellschaft mbH
Schützenstr. 24 · 78462 Konstanz
Tel. 07531-9053-0 · Fax 07531-9053-98
www.uvk.de

Den Bürgern von Konstanz, die ein halbes Jahrhundert lang freundlich zu mir waren.

Klaus Oettinger
im Herbst 2016

Inhaltsverzeichnis

Vorrede

Nach gemeinhin übereinstimmendem Urteil der Historiker war die Aufklärung in Deutschland ein von Grund auf protestantisches Phänomen. In der Tat waren die Träger der großen Namen dieser Geistesbewegung mehr oder weniger konfessionstreue Protestanten. Nun hat man aber neuerdings wiederholt darauf aufmerksam gemacht, dass es durchaus auch einen Beitrag katholischer Eliten zur Aufklärung gegeben habe und dass es wert sei, sich dessen zu erinnern, wenn das prekäre Verhältnis der Katholischen Kirche zur Moderne erörtert wird.[1] Katholische Aufklärer waren im ultramontanistisch geprägten Katholizismus des 19. Jahrhunderts und auch noch bis weit ins 20. Jahrhundert hinein systematisch ignoriert, von Fall zu Fall auch diskriminiert worden. Die Bemühung um eine Versöhnung der Katholischen Kirche mit der Aufklärung ist erst in der zweiten Hälfte des 20. Jahrhunderts während und nach der großen Denkwende des II. Vatikanums eingeleitet worden.[2] – Eine nachträgliche Würdigung erfuhr insbesondere der letzte Bistumsverweser der ehemaligen Diözese Konstanz Ignaz Heinrich von Wessenberg (1774 – 1860), der ein rundes Jahrhundert lang als kirchlicher Verlierer diffamiert worden war, in den 1960er Jahren jedoch als weitsichtiger Kirchenreformer wieder entdeckt wurde und seitdem als ein solcher gefeiert wird.

Versucht man den geistigen Standort Wessenbergs im Spannungsfeld von Tradition und Moderne zu topographieren, wird man einen stabilen Schnittpunkt der Koordinaten nicht ohne weiteres fixieren können. Einerseits ist Wessenberg von Jugend auf religiös sozialisiert worden in einer Katholischen Kirche, die in ihrem Denken und Handeln noch weithin von vormodernen Richtlinien geprägt war und deren institutionelle Ordnung unversehrbar erscheinen mochte. Andererseits hat er alsbald die Erschütterungen der Säkularisation erfahren, die der alten Reichskirche schlagartig ein Ende bereitete. Wessenberg begegnete mit dem Eintritt in seinen Beruf zu Beginn des 19. Jahrhunderts einer Kirche in der Krise. Offenbar hat er früh erkannt, dass die kirchengeschichtlichen Umbrüche nicht nur aus unglücklichen Verläufen der Profangeschich-

te resultierten – der Französischen Revolution und der Napoleonischen Herrschaft –, sondern sich vielmehr aus einem fundamentalen Wandel des Zeitgeistes ergaben, der unter dem Schlüsselbe-
griff „Aufklärung" die Moderne definierte. Wessenberg hat in einer
imposanten zeitlebens geübten Leseleistung die richtungweisenden
Geister dieser Moderne zumindest in ihren religionstheoretischen
Einlassungen zur Kenntnis genommen und in seinen zahlreichen
Schriften reflektiert. Er ist damit als ein später Repräsentant jener
europäischen Intellektuellengenerationen zu identifizieren, die –
übrigens von den Innovationen der Romantik weitgehend unberührt – bis zur 48er Revolution im zeitgenössischen Diskurs ihre
rationalistischen Denkprinzipien geltend gemacht und dafür auch
Beachtung in der gebildeten Öffentlichkeit gefunden haben.
  Es ist der Geist der Kritik, der den Willen zur Aufklärung motiviert. Alles Bestehende, alles Geltende ist dem Vernunfturteil zu
unterziehen. Aus diesem Geist der Kritik ergab sich für Wessenberg
eine grundsätzliche Gegnerschaft zum „Tridentinismus", insoweit
dieser noch immer wirkungsmächtig das Leben der Kirche be-
stimmte bzw. soeben im Zuge der „ultramontanistischen Wende"
nach dem Wiener Kongreß erneut eine beherrschende Geltung
innerhalb der Kirche zu erringen im Begriffe war. Wessenbergs
besonderes Missfallen galt dabei einem gravierenden kirchenpolitischen Folgephänomen des Tridentinums: dem Prozess der Aus-
weitung der römischen Kommandogewalt über die diversen nationalen Kirchenverbände – kurzum der Trend zur Zentralisierung.
Anstatt die Besonderheiten der unterschiedlichen Gesellschaften
zu respektieren und Freiräume für spezifische Bedürfnisse zu tole-
rieren, habe sich in Rom der Wille zu einer Politik der Egalisierung
der Gesamtkirche etabliert. Sinnfällig sei dieser Trend u.a. in der
angeordneten Vereinheitlichung der Liturgie zu erkennen. Wessenberg wendet dagegen ein, dass „völlige Einförmigkeit oder auch nur
Gleichförmigkeit in allen äußeren Einrichtungen in allen Ländern
und bei allen Völkern" der Kirche zum Schaden gereiche. Vielmehr
stünde es der Kirche wohl an, in der Rolle einer „liebreichen Mutter
die Eigentümlichkeit ihrer Kinder"[3] zu achten.
  Wessenbergs Plädoyer für die Diversität innerhalb der Einheit
der Kirche darf als Vorgriff der ekklesiologischen Auseinanderset-

zungen auf und nach dem II. Vatikanischen Konzil um eine Dezen-
tralisierung der Kirche gedeutet werden. – In eben diese Richtung
weist auch seine energische Forderung nach einer Revitalisierung
des „synodalen Prinzips". Die jahrhundertelang von der römischen
Kurie betriebene Entmächtigung der Bischöfe hatte dazu geführt,
dass Bistums- und Provinzsynoden kaum noch einberufen werden
durften. Wessenberg spricht sich für eine Wiedereinführung dieser
Synoden vor Ort aus, um Verwerfungen innerhalb des kirchlichen
Gefüges dort beizulegen, wo sie aufgetreten sind. Die Synoden
sollten wieder die entscheidenden Schaltstellen für eine ecclesia
semper reformanda werden. – Mit Nachdruck setzte er sich dafür
ein, Toleranz zu üben gegenüber Gläubigen anderer Konfessionen
und Religionen, womit er die einschlägige Debatte auf dem II. Vatikanum zur Konstitution „lumen gentium" zumindest partiell vorweggenommen hat. Dies trug ihm mancherorts den Ruhm eines
Stammvaters der „ökumenischen Bewegung" ein.

Theologischen Tiefsinn oder philosophische Originalität sind
Wessenberg kaum zu bescheinigen. Im Grunde findet sich in seinem Schrifttum kaum ein Gedanke, dem man so oder so ähnlich
nicht auch schon anderswo unter seinen Zeitgenossen oder Vorläu-
fern begegnen könnte. Anspruch auf Respekt hat sein Werk dennoch, wenn man es in das Blickfeld des sogenannten „katholischen
Milieus" seiner Zeit stellt. Da wird er als herausragender Außensei-
ter erkennbar, der die Ethik des Menschenrechtsdiskurses als Verpflichtung der gesamten Christenheit vorbehaltlos reklamiert und
insbesondere ein umfassendes christlich begründetes Freiheitspos-
tulat vertritt – Freiheit sowohl für den Einzelnen als auch für ganze
Gesellschaften, also Freiheit des Glaubens und Denkens, Freiheit
der Religion und Wissenschaft, Beseitigung der Sklaverei und sozialer Unterjochung jeglicher Art.

Kurzum, Ignaz Heinrich von Wessenberg repräsentiert einen
Geist der Moderne, der in der Katholischen Kirche erst seit dem
II. Vatikanum einen anerkannten, wenn auch nicht durchweg unan-
gefochtenen Platz gefunden hat.

Anmerkungen

1 Z.B. Hubert WOLF: Milieustabilisierende Apologie oder Schnittstelle der Moderne. In: Rottenburger Jahrbuch für Kirchengeschichte, Bd. 21, 2002, S. 139. | **2** Zum aktuellen Forschungsstand siehe Christian HANDSCHUH: Die wahre Aufklärung durch Jesum Christum – Religiöse Welt- und Gegenwartskonstruktion in der Katholischen Spätaufklärung. Stuttgart 2014, S. 16-20. | **3** WESSENBERG: Gott und die Welt, 2 Bde., Heidelberg 1857, Bd. II, S. 343, 356, 391.

Verfemung und Rehabilitation
Zur Geltungsgeschichte Wessenbergs in der kirchlichen Öffentlichkeit der letzten 200 Jahre

„Von der Parteien Gunst und Hass verwirrt //
Schwankt sein Charakterbild in der Geschichte."
Schiller: „Wallenstein", Prolog

Die Katholische Kirche ist mit reformbeflissenen Kritikern aus den eigenen Reihen nicht immer gut umgegangen. Zwar durften manche die Genugtuung erfahren, noch zu Lebzeiten offiziell rehabilitiert zu werden, andere, denen die amtskirchliche Anerkennung lebenslang versagt blieb, fanden immerhin nach ihrem Tod früher oder später, wenn die Zeit und die Umstände reif sein mochten, einen ihnen gebührenden Respekt, wiederum andere sind gänzlich und endgültig ausgesondert worden, obwohl ihre vermeintlich irrigen Ideen im institutionellen Gedächtnis der Kirche gespeichert blieben und – wenn auch als abgelehnte – die Wirkung des Widerspruchs entfaltet haben, so dass in einem gewissen Sinne auch die Häretiker zur Kirche gehören.

In der folgenden Fallgeschichte soll der Geltungswandel des prominenten katholischen Aufklärers Ignaz Heinrich von Wessenberg in den diversen Lagern der kirchlichen Öffentlichkeit während der letzten zweihundert Jahre rekapituliert werden.[1] In der konträren Würdigung seiner Verdienste für Christentum und Kirche in der modernen Welt, im abwehrenden wie vereinnahmenden Ringen um seine konfessionelle Beheimatung, in der Instrumentalisierung seiner historischen Person zur Behauptung jeweils aktueller kirchenpolitischer Kampfpositionen, kurzum im Streit um seinen Platz im kollektiven Gedächtnis lassen sich einige kontroverse Frontlinien jener Auseinandersetzungen in brennspiegelartiger Sichtstärke erkennen, welche den beschwerlichen Weg der Katholischen Kirche zum Aggiornamento des II. Vatikanischen Konzils, zur (zumindest partiellen) Versöhnung mit der Aufklärung, begleitet haben.

Ob Ignaz Heinrich von Wessenberg bereits im Jahre 1802, als er das Amt des Generalvikars der Diözese Konstanz antrat, über ein

systematisch fundiertes Reformprogramm verfügte, sei dahingestellt. Aufgrund seiner lebens- und bildungsgeschichtlichen Prämissen wird man aber davon auszugehen haben, daß er sich weltan-
schaulich in jenem Horizont bewegen würde, welchen der Aufklärungskatholizismus gegen Ende des 18. Jahrhunderts markiert hatte.[2] In seinem kirchenpolitischen Handeln wie in seinen umfangreichen pastoralen Reforminitiativen griff er auf und führte fort,
was Joseph II. eingeleitet und dessen Anhänger, die „Josephinisten",
in radikalen oder auch milderen Varianten allerorts umzusetzen
getrachtet hatten.[3] Diese katholischen Aufklärer wollten die Kirche im Sinne einer Kompatibilität mit dem Zeitgeist der Moderne
verändern und scheuten sich auch nicht, von Fall zu Fall das Risiko
eines innerkirchlichen Konflikts mit den beharrenden Kräften in
Kauf zu nehmen. Bemerkenswert ist dabei, dass die kritischen Auseinandersetzungen den Kernbereich der Theologie, die Dogmatik,
nur gering berührten, primär jedoch die institutionelle Verfasstheit
der Kirche betrafen.

Vorab ging es den katholischen Aufklärern darum[4], die im Zuge
der Gegenreformation ausgebaute Geltung des päpstlichen Pri-
mats zurückzudrängen und den Machtanspruch der Vatikanischen
Jurisdiktion in den Diözesen nördlich der Alpen zu brechen. Ins-
titutionstheologisch erfuhr das Episkopalsystem eine Aufwertung
gegenüber dem Römischen Kurialismus und konsequenterweise
rückte damit auch das Konzil als fundamentales Gesetzgebungsor-
gan der Kirche in den Vordergrund. Regionale Probleme im Verhältnis zwischen Kirche und Staat, aber auch religiöse Probleme der
regional differierenden katholischen Gesellschaften sollten vor Ort
geregelt werden. So forderte man eine „Deutsche Kirche" mit einem
deutschen Primas, der mit weitgehenden Kompetenzen ausgestattet sein sollte. Die Rolle des Papstes als primus inter pares wurde
indessen nicht in Zweifel gezogen, seine Funktion als Repräsentant
der Gesamtkirche und als Garant der Einheit des Glaubens blieb
uneingeschränkt respektiert.

In ekklesiologischer Hinsicht prononcierte man den sozialuti-
litaristischen Auftrag der Kirche, womit zahlreiche Orden in das
Sichtfeld der Kritik gerieten, insbesondere jene, die ausschließlich
in Kontemplation und Askese ihre Daseinsberechtigung behaup-

teten. Zahlreiche Klöster wurden geschlossen oder zur Wahrnehmung pastoraler Aufgaben gedrängt, in der Pfarrseelsorge, in der Schule, in der Krankenpflege.

Eine partnerschaftliche Kooperation zwischen Klerus und Laien, die bei der gegebenen Frontstellung wahrscheinlich sinnvoll gewesen wäre, ließen die Aufklärer außer Betracht. Das Volk war lediglich als Gegenstand der pastoralen Bemühungen der Kleriker im Blick, denen die Aufgabe zugewiesen war, die ubiquitär herrschende vermeintlich heidnische Unterfütterung der volkstümlichen Frömmigkeit auszumerzen. In jedem Traditionselement eines sinnenfrohen religiösen Brauchtums witterte man magische Praktiken und blanken Aberglauben. Kurzum, das Volk sollte zu einer rational verantwortbaren (und abstrakten) Religiosität erzogen werden.

Nicht zuletzt sei darauf hingewiesen, dass eine interkonfessionelle Toleranz zwischen Katholiken und Protestanten angepeilt wurde, die auf das Fernziel einer Überwindung der Spaltung hinauslaufen sollte.

Alle diese kritischen Baustellen des Aufklärungskatholizismus begegnen auf Schritt und Tritt auch in der amtlichen Karriere Wessenbergs als Generalvikar und Bistumsverweser von Konstanz im ersten Viertel des 19. Jahrhunderts – freilich in spezifischen Ausformungen, welche durch die Umstände des politischen Umbruchs, durch die Säkularisation und deren Folgen, erzwungen worden sind.

Wer die Reform einer Institution auf den Weg zu bringen sich vornimmt, ist wohlberaten, vorab die erwartbaren Gegner abzuschätzen und zugleich die möglichen Bündnispartnerschaften zu kalkulieren. Auf wen konnte Wessenberg, als er sein Amt in Konstanz antrat, setzen? Von wem hatte er Hinderlichkeiten zu erwarten? Welche Maßnahmen hat er ergriffen, um sich Geltung zu verschaffen?

Wessenberg durfte von allem Anfang an das nahezu unbegrenzte Vertrauen seines Vorgesetzten, des Bischofs Carl Theodor von Dalberg, genießen. Da dieser Fürst vergleichsweise selten in Konstanz residierte und da er sich in der Sache der Diözesanverwaltung mit Wessenberg grundsätzlich verständigt hatte und einig wusste, überließ er ihm eine weitgehende Handlungsfreiheit vor Ort. Schon im

Herbst 1802, wenige Monate nach der Ernennung, erteilte der Bischof seinem Generalvikar die Vollmacht, „in Unserem Namen" die geistlichen Geschäfte zu besorgen – vorbehaltlich einiger besonders wichtiger Amtshandlungen wie Verträge mit Staatsregierungen oder die Korrespondenz mit dem Heiligen Stuhl.

Wessenberg hat – von Dalberg stets gedeckt und gefördert – nach und nach immer weitreichendere Verhandlungen mit den fürstlichen Regierungen über Probleme des Staatskirchenrechts geführt. Entweder in Begleitung oder in Stellvertretung Dalbergs hat er am Pariser Nationalkonzil 1811, am Wiener Kongress und an den anschließenden Frankfurter Verhandlungen über die Neuordnung der Katholischen Kirche in Deutschland teilgenommen. So wurde er im politischen Milieu als der wohl einflussreichste Vertreter der katholischen Kircheninteressen achtungsvoll anerkannt – und allerdings von seinen Gegnern auch bekämpft.

Das Führungspersonal der Diözese Konstanz, Domkapitulare, Ressortchefs der Geistlichen Regierung, die leitenden Männer des Priesterseminars, war zunächst wohl mehrheitlich von Konservativen besetzt (Weihbischof von Bissingen, Labhardt, Merhardt, Sturm, von Baur), wurde jedoch alsbald durch Neuberufung von Männern der progressiven Aufklärungsfraktion ergänzt bzw. ersetzt (von Vicari, Reininger, Strasser). Wessenberg hat sich nachdrücklich darum bemüht, „Saileriander"[5] nach Konstanz zu holen. Immerhin ist es ihm gelungen, die Führungsgremien nach und nach so homogen zu gestalten, daß ihm bei der Wahl zum Bistumsverweser 1817 und später auch zum Erzbischof von Freiburg und zum Bischof von Rottenburg stattliche Mehrheitsergebnisse beschert wurden.

Im niederen Klerus der älteren Jahrgänge draußen auf dem Lande dürfte Wessenberg aufgrund seiner zahlreichen Verordnungen zur drastischen Leistungskontrolle und zum liturgischen Umbruch zunächst wenig Freunde gefunden haben. Das änderte sich im Laufe der Jahre, als jene jüngeren Jahrgänge in die Pfarreien einrückten, die unter der sorgfältigen Beobachtung Wessenbergs ausgebildet und unter seiner intensiven Betreuung auf das Priesteramt vorbereitet worden waren. Sympathien gewann er zweifellos bei den jungen Klerikern, weil er für deren Dienstrechte und deren wirtschaftliche Belange Sorge trug und sie mit eindeutigen Erlassen vor Ausbeutung und Willkürbehandlung durch ihre älteren Dienstherren schützte. Medienpolitisch handelte Wessenberg mit bewundernswerter Klugheit. Er gründete die „Geistliche Monatsschrift" und deren Nachfolgeorgan, das „Archiv für die Pastoralkonferenzen in den Landkapiteln des Bisthums Konstanz", Zeitschriften, in denen er in Kooperation mit den pastoraltheologischen Eliten der Diözese seine Ideen zu verbreiten wusste. Die wichtigsten Artikel wurden übrigens gesammelt und in Buchform publiziert.– Wessenbergs nachhaltige Bedeutung für den Klerus äußert sich in dem Umstand, dass bis in die 40er und 50er Jahre hinein Priester seiner Prägung als „Wessenbergianer" gewürdigt worden sind – oder auch, je nachdem, verrufen waren.

Ruinös für eine Realisierung der Wessenberg'schen Vision von einer modernen Katholischen Kirche in einer säkularen Welt war der Umstand, dass er die Widerstandsfähigkeit der Römischen Kurie unterschätzt hat. Ob es ihm hätte gelingen können, sein Reformkonzept umfassend umzusetzen, wenn er sich mit Rom vorab gehörig abgesprochen hätte, sei dahingestellt, ist aber zu bezweifeln. Eine Einigung scheint aus ideologischen Gründen ausgeschlossen gewesen zu sein. Alles, was die Autorität des Heiligen Stuhls zu beeinträchtigen drohte – und das war bei dem Entwurf einer Febronianisch-Deutschen Kirche durchaus der Fall -, stieß in der Kurie auf strikte Ablehnung. Und auch das vermeintlich protestantisch infizierte Pastoralkonzept galt in Rom als suspekt. Die prinzipiell antimodernistische Haltung des Vatikans ist nicht zuletzt auf die schier gar tödlichen Schläge zurückzuführen, die man in den 90er Jahren erlitten hatte: die Eroberung Roms durch die französischen Revolutionstruppen und die Exilierung Papst Pius VI. nach Frankreich und seine Inhaftierung daselbst bis zu seinem Tod. – Schandtaten, für die man letzten Endes den verderblichen Geist der Aufklärung verantwortlich machte. – Wessenberg seinerseits glaubte, an der Kurie vorbeihandeln zu dürfen, weil sie in den Jahren der Napoleonischen Herrschaft streckenweise nahezu handlungsunfähig war.

Unterschätzt hat Wessenberg auch den in Luzern residierenden Nuntius Testaferrata, der die Interessen des Heiligen Stuhls im

Bereich der Diözese Konstanz vertrat und mit allen Mitteln gegen
Wessenberg intrigierte und dessen Ruf bei der Römischen Kurie zu
schädigen trachtete. Denkwürdig ist das katastrophale Urteil Tes-
taferratas, das er am 1. Juni 1816 dem Papst übermittelt hat: „Der Ad-
ministrator dieses Bistums, der wohlbekannte Präsul Carl Dalberg
und sein ehemaliger Generalvikar Ignaz Wessenberg haben alles
versucht, um den katholischen Glauben in diesem Bistum auszu-
rotten, das sichtbare Haupt der Kirche mit Füßen zu treten und die
Kirche selbst zum Verschwinden zu bringen. Diese beiden Neuerer
haben die Rechte des Apostolischen Stuhles bei jeder sich bietenden Gelegenheit angetastet. Die Praxis der Kirche bei der Spen-
dung der Sakramente haben sie mutwillig geändert. Die Feiertage
der Kirche schafften sie ab. Die heiligen Riten und die kirchlichen
Zeremonien veränderten sie. Sie dispensierten von der Abstinenz
an den Quatembertagen. An üble Kleriker verschenkten sie Aus-
zeichnungen und Ehren, empfehlenswerte Kleriker unterdrückten
und verfolgten sie. Den monastischen Orden sagten sie einen erbit-
terten Kampf an. Sie zerstörten ihre Institute, vertrieben die Mön-
che aus den Klöstern in einer großen Säkularisation, dispensierten
sie von dem Gelübde der Keuschheit und zwangen sie zur Heirat.
Beliebige Erlasse Ihrer Heiligkeit und meiner Nuntiatur haben sie
ohne bischöfliche Gutheißung übergangen. Bei gemischten Trau-
ungen zwangen sie den katholischen Teil, die Ehe vom häretischen
Amtsinhaber einsegnen zu lassen. Protestanten ließen sie nach ka-
tholischem Ritus beerdigen. Vom Heiligen Stuhl verurteilte Pseu-
dopropheten sandten sie in die Schweiz, um in den Seminarien und
in den Pfarreien den Indifferentismus zu propagieren. Sie verbreiteten gottlose Schriften. Sie erließen Dekrete und Anweisungen gegen den Papst. Den weltlichen Regierungen verkauften sie Macht,
Rechte, Güter und Personen der Kirche. Mit einem Wort: Jede heilige Sanktion traten sie mit Füßen und verletzten das Dogma. Ich
erröte noch heute, wenn ich daran zurückdenke."[6]
    Dieses Urteil wurde hier so ausführlich zitiert, weil es zu-
sammenfassend auflistet, was die diversen Gegner der Dalberg-
Wessenberg'schen Kirchenpolitik und Pastoralreform in zahlreichen Denunziationsschriften nach Luzern übermittelten. Testaferrata pflegte die Gerüchte ohne hinreichende Überprüfung des

Wahrheitsgehalts unverzüglich nach Rom weiterzuleiten. Immer wieder forderte der Nuntius eine Entmachtung Wessenbergs, was zu Lebzeiten Dalbergs allerdings nicht gelang. Zwar folgte Dalberg der Aufforderung Roms im Jahre 1814, nachdem der Papst soeben aus französischer Gefangenschaft befreit worden war, Wessenberg als Generalvikar abzuberufen, aber er beförderte ihn umgehend zum Koadjutor mit Sukzessionsrecht, was Rom jedoch wiederum ignorierte. 1817 endlich, nach dem Tod Dalbergs, hielt der Papst ein Strafgericht, indem er die einstimmige Bestellung Wessenbergs zum Bistumsverweser durch das Konstanzer Domkapitel in wahrhaft beleidigender Form zurückwies.

Wessenberg reiste unverzüglich nach Rom, um sich in einer persönlichen Begegnung mit dem Heiligen Vater zu rechtfertigen – eine Hoffnung, die sich nicht erfüllte. Pius VII. versagte sich einem Gespräch, und Wessenberg seinerseits verweigerte die ihm vorab als conditio sine qua non abgeforderte Generalkapitulation.

Wessenbergs Niederlage im Vatikan wurde in der deutschen Öffentlichkeit durch eine geschickte Informationspolitik zum Sieg umgebucht. Als er nach seinem halbjährigen Aufenthalt in Italien im Januar 1818 nach Deutschland zurückkehrte, durfte er sich eines geradezu triumphalen Empfangs erfreuen. Er wurde von der liberalen Öffentlichkeit, von Klerikern und Laien, vom gebildeten Bürgertum beider Konfessionen, als standfester und furchtloser Vertreter deutscher Interessen gegen den päpstlichen Machtanspruch gefeiert, als ein Mann, der sich weder brechen noch korrumpieren ließ – eine in ihrer Kompromisslosigkeit an Luther erinnernde Gestalt. Bei einem Besuch in Freiburg wurde er von der gesamten theologischen Fakultät, von Studenten und Professoren, bejubelt, der Breisgauer Klerus ehrte ihn mit einer eigens angefertigten Medaille: „Angelo ecclesiae Germanicae laetans ac gratus clerus Brisgoviensis". Und Fidelis Jäck, Regens des Priesterseminars in Meersburg, schreibt: „Heinrich von Wessenberg hat auf sein ehrwürdiges Haupt einen so reichen Kranz wirklicher Verdienste um das deutsche Vaterland und um die gute Sache des Christentums und der Menschheit gesammelt, dass eine römische Inful keinen Platz mehr darauf finden konnte."[7]

Offenbar war Wessenbergs Abfuhr durch die Römische Kurie in
Deutschland als kollektive Kränkung erfahren worden. Begleitet
und getragen wurde die Diskussion um die Causa Wessenberg von
einer Flut publizistischen Schrifttums, in welchem man sich einer
beträchtlichen antirömischen Polemik befleißigte, was wiederum
entsprechende Gegenschriften provozierte.[8] – Von kaum zu über-
schätzender Bedeutung zugunsten Wessenbergs in der öffentlichen
Meinung war eine von der Badischen Regierung offiziell veranlasste „Denkschrift", in der die wichtigsten Dokumente des Schriftver-
kehrs zwischen den streitenden Parteien publiziert worden sind.[9]

Wessenbergs Demütigung in Rom schädigte sein Ansehen in der
kirchenpolitisch interessierten Öffentlichkeit diesseits der Alpen
vorderhand keineswegs. Nach wie vor galt er als Repräsentant eines romkritischen, liberalen, dialogwilligen, toleranten, deutschbe-
wußten Katholizismus.Und dieses Ansehen blieb ihm erhalten auch
nach seiner amtlichen Demissionierung 1827. Hohe Wertschätzung
erfuhr er durch prominente Politiker liberaler Couleur wie Heinrich Zschokke, Karl von Rotteck, Karl Mittermaier, Karl Hüetlin,
Walter Munzinger oder Josef Beck. Beck war es auch, der 1848 auf
Veranlassung Karl Theodor Welckers, eines liberalen Protestanten,
Wessenberg, wenn auch vergeblich, zur Teilnahme am Frankfurter
Vorparlament zu überreden versuchte.

Zeitweise wurde Wessenberg auch als Kandidat für schismatische Bewegungen – „Los von Rom!" – umworben. Die „Deutsch-
Katholiken", eine sektiererische Organisation des exkommunizier-
ten Priesters Johannes Ronge, versuchten Mitte der 40er Jahre Wessenberg als Galionsfigur zu gewinnen. Wessenberg hat als strikter
Institutionalist, der er trotz allem immer war, ohne irgendwelches
Zögern abgelehnt: Zu den wohlverstandenen „Pflichten gegen meine Kirche" hat er sich allezeit in unmissverständlicher Entschiedenheit bekannt.[10]

Wessenbergs Anhängerschaft war dominant in der deutschen
Medienöffentlichkeit. Aber es soll nicht unterschlagen werden, dass
er auch Gegner hatte, die es indessen vorzogen, ihren Widerstand
untergründig kundzutun, indem sie – wie z.b. Ignaz Speckle, der
beim Nuntius in Luzern hochgeachtete ehemalige Abt von St. Peter
– ihre Kritik anonym in Umlauf brachten. Wie stark diese Oppo-

nenten waren, ob sie gar eine schweigende Mehrheit bildeten, lässt sich kaum abschätzen. Unübersehbar ist jedoch, dass sich ab etwa 1820 eine allmähliche Veränderung der mentalen Großwetterlage abzeichnet, die pauschal mit dem Begriff „Ultramontanismus" zu umreißen ist.

Dieser Begriff versammelt alle jene Tendenzen innerhalb der Katholischen Kirche, die eine enge auf den Vatikan fixierte konfessionelle Identität vertreten. Das bedeutet die vorbehaltlose Akzeptanz des ekklesiologischen Systems der Römischen Kurie, das bedeutet zugleich die bedingungslose Ratifizierung all jener konservativen, um nicht zu sagen reaktionären, auf jeden Fall antimodernistischen Positionen im Bereich des Glaubens und der Sitte, die in den diversen päpstlichen Verlautbarungen behauptet worden sind, und das bedeutet schließlich eine sowohl institutionelle als auch mentale Abschottung gegenüber anderen religiösen Bekenntnissen wie auch gegenüber allen liberalen Traditionen innerhalb des Katholizismus selbst.[11]

Die Frage nach den gewiss komplexen Kausalitäten dieses Wandels, der sich übrigens nicht auf Deutschland beschränkt hat, bleibe hier dahingestellt.[12] Entscheidend ist, dass sich wechselseitig hart opponierende Lager formierten, dass Gräben gezogen und Wälle gebaut, dass in einer zunehmend vergifteten Atmosphäre die im sozialen Kontext Deutschlands fälligen Dialoge zur Konsensfindung (z.B. Mischehenproblematik) abgebrochen worden sind.

Schon bei einer nur oberflächlichen Sichtung der katholischen Kirchenpresse der Zeit lässt sich zumindest im deutschen Südwesten eine wachsende Schärfe der Kritik am System und auch an der Person Wessenbergs registrieren, was dann freilich nicht minder scharfe Repliken seiner liberalen Sympathisanten provozierte. – Bemerkenswert ist, dass sich Wessenberg nach der Resignation von seinem Amt aus den kirchenpolitisch aktuellen Diskussionen weitgehend heraushielt, ohne indessen seine grundsätzlichen Überzeugungen preiszugeben, die er aber indirekt zum Ausdruck zu bringen beliebte – in literarischen und historiographischen Darstellungsmodalitäten, in seinen historischen Dramen, vor allem in seiner groß angelegten vierbändigen Konziliengeschichte.[13]

Wessenbergs Tod im Jahre 1860 war Anlass verschiedener Würdigungen seiner Lebensleistung im Dienst der Diözese Konstanz, die jedoch zunächst den lokalen, allenfalls regionalen Horizont kaum überschritten. Zwar wurden die Exequien im Konstanzer Münster opulent gefeiert, von der Freiburger Diözesanleitung aber völlig ignoriert. Das mag verwundern, weil Erzbischof Hermann von Vicari doch viele Jahre als maßgebliches Mitglied im Regierungskollegium der Diözese Konstanz im Bündnis mit Wessenberg dessen Politik widerspruchslos mitgetragen hatte und eng mit ihm befreundet war, so dass man ein Zeichen der Kondolenz von ihm wohl hätte erwarten dürfen, auch wenn sich die beiden Männer auf ihren kirchlichen Wegen im Laufe der Zeit weit voneinander wegbewegt hatten.[14] In der regionalen Öffentlichkeit wurde dieses Verhalten durchaus als demonstrativer Akt der Distanzierung verstanden und mit Empörung kommentiert.[15]

1862 erschien eine umfangreiche Biographie Wessenbergs aus der Feder eines Intellektuellen, dessen Stimme im Großherzogtum Baden hochrespektiert war: Josef Beck.[16] Dieser war als ehemaliger Alumnus des Priesterseminars in Meersburg mit Wessenberg persönlich bekannt und ideell eng verbunden gewesen und vertrat demgemäß in seinen Dienstobliegenheiten Wessenbergs ekklesiologische Positionen. Im Vorwort seines Buches kündigt er an, Wessenberg als „muthigen Bahnbrecher und würdigen Führer der Reformpartei innerhalb des katholischen Bekenntnisses" profilieren zu wollen. Damit markierte Beck von vornherein die Fronten: Er stellt sich uneingeschränkt auf die Seite Wessenbergs, indem er ihn über weite Strecken selbst zu Wort kommen läßt, er zitiert seitenweise aus dessen nachgelassenen Memoiren. So werden insbesondere die Verhandlungen mit dem Heiligen Stuhl in Rom 1817 ausschließlich aus Wessenbergs Perspektive geschildert.[17] Während Wessenberg bescheinigt werden darf, dass er in seinem Bericht trotz aller schmerzlichen Erfahrungen im Vatikan eine gewisse Noblesse einzuhalten bemüht ist, geizt Beck keineswegs mit abfälligen und geradezu bösartigen Urteilen über die Kurie, er unterzieht sie einer fundamentalen Systemkritik: Wessenberg, schreibt Beck, habe Rom verlassen im „Bewußtsein, daß in Rom, wie es einmal ist, nicht so fast das Recht als vielmehr dessen Verläugnung durch willenlose Unterwerfung zur Geltung und Anerkennung kommen könne." Es liege „in der Natur des hierarchischen Sytems und ist eine der schwersten Sünden des priesterlichen Regiments aller Zeiten, daß es nur gebrochene Menschen oder Schwächlinge gleichsam als selbstlose Werkzeuge seiner hochfahrenden Bestrebungen schafft und duldet.“[18] – Beck durfte die Genugtuung einer deutschlandweiten Resonanz erfahren. Es erschienen zahlreiche Rezensionen in angesehenen Zeitschriften der unterschiedlichen Lager, wobei erwartungsgemäß höchst konträre Urteile gefällt wurden.[19] Pro und Contra hielten sich dabei die Waage: Während die Liberalen Becks ehrenvolles Bemühen herausstellten, im Lebensbild Wessenbergs eine selbstbewusste Katholizität ohne ängstliche Romhörigkeit dargestellt zu haben, entdeckten die „Ultramontanen“ in dem Buch den Beweis, „daß dieser [Wessenberg] der Mann war, wofür ihn alle aufrichtigen Katholiken immer hielten, ein Feind seiner heiligen Kirche, der unter dem Vorwande der Reform sein ganzes Leben lang durch Wort und That an dem Verderben derselben arbeitete.“[20] – 1866 wurde Becks Buch auf den Index gesetzt.

Die Rollback-Mentalität, die sich im deutschen Katholizismus allmählich auszubreiten begann, wurde in den Konflikten, welche durch die radikale Defensivstrategie Pius IX. ausgelöst wurden, Mitte der 60er Jahre vollends manifest. Als ein Skandalon ersten Ranges empfanden die Liberalen den „Syllabus errorum modernorum“, in dem der Papst in 80 Thesen die hauptsächlichen Irrtümer der Zeit indizierte.

In diesen Jahren bildeten und festigten sich jene konfessionellen Fronten, die fortan – im Grunde fast ein ganzes Jahrhundert lang – in unbeweglicher Feindschaft Bestand hatten. Das rhetorische Arsenal dieses Stellungskrieges blieb weitgehend konstant. Exemplarisch lässt sich dies an den diversen Beurteilungen über die Intentionen und Maßnahmen Wessenbergs in der einschlägigen kirchenhistoriographischen Literatur und – freilich auf gröberem Niveau – in der zeitgenössischen Presse beobachten. Wessenberg war für die Liberalen wie für die „Ultramontanen“ zur positiven bzw. negativen Symbolfigur geworden.

Das „ultramontane“ Grundmuster bringt vielleicht am deutlichsten der Kirchenhistoriker und spätere Bischof von Mainz Heinrich

Brück in seinem 1868 erschienenen Buch über die Gründungsge-
schichte der Oberrheinischen Kirchenprovinz zum Ausdruck, wo
er die „Wessenbergianer" einer gehässigen Abrechnung unterzieht:
„Diese falschen Reformer, zu denen die erbittertsten Feinde der
Katholischen Kirche gehörten, deren Priestergewand sie schände-
ten, fanden an den bureaukratischen Staatsmännern Freunde und
Bundesgenossen. Diese Freundschaft hatte ihren Grund in der inneren Verwandtschaft der Bureaukraten und Reformatoren, welche denselben Zweck verfolgten, das kirchliche Leben zu ertödten,
und noch mehr in dem Umstande, daß die Letzteren, die mit einer
unerhörten Arroganz die Gesetze und Anordnungen der Kirche
bekrittelten, die servilsten Speichellecker der weltlichen Gewalt
waren, und im Widerspruche mit ihrer Devise, Freiheit und Aufklärung, alle Verordnungen, die aus der Canzlei des Ministeriums
oder Oberkirchenraths hervorgingen, sich ohne die mindeste Opposition gefallen ließen. Die Staatsgewalt konnte also solche cha-
rakterlose Menschen sehr gut für ihre Zwecke benutzen, und sah sie
daher als natürliche Vebündete an ..." All diesen „sog. Kirchenver-
besserern" gemeinsam sei „die Abneigung gegen den Apostolischen
Stuhl", den „sichersten Prüfstand der Orthodoxie". Nichts anderes
hätten dieselben im Sinn als „Negieren", „Zerstören", „Niederrei-
ßen" und „Verunstaltung" der Katholischen Kirche, Nihilierung der
„von Gott verliehenen Autorität" des Papstes.[21]
    Dieser Text – die Zitate solchen Kalibers ließen sich fast beliebig
erweitern – enthält bereits alle diskriminierenden Topoi, welche in
den verbalen Kampfhandlungen der Zeit seitens der „Ultramontanen" auf Weg und Steg begegnen.[22] Noch im Jahre 1908 schreibt der
im klerikalen Establishment der Erzdiözese Freiburg hoch angese-
hene Ordinariatsassessor Adolf Rösch in der abschließenden Bilanz
seiner Studie über die fatale Wirkung Wessenbergs hinsichtlich der
Frömmigkeit und Moral der ihm verantwortlich Anvertrauten: Der
Klerus sei „in den Grundsätzen einer falschen Aufklärung" erzogen worden und sei „vielfach auch im Wandel seines hohen Beru-
fes uneingedenk eifrigst bemüht, so viele gute Überlieferungen der
Vergangenheit zu zerstören", das Lehramt sei von „häretischen Anschauungen" infiziert, „die heiligen Sakramente zu bloßen Erbau-
ungszeremonien herabgewürdigt" worden, das Volk sei sittlich ver-

kommen und „vom heiligen Glauben" abgefallen. – „Das Urteil der Geschichte ... beweist, daß der Geist eines Wessenberg nicht Leben, sondern hundertfältig Tod und Ruinen hervorgebracht, wenn wir auch nicht seiner Person allein, sondern dem Systeme, zu dessen starrsinnigstem Vertreter nach Josef II. er sich gemacht, die Schuld dafür zuschreiben müssen."[23] „System" meint hier – so läßt sich aus dem Kontext erschließen – Aufklärung, Säkularität, Moderne.

Ab Mitte der 60er Jahre scheint es unter Katholiken des liberalen Flügels Überlegungen gegeben zu haben, sich organisiert gegen die Dominanzansprüche der „Ultramontanen" zu wehren. Als dann im I. Vaticanum das Infallibilitätsdogma durchgepaukt worden war, erfolgte ein endgültiger Bruch innerhalb der Katholischen Kirche, es formierte sich eine schismatische Bewegung, die schließlich zur Gründung der „Altkatholischen Kirche" führte.

Wenn es in ideologisch fundierten Institutionen zu Abspaltungen kommt, haben die sich zur Gruppe versammelnden Devianten in der Regel Probleme, ihre Legitimität zur Geltung zu bringen. Das lässt sich auch bei der Konstitution der „Altkatholischen Kirche" beobachten. Mit ihrer selbstgewählten Denomination behaupteten die Abtrünnigen, keineswegs abtrünnig zu sein, sie erhoben vielmehr den Anspruch, die wahre, die ursprüngliche Kirche zu sein. In innerinstitutionellen Konfliktkonstellationen ist diese Argumentation vertraut: Die Devianten diffamieren die bis dato dominierende Elite des Verrats an der originalen Identität der Institution und begründen ihren Einspruch mit der Rückbesinnung auf die Uranfänge. Es gehört oft genug zur Struktur von Revolten, dass die Revoltierenden gegen die Herrschenden die vormals üblichen Rechte und Gebräuche geltend machen, – „vormals" meint dann immer: bevor irgendwelche Missbräuche das uralt Vernünftige verdrängt hatten.

Genauso hatte auch Wessenberg zur Verteidigung und Durchsetzung seiner pastoralen und politischen Ziele argumentiert. Er hat sich wohl gehütet, seine Reformen als „Neuerungen" anzupreisen, er hat vielmehr darauf bestanden, eine restitutio ad integrum, eine Wiederherstellung der Zustände vor dem Sündenfall, durchführen zu wollen. Und so ist es nicht verwunderlich, dass die „Altkatholiken" den vom Vatikan zu Fall gebrachten Wessenberg als einen

ihrer Gründungsväter adoptierten. Ein sinnfälliges Beispiel dieses
Adoptionsaktes liefert Joseph Laible, der langjährige Vorstand der
„Altkatholiken" in Konstanz, in seiner 1898 publizierten Gemeinde-
chronik: „Man kann wohl sagen, daß mit den spärlichsten Ausnah-
men ganz Konstanz bis 1860 altkatholisch war." Diese „Altkatho-
lizität" zu retten, habe man dem Vatikanischen „System" den Rücken gekehrt. Wessenberg habe durch seinen Widerstand gegen die
Machtansprüche Roms den rechten Weg gewiesen, indem er sich
zur „idealkatholischen Kirche" bekannt habe. Und dann deklariert
er Wessenberg geradezu zum Vorläufer des ersten altkatholischen
Bischofs Joseph Reinkens.[24]

Die altkatholisch repräsentative Sicht auf Wessenberg einerseits
und die Römische Kurie andererseits hat Mitte der 70er Jahre der
ehemals römisch-katholische Kirchenhistoriker Johannes Friedrich in den „Badischen Biographien" formuliert. Wessenberg wird
da zu einer Persönlichkeit stilisiert, die völlig arglos ins Visier eines strafsüchtigen „Papalsystems" geraten ist und verworfen worden ist, weil er die unbedingt abgeforderte Kapitulation verweigert
hat. Es gehöre „zur Natur des hierarchischen Roms", nicht eher
zu ruhen, „bis auch die geringste Selbständigkeit eines zu seinem
Opfer einmal ausersehenen Charakters gebrochen ist. Nicht das
bloße Unterwerfen unter seinen Urteilsspruch genügt, nein, man
muß auch bekennen, daß man mißbillige, was Rom, wenn auch mit
Unrecht, mißbilligt. Feile Seelen, auf welche Rom seine Herrschaft
vornehmlich gründet, können dieses System des Despotismus und
erzwungener Heuchelei ertragen, edlere Naturen, wie die Wessenbergs, aber nicht." Um nichts anderes sei es Wessenberg gegangen
als um das „Ideal" einer „von den Pseudo-Isidorischen Fälschungen
gereinigten, auf Grund der alten Kirchenverfassung mit den Be-
dürfnissen der Neuzeit versöhnten Kirche." Der Laudator zögert
nicht, Wessenberg am Ende überschwänglich zu rühmen: Die Kirche habe mit ihm „einen ihrer besten Geistlichen" verloren. Und
dann folgt abschließend ein prophetischer Satz: „Wenn einst das
Parteitreiben sich wird gemildert haben, wird man erst seine wahre
Größe erkennen."[25] Dieses „Parteitreiben" dauerte noch eine Weile.

Es dürften wohl die konfrontativen Begegnungen mit der vitalen
Präsenz Wessenbergs im öffentlichen Gedächtnis der Stadt Kon-

stanz gewesen sein, welche Conrad Gröber veranlasst haben, eine finale Erledigung Wessenbergs sich zum Ziel zu setzen. Gröber hatte als Alumnus des Konstanzer Konvikts in den 80er Jahren, später, nach seinem Studium in Rom und nach seiner Priesterweihe, ab 1901 als Leiter dieses Konvikts, anschließend als Pfarrer an der Spitals- bzw. Dreifaltigkeitskirche und dann am Münster hinreichend Gelegenheit gehabt, als Zeuge, z.T. auch als Handelnder und Betroffener an den konfessionellen Auseinandersetzungen mit den in Konstanz besonders selbstbewusst und erfolgreich auftretenden „Altkatholiken" beteiligt zu sein. Und da mochte ihm die fast hagiologische Verehrung Wessenbergs, die ihm buchstäblich Tag für Tag in Konstanz begegnete, zu einem permanenten Ärgernis geworden sein. Denkmäler zu Ehren Wessenbergs hatte man in der Stadt gestiftet, die in Anwesenheit seiner Majestät, des Großherzogs, enthüllt worden waren. Bei jeder sich bietenden Gelegenheit hatte man seiner großzügigen Erbzuwendungen an die Stadt gedacht. Die altkatholische Gemeinde inszenierte ihn als Kirchenpatron, indem sie sich namentlich als „Wessenberg-Gemeinde"definierte und sich, wie es der altkatholische Pfarrer Wilhelm Schirmer formulierte, „zum Erbe seines Geistes" bekannte.[26]

In einem knappen biographischen Essay über Wessenberg im „Katholischen Jahrbuch für die Stadt Konstanz 1911" verspricht Gröber eingangs, „Leben und Wirken dieses Mannes, der wie kaum ein anderer in das kirchliche Leben seiner Zeit eingriff, vorurteilslos zu betrachten."[27] Die Absicht dieser einleitenden captatio benevolentiae ist offenkundig. Eine immer noch für Wessenberg eingenommene Leserschaft (darunter auch römische Katholiken) sollte mit der Versicherung der Vorurteilslosigkeit gewonnen werden, das folgende Gericht über Wessenberg als objektives Verfahren anzuerkennen. Gröbers Urteil ist streng: Wessenbergs „religiöse Grundanschauung" erschöpfe sich in „wässrichtem Rationalismus"[28], sein „reformatorisches Schaffen" biete „wenig Originelles"[29], über die kirchenkritische Rolle eines vulgarisierenden „Wortführers"[30] sei er nie hinausgekommen, durch die Vernachlässigung der Hirtenpflichten in seiner Diözese habe er dieselbe schuldhaft in einen „heillosen Wirrwarr"[31] geführt. Gewiss, „in einzelnen Punkten" habe er das „Rechte" getroffen, insgesamt aber habe ihm die eine,

die entscheidende Eigenschaft gefehlt, „deren Mangel sein ganzes
Wirken und Streben entgleisen ließ: der übernatürliche Sinn, der
katholische Geist!"[32] – Überraschend ist, dass Gröber trotz seines
geradezu vernichtenden Verdikts keineswegs bereit war, den Delin-
quenten der Gegenpartei preiszugeben: Die Altkatholiken täusch-
ten sich, „wenn sie glauben, er wäre je einer der ihrigen geworden.
Da wäre Wessenberg groß genug gewesen, um sich zu sagen, daß
diese Sekte für ihn zu klein sei und daß eine Großvaterschaft in dieser Familie keinen Nachruhm begründe."[33] Auch als ein verirrtes
Schaf gehört Wessenberg noch sozusagen zur Herde der „Unsri-
gen"[34].

Und noch einmal kommt Gröber im gleichen Jahr 1911 auf Wessenberg zu sprechen. In einem Essay[35] über den „Altkatholizismus"
in Konstanz beschreibt er die Konstituierung dieser schismati-
schen Gemeinde als Akt dreister Aggressivität gegen die Römisch-
Katholische Kirche vor Ort. Diese „Abfallbewegung", schreibt er
in der Einleitung, sei als „Katastrophe" einzuschätzen, und es gebe
keinen Zweifel, wer dieselbe zu verantworten habe – der „Wessenbergianismus": „Hier lebte ja der Mann, der wie kein anderer in das
kirchliche Leben seiner Zeit eingriff, ununterbrochen 59 Jahre in
emsiger Tätigkeit, hier verfaßte er seine Ordonnanzen und Hirten-
schreiben, seine Broschürchen und Bücher, die von der einen Tendenz der kirchlichen Aufklärung zusammengehalten wurden, hier
beeinflußte er durch seinen persönlichen Verkehr die Geister und
berückte durch seine Herablassung, opferwillige Nächstenliebe
und Sittenreinheit die Gemüter. Kein Wunder, daß sich wenigstens
dem führenden Teile der Bevölkerung seine religiöse Verwaschen-
heit, seine Dogmenscheu, seine protestantisierende Auffassung der
Frömmigkeit, seine Romfeindlichkeit oder wenigstens Romgleich-
gültigkeit mitteilte. Wenn man im allgemeinen sagen kann, jenes
System, das wir mit dem Worte ‚Wessenbergianismus' bezeichnen,
habe dem Volke das religiöse Rückgrat, den katholischen Charakter genommen, so gilt das für den Seekreis und hier wieder für die
Kreishauptstadt ganz besonders."[36] Nach dieser einleitenden Gene-
ralschuldzuweisung folgt ein langer Katalog von Klagen über die
von der badischen Regierung gedeckten und von den Gerichten
ungeahndeten Schikanen dieser „Neuketzer"[37], die nichts Gerin-

geres im Schilde führten, als im Bündnis mit dem „revolutionären Liberalismus" „das katholische Glaubensleben" zu untergraben.[38] – Ganz zum Schluss steht dann noch ein gesperrt gedruckter Satz, der indes nicht ohne weiteres verständlich ist: „Der härteste Schlag für den Wessenbergianismus in der Stadt", heißt es, „war der Altkatholizismus gewesen". Gröber setzt hinzu: „Darob könnte man sich freuen."[39] – Wieso war der „Altkatholizismus" ein „Schlag für" oder eigentlich gegen den „Wessenbergianismus"? – Meint Gröber etwa, dass mit der Gründung einer „altkatholischen Kirche" erfreulicherweise eine innerkatholische Frontbegradigung stattgefunden hat, dergestalt, dass die „wessenbergianischen" Kirchenkritiker, welche das eigene Haus angezündet hatten, nunmehr ausgewandert und damit der offenkundigen Häresie verfallen sind? – Wahrhaftig: „Darob könnte man sich freuen" – wenn man sich als Katholik überhaupt an der Existenz von Ketzern erfreuen dürfte. – Verstehbar ist dieser Zynismus allenfalls, wenn man das lokale Umfeld Gröbers detailliert in Betracht zieht.[40]

Die beiden Essays von 1911 waren gewissermaßen Vorboten für eine fast dreihundert Seiten starke Darstellung, die Gröber anderthalb Jahrzehnte später publiziert hat und die einlässlicher als zuvor der Persönlichkeit, den Intentionen und dem Handeln des ehemaligen Generalvikars und Bistumsverwesers der Diözese Konstanz gewidmet ist. Und wiederum und noch entschiedener profiliert er sich da als strenger Richter: Person und Werk Wessenbergs werden einer gnadenlosen Hinrichtung unterworfen.

Wessenberg, meint Gröber, sei grundlegend vorzuhalten, dass er sich voll und ganz dem Geist seiner Zeit zur Verfügung gestellt habe, der sgn. „Aufklärung", einer Weltanschauung, die durch ein „religiös-bolschewistisches" Schrifttum „berüchtigter Freigeister" gegen Ende des 18. Jahrhunderts eine säkulare Katastrophe für die Katholische Kirche in Deutschland gezeitigt habe.[41] Einem kirchenfeindlichen System sei Wessenberg verfallen gewesen, so dass all seine vermeintlich auch in guter Absicht eingeleiteten Reformen insgesamt in ihr Gegenteil verkehrt worden seien. All sein amtliches Tun und Lassen sei vom Stempel des Unkirchlichen und Unkatholischen"[42], von einer fundamentalen Unfähigkeit des „sentire cum ecclesia"[43] geprägt gewesen. Unter dieser Generalprämisse handelt

Gröber sodann eine lange Liste von Gravamina gegen Wessenberg ab: gegen seine Theologie, seine Pastoral, seine Kirchenpolitik, gegen seine ökumenische Toleranz, gegen seine Missachtung von populären Frömmigkeitsbräuchen, kurzum gegen alle jene Neuerungsideen der Aufklärung, die „wie aus einem brauenden Wetterwinkel über (das katholische) Glaubens- und Sittenleben hereinbrachen."[44] „Gewiß", fährt Gröber fort, „hatte die Zeit vor Wessenberg schon manches Unkraut gesät und wachsen lassen, aber seine Aufgabe wäre gewesen, zu jäten. Nun aber erblickte er seine Lebensarbeit in der Ausrottung anderer Dinge, und so wucherte das Unkraut weiter und erstickte auch den guten Samen, den er zu streuen bemüht war."[45] In der Gröber'schen Rhetorik enthält die biblische Metapher von der erstickenden Macht des „Unkrauts" einen ungeheuren Vorwurf. Hubert Wolf hat unlängst auf den verbreiteten Teufelsglauben bei einfachen wie gebildeten Katholiken zur Zeit Pius XI. hingewiesen. Insbesondere für den Freiburger Erzbischof Gröber sei der Teufel nach dem eindeutigen Zeugnis der Heiligen Schrift „der Feind" schlechthin, der „auf dem Acker des Gottesreiches das Unkraut sät ... Der Teufel führt die Bösen an, die, sei es innerhalb der sichtbaren Kirche, sei es von außen, an dem Untergang des Reiches Christi arbeiten; aber er wird die auf dem Felsen Petri gebaute Kirche nicht überwältigen."[46] In konsequenter Lektüre ist anzunehmen, daß Wessenberg hier in eine Bündnispartnerschaft mit dem Satan gestellt wird.

Es würde den gegebenen Rahmen sprengen, die sich in immer neuen Anläufen austobende Rhetorik der vernichtenden Rede in Gröbers Wessenberg-Schrift im Detail vorzuführen. Aber der symptomatologisch erhellende Schlussabschnitt sei doch stellvertretend noch zitiert: „Man hat Wessenberg den Zerstörer der Konstanzer Diözese genannt. Das ist falsch. Sie wäre auch ohne ihn untergegangen und wohl nicht viel später. Sie hätte aufgehört wie ein Mensch, der den Weg alles Fleisches geht und sein Gut und Vermögen anderen hinterlässt, die ihn dafür segnen. So aber sank sie dahin wie jemand, den man wie einen Verbrecher und Geächteten tötet und vernichtet und auslöscht und seine Asche in alle Winde streut, damit sein Name von der Erde verschwinde. Und das ist seine Schuld."[47]

Es kann nur spekuliert werden, was Conrad Gröber veranlasst haben mag, in dieser jedes Gebot historiographischer Neutralität ignorierenden Härte zuzuschlagen. Waren doch in der Weimarer Republik alle wesentlichen Anlässe für irgendwelche Kulturkampfreminiszenzen durch die neue Verfassung nach dem Krieg hinfällig geworden. Gravierende Eingriffe des Staats in die Organisation der Kirche waren nicht mehr zu befürchten. Und eine dringliche Herausforderung zu Nachhutgefechten mit den Altkatholiken war gewiss auch nicht mehr gegeben, selbst wenn man in Rechnung stellt, dass diese die Sakristei ihrer Kirche (der „Christuskirche" in Konstanz) mit einem Porträt Wessenbergs zu heiligen sich angemaßt hatten (bis zum heutigen Tag). – Man wird sich nach anderen Motivationsvarianten umzusehen haben.

1925 war Gröber nach Freiburg ins Domkapitel berufen worden Damit war er in einen zumindest weiteren Kreis von Bischofskandidaten aufgestiegen. Man wird wohl annehmen dürfen, dass Gröber wusste, was der Nuntius Eugenio Pacelli von einem Anwärter auf ein deutsches Bistum erwartete. „Pacelli", schreibt Hubert Wolf, „vertrat radikal das Programm eines kirchlichen Zentralismus, der in seiner letzten Konsequenz die katholische Kirche mit der Papstkirche gleichsetzte. Alle zentrifugalen Tendenzen innerhalb des Katholizismus, die auf mehr Eigenständigkeit der Ortskirchen hinausliefen und in Deutschland auf eine jahrhundertealte Tradition zurückgingen, lehnte er genauso entschieden ab wie episkopalistische Strömungen, die auf einen Eigenwert der Bischöfe als Nachfolger der Apostel beharrten."[48] Wolf beschreibt eindrucksvoll, wie der Nuntius und später dann der Kardinalstaatssekretär Pacelli bei der Besetzung deutscher Bistümer unter diesen Prämissen die Fäden zog. Mit Sicherheit wusste man in karrierebewussten Klerikerzirkeln, dass nur zum Zuge kommen konnte, wer die vorbehaltlose Befolgung der vatikanischen Richtlinien garantieren würde. Gegen das Placet Pacellis wurde in diesen Jahren niemand in Deutschland Bischof.

Mit der 1927/28 publizierten Generalattacke gegen das „System Wessenberg" hat Gröber die katholische Öffentlichkeit seiner absoluten Romtreue versichert. Das Buch war gleichsam das Entreebillett für den Episkopat. Im September 1929 weilte Pacelli aus Anlass des Katholikentages in Freiburg. Gröber begleitete den Nuntius auf einer zweitägigen Rundfahrt durch den Schwarzwald. Knapp anderthalb Jahre später war Gröber bereits Bischof von Meißen und im Jahr darauf Erzbischof von Freiburg. Einen Entrüstungssturm hat die Wessenberg-Schrift Gröbers nicht hervorgerufen. Das mag in dem Umstand begründet gewesen sein, dass die altkatholische Frontgeneration, welche die Kämpfe der Ablösung von Rom und der Etablierung einer eigenen Kirche ausgetragen hatte, inzwischen verstorben war. Andererseits hielt sich aber auch die Bereitschaft zu Ovationen ultramontan gesonnener Leser in Grenzen. Die provokative Energie der Symbolfigur „Wessenberg" scheint in der einen wie in der anderen Richtung Ende der 2oer Jahre weitgehend erloschen zu sein.

In der Kirchengeschichtsschreibung der folgenden drei Dekaden spielte Wessenberg keine nennenswerte Rolle, was verwunderlich ist, weil doch seine Konkordatspolitik und sein Ringen um ein angemessenes Verhältnis zwischen Kirche und Staat ein wahrhaft aktuelles Thema in den Jahren des Dritten Reiches hätte sein können. Eine Auseinandersetzung mit Wessenberg unter dem Blickwinkel kirchenpolitischen Handelns in Zeiten staatlicher Suppression wäre in kritischer wie rehabilitierender Absicht fällig gewesen.[49] Aber der Blick auf eine solche Aufgabe war durch Gröbers abschließendes Verdikt wohl verstellt geblieben. Wessenbergs Ruf war unter den katholischen Kirchenhistorikern offenbar rettungslos ruiniert. Noch Mitte der 5oer Jahre schrieb August Hagen als Schlusssatz des Wessenberg-Kapitels in seiner Diözesangeschichte von Rottenburg: „Trotz seiner (wohlgemerkt formalen, d.V.) Rechtgläubigkeit fehlt es ihm an einem kräftigen ungebrochenen Katholizismus." – Das ist im Grunde ein Gröber-Satz![50]

Zu Beginn der 6oer Jahre erfolgte indessen ein nachgerade schlagartiger Wechsel der kirchengeschichtlichen Szenerie: Wessenberg wurde als hochattraktive Figur des kirchenpolitischen Welttheaters entdeckt und von den renommiertesten Vertretern der Disziplin zwar nicht durchweg uneingeschränkt, aber doch überwiegend positiv, mitunter sogar emphatisch gewürdigt[51] – als weitsichtiger Reformer in einer Zeit des katastrophalen Umbruchs der katholischen Kirche, gescheitert in einem tragischen Verhängnis am Unverständnis einer Römischen Kurie, zumal eines Papstes, der seinerseits durch die Wirren der Zeitläufte blind geworden war für die historisch gebotenen Assimilationen der Kirche diesseits der Alpen.

Der Rechtshistoriker Karl Siegfried Bader sprach schon 1974 geradezu von einer „Wessenberg-Renaissance" und stellte die neu erweckte Konjunktur des „in streng kirchlichen Kreisen über ein Jahrhundert hinweg arg Verfemten" in den Kontext der grundlegenden Reformperspektiven des II. Vaticanums.[52] Offenbar ermöglichte erst das Konzil eine neue Sicht auf Wessenberg.[53]

Diese gewandelte Sicht als Folge des Konzils kommt sinnfällig zum Ausdruck in der Interessentopographie der wissenschaftlichen Beschäftigung mit Wessenberg. Die Fülle einschlägiger Studien, die sich in den vergangenen 50 Jahren mehr oder weniger nachdrücklich um eine Rehabilitation Wessenbergs bemühten, kann hier nicht in extenso rekapituliert werden. Aber im Blick auf die Forschungsschwerpunkte darf wohl pauschal festgestellt werden, dass im Wesentlichen nur jene Projekte und Intentionen Wessenbergs erörtert und gewürdigt worden sind, welche sich durch die Konzilsdekrete bestätigen ließen.[54]

So hat man besonders intensiv auf Wessenbergs vielfältige Maßnahmen zu einer soliden Priesterausbildung und Priesterweiterbildung, auf seine Verfügungen zu einem priesterlichen Leben und zum priesterlichen Dienst aufmerksam gemacht.[55] Nahezu alles, was Wessenberg in seinen zahlreichen „Hirtenbriefen und Verordnungen für das Bisthum Constanz" diesbezüglich geschrieben hat, ließe sich als Vorformulierung der Konzilsdekrete „Optatam totius" („Über die Ausbildung der Priester") oder „Presbyterorum ordinis" („Über Dienst und Leben der Priester") lesen.

Ein vitales Interesse fanden auch die weit ausgreifenden Strukturkonzepte der Wessenberg'schen Pastoraltheologie,[56] zumal sein Insistieren auf den Ausbau der Pfarrei als primäre Organisationsform des geistlichen Lebens der Gläubigen mit den entsprechenden liturgischen Konsequenzen, die insgesamt auf eine aktive Teilnahme des Volkes am sakralen Tun des Priesters abzielten. – Auch in dieser Hinsicht begegnet man bei der Lektüre der Konzilskonstitution „Über die heilige Liturgie" („Sacrosanctum Concilium") auf Schritt und Tritt dem Gedankengut und den praktischen Anwei-

sungen Wessenbergs, z. B. zur Verwendung der (deutschen) Volks-
sprache im Vollzug der Riten, zur Bedeutung der schriftgestützten
Predigt, zum Kirchenlied etc.

Den in ultramontanem Schrifttum ständig begegnenden Vorwurf, Wessenberg habe die Kirche an den Staat verraten, findet man
in den neueren Arbeiten nirgendwo mehr. Stattdessen wird das zeit-
bedingt schwierige Bemühen Wessenbergs um ein Arrangement
der Kirche mit dem Staat zum Wohl der Menschen gewürdigt.[57] Im
Hintergrund dieser Würdigung lässt sich der in der Konzilskonstitution „Gaudium et Spes"(„Über die Kirche in der Welt") skizzierte
Reflexionshorizont zum „Leben der politischen Gemeinschaft" zumindest erahnen.

Kurzum, die Stunde der Anerkennung Wessenbergs und seiner
respektvollen Integration in die katholische Kirchengeschichte
war gekommen, nachdem im Verlauf des II. Vatikanischen Konzils der generelle Vorsatz deutlich geworden war, ein Einverneh-
men der Kirche mit der „Moderne" herzustellen, wobei mit dem
Begriff „Moderne" jene Leitideen für eine mündige Existenz zu
assoziieren sind, welche die intellektuelle Gesellschaft Europas im
18. Jahrhundert als Aufklärungsprogramm entwickelt hat. Hubert
Wolf hat nachdrücklich darauf hingewiesen[58], dass erst mit der aktuellen, d.h. konziliaren und nachkonziliaren „Versöhnung von Katholizismus und Moderne"[59] der Blick frei geworden ist dafür, dass
es vor der Selbsteinmauerung eines „katholischen Milieus" im 19.
Jahrhundert, dass es vor der Abschottung desselben gegen alles, was
„modern" zu sein den Anschein hatte, dass es davor sehr wohl eine
spezifisch „katholische Aufklärung" gegeben habe, die „keineswegs
unkirchlich" gewesen sei und deren „Anteil an der Geburt der Neuzeit" eine gebührende Achtung verdiene.[60]

Wir beschließen unseren Streifzug durch die kirchenöffentliche
Geltungsgeschichte des Freiherrn Ignaz Heinrich von Wessenberg
mit einer wahrhaft fulminant feiernden Eloge aus der Feder von
Wolfgang Hug in der soeben erschienenen „Geschichte der Erzdiözese Freiburg": „Heute steht fest, daß es bei Wessenberg keine
kirchenfeindlichen oder gar glaubenszerstörenden Äußerungen
gab. Nichts lag ihm mehr am Herzen als die Vertiefung gelebter
Frömmigkeit und die Überwindung des ‚geistlosen Mechanismus'

mancher traditioneller Glaubenspraktiken. Er war beim Klerus be-
liebt, ja als ‚Vater‘ verehrt, unter den Liberalen geschätzt, auch über
die Konfessionsgrenzen hinaus. Er verstand sich nicht als Kirchen-
fürst, sondern als leitender Seelsorger der Diözese." – Was er dabei
geleistet habe, „verdient größte Bewunderung."[61]

So ungefähr könnten auch die Sätze beschaffen sein in einem Antrag zur Eröffnung eines kanonischen Seligsprechungsverfahrens.

Anmerkungen

1 Eine ausführliche Geltungsgeschichte Wessenbergs steht m. W. noch aus. Die folgenden Be-
merkungen mögen als eine vorläufige Skizze dazu verstanden werden. | **2** Über die Bildungs-
geschichte Wessenbergs informieren ausführlich Josef BECK: Freiherr I. Heinrich v. Wessenberg. Sein Leben und Wirken. Zugleich ein Beitrag zur Geschichte der neueren Zeit. Freiburg
1862. GRÖBER, Konrad: Heinrich Ignaz Freiherr von Wessenberg, in: Freiburger Diözesan-Ar-
chiv (FDA) Bd. 55/1927, S. 362-509 und Bd. 56/1928, S. 294-435. BISCHOF, Franz Xaver:
Das Ende des Bistums Konstanz. Hochstift und Bistum Konstanz im Spannungsfeld von Sä-
kularisation und Suppression. Stuttgart 1989. | **3** Zur Kirchenpolitik Josephs II. unterrichten
umfassend WINTER, Eduard: Der Josefinismus – die Geschichte des österreichischen Reform-
katholizismus 1740 – 1848. Berlin 1962. KOVÀCS, Elisabeth: Katholische Aufklärung und Josephinismus. München 1979. KLÜTING, Harm: Der Josephinismus. Ausgewählte Quellen zur
Geschichte der theresianisch-josephinischen Reformen. Darmstadt 1995. HOLLERWEGER,
Hans: Die Reform des Gottesdienstes zur Zeit des Josephinismus in Österreich. Regensburg
1976 | **4** Zum Thema „Aufklärung und Katholische Kirche" s. kompakt zusammenfassend Ru-
dolf REINHARDT und Arno SCHILSON in LThK Bd 1, Freiburg 2006. Sp. 1211-1216. | **5** Über
Wessenbergs langjährigen Kontakt zu dem einflussreichen Pastoraltheologen Johann Michael
Sailer s. AMANN, Fridolin: Die Beziehungen zwischen Sailer und Wessenberg auf Grund von
Briefen dargestellt, in: FDA, Bd.69/1949. S. 186ff. | **6** Zitiert nach BISCHOF, Franz Xaver: Der
Konstanzer Generalvikar Ignaz Heinrich Freiherr von Wessenberg im Spiegel der Berichte des
Luzerner Nuntius Fabrizio Sceberras Testaferrata (1803 – 1816), in: Zft.f.KG 101/1990, S. 222
f. | **7** Zitiert nach BECK, a.a. O., S. 332. | **8** Darüber informieren WERNER, Karl: Geschichte der
katholischen Theologie seit dem Trienter Concil bis zur Gegenwart. München 1866. S. 352 ff.
und GRÖBER, a.a.O. Bd. 56, S. 401. – Eine medienanalytische Untersuchung der Affäre steht
noch aus. | **9** Denkschrift über das Verfahren des Römischen Hofs bei der Ernennung des Ge-
neral-Vikars Frhrn v. Wessenberg zum Nachfolger im Bisthum Konstanz und zu dessen Ver-
weser, und die Königlichen Hoheit dem Großherzog von Baden genommenen
Maßregeln. Frankfurt 1818. | **10** Zitiert nach BECK, a.a.O., S. 308. | **11** Zur Begriffsgeschichte
von „Ultramontanismus" vgl. RAAB, Heribert: Zur Geschichte und Bedeutung des Schlagwor-
tes ultramontan im 18. und frühen 19. Jahrhundert, in: HJ 81/1962. S. 159-173. SCHLOSSMA-
CHER, Norbert: Der Ultramontanismus zu Beginn des 20. Jahrhunderts. Zwischen Ideologie
und antikatholischem Affekt, in: RoJbKG 21/2002. S. 95 ff. – Dominant ist wohl die Bedeutung als Diskriminierungsvokabel, womit die Deutschliberalen die „strengen" (d.h. die auf den
Vatikan fixierten) Katholiken auszugrenzen pflegten. | **12** Der Theologe Karl Werner, der die-
sen Wandel sozusagen am eigenen Leib erfahren hat, deutet denselben in den 60er Jahren ex
post als ein gleichsam fulminantes Fortschrittswunder: „ Die Läuterung und der Umschwung
der Anschauungen über katholisches Wesen und katholische Kirchlichkeit erfolgte mit solcher
Macht, dass sich derselben keiner der Besseren entziehen konnte; die sich ihm entzogen, waren Zurückgebliebene oder Verstimmte, die auf den weiteren Gang der Dinge keinen erhebli-

chen Einfluß mehr gewannen. Zu diesen Zurückgebliebenen und Verstimmten gehörte Wessenberg." A.a.O. S. 359. | **13** Kaiser Friedrich der Zweite. Ein Trauerspiel, 1844. – Die großen Kirchenversammlungen des 15. und 16. Jahrhunderts – in Beziehung auf Kirchenverbesserung geschichtlich und kritisch dargestellt. 4 Bde., Constanz 1840. | **14** S. dazu Rösch, Adolf: Hermann v. Vicari im Dienste der Konstanzer und Freiburger Kurie, in: FDA 55/1927, S. 295-361. Braun, Karl-Heinz: Hermann von Vicari und Ignaz Heinrich von Wessenberg: zwei Prälaten im kirchenpolitischen Vergleich, in: FDA 107/1987, S. 213-286. | **15** Konstanzer Zeitung vom 23.8.1860: „Mit Recht mußte es auffallen, daß das erzbischöfliche Ordinariat und das Domkapitel in Freiburg Niemanden hatte, den es hinschicken wollte, um dem Verblichenen die letzte Ehre zu erweisen. Wir glauben, dies spreche an und für sich deutlich genug. Vom Jahre 1801 bis zum Jahre 1827 arbeitete der jetzige Erzbischof an der Seite des damaligen Bistumsverwesers, und wir sagen nicht zu viel, wenn die hohe Würde, die er jetzt bekleidet, er größtenteils der Bemühung des Verblichenen zu verdanken hat." |**16** S. Anm. 2. – Zur Biographie von Joseph Beck s. Brechenmacher, Karl: Joseph Beck (1803 –1883) – ein badischer Spätaufklärer. Tübingen 1984. | **17** A.a.O. S. 274 ff. | **18** Ebd. S. 289 f. |**19** Die Rezensionen sind bei Brechenmacher aufgelistet. | **20** Der Katholik. Eine religiöse Zeitschrift zur Belehrung und Warnung. Straßburg/Mainz 42/1862. | **21** Brück, Heinrich: Die Oberrheinische Kirchenprovinz von ihrer Gründung bis zur Gegenwart mit besonderer Berücksichtigung des Verhältnisses der Kirche zur Staatsgewalt. Mainz 1868. S. 224 f. | **22** In unterschiedlicher Schärfe von Longner, Ignaz: Beiträge zur Geschichte der oberrheinischen Kirchenprovinz. Tübingen 1863. Werner a.a.O. Brück, Heinrich: Geschichte der Katholischen Kirche in Deutschland im Neunzehnten Jahrhundert. Bd. 1. Mainz 1887. Maas, Heinrich: Geschichte der Katholischen Kirche im Großherzogthum Baden. Freiburg 1891. Lauer, Hermann: Geschichte der Katholischen Kirche im Großherzogtum Baden von der Gründung des Großherzogtums bis zur Gegenwart. Freiburg 1908. | **23** Rösch, Adolf: Das religiöse Leben in Hohenzollern unter dem Einflusse des Wessenbergianismus 1800 – 1850, in: Vereinsschriften der Görres-Gesellschaft. Köln 1908. S. 135. | **24** Laible, Joseph: Chronik der altkatholischen Gemeinde in Konstanz von 1873 – 1898. Konstanz 1898. S. 9 f. | **25** Badische Biographien. Bd. II. hrsg. v. Friedrich von Weech. 1875. S. 452-485. | **26** Schirmer, Wilhelm: Ignaz Heinrich von Wessenberg – des Bistums Konstanz letzter Oberhirt. Konstanz o. J. (1911). S. 3. | **27** Gröber, Conrad: Freiherr Ignaz Heinrich von Wessenberg, in: Katholisches Jahrbuch für die Stadt Konstanz. 1911. S. 161. | **28** Ebd. S. 169. | **29** Ebd. | **30** Ebd. | **31** Ebd. S. 189. | **32** Ebd. S. 195. | **33** Ebd. S. 197. | **34** Ebd. S. 204. | **35** Gröber, Konrad: Der Altkatholizismus in Konstanz. Die Geschichte seiner Entwicklung und Bekämpfung, in: FDA 39/1911. S. 190-248. | **36** Ebd. S. 190. | **37** Ebd. S. 221. | **38** Ebd. S. 193. | **39** Ebd. S. 248. | **40** Um die interkonfessionelle Stimmung in der Stadt zu erahnen, sei die Lektüre der lokalen Tages- bzw. Wochenpresse („Konstanzer Zeitung", „Freie Stimme") empfohlen. | **41** Gröber, Konrad: Heinrich Ignaz von Wessenberg. A.a.O. 55. S. 367. | **42** Ebd. S. 459. | **43** Ebd. S. 417. | **44** Ebd. S. 412. | **45** Ebd. S. 413. | **46** Wolf, Hubert: Papst und Teufel. Die Archive des Vatikan und das Dritte Reich. München 2008. S. 12. Wolf zitiert hier aus Gröbers 1940 publizierten „Handbuch der religiösen Gegenwartsfragen". | **47** Gröber a.a.O. 56. S. 435. | **48** Wolf a.a.O. S. 87. – Dazu grundlegend die Einleitung von Hubert Wolf und Klaus Unterburger zur Edition des Abschlussberichts Eugenio Pacellis über Die Lage der Kirche in Deutschland 1929. Paderborn 2006. S. 60 ff. – Vgl. auch Gatz, Erwin: Die Katholische Kirche in Deutschland im 20. Jahrhundert. Freiburg 2009. S. 92 f. | **49** Ausgeschlossen war das auch in jener Zeit nicht. Es ließen sich – zugegebenermaßen nicht allzu zahlreiche –Beispiele aus dem Bereich der Belletristik im Dritten Reich anführen, wo historischer bzw. fiktionaler Verfremdung die Übel der Gegenwart erörtert wurden. | **50** Hagen, August: Geschichte der Diözese Rottenburg. Stuttgart 1956. S. 101. | **51** U.a. von Wolfgang Müller, Manfred Weitlauff, Franz Xaver Bischof, Karl-Heinz Braun etc. – Zurückhaltend, skeptisch, wenn auch nicht feindlich haben sich Ursmar Engelmann und Remigius Bäumer geäußert. | **52** Bader, Karl Siegfried: Kirchenrechtliche Vorstellungen des Konstanzer Bistumsverwesers Ignaz Heinrich von Wessenberg, in: Festschrift für Nikolaus Grass zum 60. Geburtstag. Innsbruck/München 1974.Bd. I. S. 361. – Dass Bader in diesem Aufsatz Gröbers Wessenberg-Erledigung belobigend als einen „ersten mutigen Schritt zur Umkehr" im Sinne einer Rehabilitation verstehen will, ist mir unbegreiflich. S. 362. | **53** Vgl. den signifikanten Titel eines Aufsatzes von Müller, Wolfgang: Wessenberg in heutiger Sicht, in: ZSKG 58/ 1964. S. 293 ff. | **54** Kleines Konzilskompendium. Sämtliche Texte des Zweiten Vatikanums. Hrsg. v. Karl Rahner und Herbert Vorgrimler. 7. Aufl. Freiburg 1971. | **55** Müller, Wolfgang: Wessenberg und seine Bemühungen um die Bildung der Priester, in: Kirche und Theologie im 19. Jahrhundert. Hrsg. v. Georg Schwaiger. Göttingen 1975. S. 41-53. Erwin Keller: Das Priesterseminar Meersburg zur Zeit Wessenbergs (1801 – 1827), in: FDA 97/1977. S. 108-207; 98/1978. S. 353-447. Weitlauff, Manfred: Ignaz Heinrich von Wessenbergs Bemühungen um eine zeitgemäße Priesterbildung. Aufgezeigt an seiner Korrespondenz mit dem Luzerner Stadtpfarrer und bischöflichen Kommissar Thaddäus Müller, in: Papsttum und Kirchenreform. Historische Beiträge. Festschrift für Georg Schwaiger. St. Ottilien 1990. S. 585-651. – U.a. | **56** Müller, Wolfgang: Von Wessenbergs pastoralem Wollen, in: Oberrheinisches Pastoralblatt 61/1960. S. 225-232. Müller, Wolfgang: Die liturgischen Bestrebungen des Konstanzer Generalvikars Wessenberg, in: Liturgisches Jahrbuch 10/1960. S. 232-238. Popp, Friedrich: Studien zu liturgischen Reformbemühungen im Zeitalter der Aufklärung, in: FDA 87/1957. S. 5-495. Keller, Erwin: Die Konstanzer Liturgiereform unter Ignaz Heinrich von Wessenberg, in: FDA 85/1965. S. 5-526. Vollmar, Paul: Die liturgischen Anschauungen des Ignaz Heinrich von Wessenberg. Zürich 1971. | **57** Braun, Karl-Heinz: Hermann von Vicari und Ignaz Heinrich von Wessenberg. Zwei Prälaten im kirchenpolitischen Vergleich, in: FDA 107/1987. S. 213-236. Braun, Karl-Heinz: Die Causa Wessenberg, in: Kirche und Aufklärung – Ignaz Heinrich von Wessenberg (1774 – 1860). Hrsg. v. K.-H. Braun. Freiburg 1989. S. 28-59. Bischof, Franz Xaver: Das Ende des Bistums Konstanz. Stuttgart/Berlin/Köln 1989. Weitlauff, Manfred: Der Staat greift nach der Kirche. Die Säkularisation von 1802/03 und ihre Folgen, in: „Kirche im 19. Jahrhundert." Hrsg. v. Manfred Weitlauff. Regensburg 1998. Braun, Karl-Heinz: Die Lebensgeister der Kirche, Glaube und Liebe, bedürfen, um stets ungeschwächt und ungestört zu wirken, der beständigen Erneuerung. Zum Kirchenbild Ignaz Heinrich von Wessenbergs, in: Kontinuität und Innovation um 1803. Hrsg. v. Rolf Decot. Mainz 2005. S 21-38. | **58** Wolf, Hubert: Milieustabilisierende Apologie oder Schnittstelle zur Moderne? Sebastian Merkle und seine Konzeption von Kirchengeschichte im Spannungsfeld von Gegengesellschaft und Integration, in: RJKG 21/2002. S. 123 – 140. Vgl. dazu auch Holzem, Andreas: Weltversuchung und Heilsgeschichte. Kirchengeschichte im Katholizismus des 19. Jahrhunderts. Altenberge 1995. | **59** Wolf a.a.O. S. 124. | **60** Ebd. S. 139. | **61** Wolfgang Hug: Auf dem Weg zur Bistumsgründung – Die Zeit der Säkularisation, in: Geschichte der Erzdiözese Freiburg. Hrsg. v. Heribert Smolinsky. Bd. I. Freiburg 2008. S. 49.

Ein riskanter Einstieg

Einige präliminare Bemerkungen zur Entscheidung des Freiherrn Ignaz Heinrich von Wessenberg, nach einem mehrstündigen Gespräch unter vier Augen mit Fürstbischof Karl Theodor von Dalberg im Gasthaus Zu den drei Mohren zu Augsburg im Mai des Jahres 1800 der ebenso ehrenvollen wie prekären Berufung auf das Amt des Generalvikars der Diözese Konstanz zuzustimmen[1]

Es mag darüber spekuliert werden dürfen, was einen erfahrenen Kirchenfürsten veranlasste, einen gerade einmal 25 Jahre jungen Mann ohne irgendwelche administrative und pastorale Praxis in das verantwortungsvolle Amt als Steuermann seiner Diözese zu berufen, und es darf wohl auch spekuliert werden, was diesen jungen Mann bewogen hat, auf einem Schiff anzuheuern, von dem er wohl wusste, dass es von einer schweren Havarie, wenn nicht gar vom Untergang bedroht war.

Karl Theodor von Dalberg war unter den politischen Führungsfiguren der Katholischen Kirche in Deutschland ganz gewiss der bedeutendste Stratege seiner Zeit. Er hat die Akkumulation der Krisen, die im Laufe der 90er Jahre des 18. Jahrhunderts als Folge der Französischen Revolution und der Revolutionskriege auf die geistlichen Staaten im Reich zukamen, in ihrer Brisanz erkannt und die Gefahren, die der Kirche drohten, mit allen diplomatischen Mitteln, die ihm zu Gebote standen, abzuwenden versucht. Ausgestattet mit der Autorität seiner Ämter – seit Ende der 80er Jahre war er u.a. Koadjutor des Mainzer Erzbischofs und Kurfürsten Friedrich Karl von Erthal und zugleich Koadjutor des Bischofs Maximilian Christoph von Rodt in Konstanz – verhandelte er mit den maßgeblichen Regierungen der diversen deutschen Staaten auf höchster Ebene und wusste sich von Fall zu Fall bei den Fürsten persönlich, auch beim Kaiser, Gehör zu verschaffen. Sein Interesse galt zweifellos nicht nur der Verwaltung der Diözesen, die ihm anvertraut waren, obwohl er auch diesbezüglich respektable Erfolge erzielte, sondern je länger desto mehr den Existenzfragen der Katholischen

Kirche in Deutschland im Horizont sowohl der nationalen als auch
der internationalen Politik. Natürlich war er darüber informiert,
was ab Mitte der 90er Jahre zunächst mehr oder weniger geheim
und dann auch öffentlich auf Kongressen verhandelt wurde, dass
nämlich die so genannten „Geistlichen Staaten", also „Hochstifte"
und „Reichsprälaturen" einschließlich der katholischen Kurfürs-
tentümer, zu liquidieren seien, angeblich als Entschädigung der
weltlichen Fürsten für die linksrheinisch erlittenen Territorialver-
luste an Frankreich. Dalberg wehrte sich gegen solche Pläne mit
verfassungsrechtlichen Argumenten: Die Kosten eines verlorenen
Krieges haben alle zu tragen – in Form von finanziellen proporz-
mäßig zu regelnden Reparationen, unzulässig sei eine selektive
Vernichtung der geistlichen Reichsstände zugunsten der weltlichen
Staaten.

Zwar gab es zwischenzeitlich immer wieder begründete Hoff-
nungen, dass neben den geistlichen Kurfürstentümern auch der
Bestand des Hochstifts Konstanz durch den Kaiser gerettet werden
könnte, insofern derselbe die Reichsverfassung zu garantieren verpflichtet war, was indessen in Anbetracht der militärischen Unterle-
genheit Österreichs zumal im zweiten Koalitionskrieg um 1800 eine
höchst unsichere Perspektive bot.

So standen die Dinge recht und schlecht, aber endgültig war
noch nichts entschieden, als Dalberg im Januar 1800 nach dem Tod
des Bischofs Maximilian Christoph von Rodt dessen Nachfolger
in Konstanz wurde. Da abzusehen war, dass er demnächst auch die
Nachfolge des hochbetagten Erzbischofs Friedrich Karl von Erthal
als Kurfürst von Mainz antreten sollte (was 1802 tatsächlich erfolgte) und dass dieser Umstand erst recht das reichspolitische Enga-
gement Dalbergs erforderte, bedurfte er dringend einer Entlastung
von seinen Verwaltungsaufgaben im Bistum Konstanz. Er brauchte
einen Generalvikar, der ihm im Geiste verwandt war und die Re-
gierungsgeschäfte des Bistums Konstanz weitgehend selbständig
führen zu können versprach.

Dalberg hatte den jungen Wessenberg 1794/95 während dessen
Studium an der Universität Würzburg kennengelernt. Wie es dem
Studenten Wessenberg gelungen ist, die Aufmerksamkeit des für
die Universität verantwortlichen Domscholasters Dalberg zu we-

cken, lässt sich nicht ermitteln, aber offenbar verkehrte man im gleichen Milieu der Intellektuellen vor Ort, die sich zu einem entschiedenen Aufklärungsprofil bekannten. Auch bei dem anschließenden Aufenthalt in Wien kam es nach Auskunft Wessenbergs zu wiederholten Begegnungen mit Dalberg, wenn derselbe zu politischen Verhandlungen in der Stadt weilte. In jedem Fall blieb man in einer Beziehung auf Sichtweite. Kurzum, die adlige Herkunft, die weitläufige Verwandtschaft mit Männern der kirchlichen Hierarchie und der politischen Elite im Reich (Thurn-Valsassina, Metternich), die durch das Doppelstudium der Theologie und Jurisprudenz mit vorzüglichen Zeugnissen bewiesene akademische Kompetenz, nicht zuletzt die Schriften, die sein intellektuelles Potential bezeugten – all dies war offenbar ein hinreichender Grund, um einen solchen Kandidaten ungeachtet seiner noch jungen Jahre im Organisationssystem der Kirche mit einer herausragenden Leitungsfunktion zu betrauen. Bestätigt wird diese Einschätzung übrigens durch die Tatsache, dass ihm etwa gleichzeitig auch der Fürstbischof von Augsburg Clemens Wenzeslaus von Sachsen einen ganz ähnlichen Antrag unterbreitet hat.

Wessenberg war durch seine mehrfältigen Kontakte zu hochrangigen Vertretern der Politik, speziell der Kirchenpolitik, zweifellos über die riskante Situation der Katholischen Kirche am Vorabend der Säkularisation informiert. Eine allzu optimistische Einschätzung der Lage wird ihm Dalberg also nicht zugemutet haben können. Ob er freilich auf die kapitale Gefahr hingewiesen hat, dass nicht nur eine Herrschaftssäkularisation drohte, sondern zugleich eine Vermögenssäkularisation mit dann wahrhaft ruinösen Folgeschäden für die Katholische Kirche im Reich, sei dahingestellt. Auf jeden Fall musste Dalberg im eigenen Interesse daran gelegen sein, bei der Anwerbung eines loyalen Kooperators eine möglichst realistische Darstellung der Problemfelder zu vermitteln und die Misslichkeiten, die auf Wessenberg zukommen mochten, illusionslos darzustellen.

Wechselt man die Seite, um die Entscheidungssituation aus der Blickrichtung Wessenbergs zu erkunden, dann gilt es, vorab einige Wegmarken seiner Sozialisation zu rekapitulieren. Auch wenn das Angebot eines derart prominenten Amtes Wessenberg in An-

betracht seines jungen Alters überrascht haben mochte, ganz und
gar unvorbereitet war er keineswegs. Im Gegenteil, er war schon
langfristig zuvor auf ein solches Karrieregleis gesetzt worden. Der
Vater hatte für ihn, wie übrigens auch für seine Brüder, schon frühzeitig ein einträgliches Tätigkeitsfeld im Dienst der Kirche vorgesehen, nicht gerade als seelsorgender Leutpriester, sondern z.b. als
Kanoniker in einem Domkapitel mit Pfründenanspruch und (was
damals nicht ungewöhnlich war) ohne erhebliche Verpflichtungen.
Voraussetzung für ein Beneficiat waren lediglich die vier niederen
Weihen und diese hat schon der elfjährige Knabe von einem Onkel
mütterlicherseits, dem Konstanzer Weihbischof Wilhelm Joseph
von Baaden, 1785 empfangen. So ist zu erklären, dass ihm schon als
17- bzw. 18-Jährigen der Rechtsanspruch auf gleich zwei Dompra-
benden in Konstanz und in Augsburg garantiert worden ist. Damit
war er für seine weitere Zukunft finanziell abgesichert. Ein breites
Berufsspektrum fanden ehrgeizige junge Männer in der Politik und
Verwaltung der Geistlichen Staaten im Reich, wenn sie die notwendigen juristischen Kompetenzen erworben hatten. In diesbezüglicher Vorsorge hat Ignaz Heinrich von Wessenberg daher seine
philosophischen und theologischen Studien in Dillingen mit einem
Studium der Jurisprudenz in Würzburg und Wien ergänzt und somit das Entreebillett für einen verantwortungsvollen Posten im
Regierungsapparat der Katholischen Kirche gewonnen. Schließlich
hatte er sich 1799 mit dem ordentlichen Eintritt in das Konstanzer
Domkapitel zum Subdiakon weihen lassen, womit er zwar noch
kein vollgültiger Kleriker geworden war, aber doch immerhin ein
Zeichen seines Willens zur klerikalen Zugehörigkeit gesetzt hatte.
    Nach Maßgabe der Kriterien zur Beurteilung professionellen
Erfolgs seiner Zeit müsste für Wessenbergs Werdegang bis hin zu
seiner Berufung auf das Generalvikariat in Konstanz eine geradezu
stromlinienförmige Laufbahn bescheinigt werden. In Anbetracht
der politischen Verhältnisse aber, die inzwischen eingetreten waren
und sich für die weitere Zukunft abzeichneten, waren verlässliche
Kalkulationen im Berufsfeld der Katholischen Kirche in Deutschland hinfällig geworden. Wenn nun Wessenberg trotz aller Unsi-
cherheit das Amt des Generalvikars dennoch annahm, darf gefragt

werden, was er mit dieser Entscheidung erhoffen durfte und was er riskierte.

Denkbar ist, dass ihn die anspruchsvolle Aufgabe gereizt hat, die Institution, der er aufgrund seiner Sozialisation existentiell verbunden war, aus der Notsituation, die absehbar war, zu retten. – Denkbar ist auch, dass er in der Not, die auf die Katholische Kirche zukommen sollte, die Chance einer Reform im Geist der Aufklärung erkannte, nämlich Prinzipien der patoraltheologischen Schule, der er entstammte, praktisch umzusetzen. Mit seinem Dillinger Lehrer Johann Michael Sailer, dem eindrucksvollsten und wirkungsreichsten katholischen Aufklärungstheologen, blieb Wessenberg lebenslang verbunden. – Schließlich soll nicht unterschlagen werden, dass sich mit dem Amt eines Generalvikars in Konstanz zumal in der Konstellation mit Dalberg ein Weg in die Kirchenpolitik eröffnete, der weit über Konstanz hinausführen konnte.

Das persönliche Risiko, das Wessenberg einging, indem er sich gerade jetzt einer Institution verpflichtete, die in Verendung begriffen war – dieses Risiko war im Vergleich etwa zum Ordensklerus, der mit Verarmung und Vertreibung rechnen musste, gering. So radikal auch immer die Säkularisation der katholischen Staaten, wenn sie denn kam, ausfallen sollte, die katholische Bevölkerung war dessen ungeachtet immer noch da und bedurfte einer irgendwie institutionell geordneten Betreuung. Wessenberg durfte wohl erwarten, dass man ihn, gleich unter welchem Titel, auch dann noch brauchte, wenn die Katholische Kirche in Deutschland in ihrem weltlichen Bestand erledigt sein sollte.

Es wird überliefert, dass sich Wessenberg erst nach einem mehrstündigen Gespräch mit Dalberg zur Annahme des Antrags entschlossen habe.[2] Über den argumentativen Verlauf des Gesprächs wissen wir nichts. Vielleicht hat Dalberg dem jungen Kandidaten einen Satz gesagt, den er auch anderweitig geäußert hat: „Pflichterfüllung ohne Rücksicht ist in diesem Zeitpunkt einzige zuverlässige Richtschnur." So in einem Brief an Erthal vom 26.3.1798.[3]

In diese Richtung weisen übrigens auch die Kommentare, die Wessenberg rückblickend zur Erklärung seines Entschlusses abgegeben hat: „Das Bild eines großen geistig-religiösen Berufs (dessen darf ich mich freudig rühmen) stand mir unaufhörlich vor der Seele,

und mein fester Entschluß, ganz diesem Beruf zu leben und ihm mit
Beseitigung aller selbstischen Rücksichten mein volles Kraftmaß zu
widmen, brachte Klarheit, Heiterkeit und Zuversicht in mein Inne-
res, die mich mitten unter Kämpfen und Mühseligkeiten stets aufrecht erhielten und nie verzagen ließen."[4] – Oder an anderer Stelle:
„Für politische Geschäfte hatte ich wenig Geschmack und Neigung,
und weltlicher Glanz hat nie einen Reiz für mich gehabt. Meinen
Lebensberuf habe ich schon damals fest ergriffen. Eine wahre Verbesserung der kirchlichen Zustände war die höchste Idee, für deren
Verwirklichung ich mir Sinn und Kraft zutraute."[5] – Oder schließlich eine dritte Stelle: „Ich hatte nun nach jener Unterredung meine
Bestimmung, und mein Entschluß stand fest, ihr mein Leben und
all meine Kräfte zu widmen."[6]

Wann genau Wessenberg diese Sätze niedergeschrieben hat, lässt
sich nicht ermitteln, aber der defensive Grundton gibt doch eine
erhebliche zeitliche Distanz zu erkennen und lässt vermuten, dass
dieses Bekenntnis zu seiner geistlichen Berufung die Erfahrung des
Scheiterns – freilich an einer unvorhersehbaren Front – bereits im
Rücken hatte.

Die wiederholte Betonung der endgültigen Entschiedenheit für
den „Beruf meines geistlichen Hirtenamtes"[7] schon zu jenem Zeitpunkt darf indessen vielleicht mit einem Fragezeichen versehen
werden. Wessenberg hatte sich zuvor wohl zum Subdiakon weihen
lassen (1799), darüber hinaus zunächst aber weder zum Diakon
noch zum Priester. – Warum? – Wollte er sich vorderhand nicht
doch die Alternative einer weltlichen Karriere offenhalten? Die
vollgültige und unwiderrufliche Zugehörigkeit zum Klerikerstand
war damals zwar keine conditio sine qua non für das Amt eines
Generalvikars, würde aber vom Diözesanklerus zweifellos als ein
demonstrativer Akt der Solidarisierung dankbar registriert worden
sein. Die Gründe für Wessenbergs Aufschub des Empfangs der höheren Weihen, der Diakonats- und Priesterweihe, bis zum Jahr 1812
hat er verborgen gehalten.

Der offizielle Amtsantritt Wessenbergs als Generalvikar der Diözese Konstanz verzögerte sich aus diversen politischen, organi-
satorischen und familiären Gründen bis in das Jahr 1802. Über ein
Jahr lang hielt er sich im Hause seines Onkels Benedikt von Thurn-

Valsassina in Regensburg auf. Dieser, Dompropst und kurfürstlich-bischöflicher Gesandter am Reichstag, pflegte enge Beziehungen zu den in der Stadt reichlich versammelten Diplomaten, über die er natürlich vertrauliche Informationen über politische Trends erhielt, welche er seinem Neffen wohl kaum vorenthalten haben wird. Es ist also anzunehmen, dass Wessenberg noch vor der offiziellen Übernahme seiner Amtsgeschäfte Bescheid wusste über die Unabwendbarkeit der Katastrophe für die Katholische Kirche in Deutschland, die dann mit dem Reichsdeputationshauptschluss im Frühjahr 1803 eintreten sollte. Mit diesem Hintergrundswissen vermochte er vorab die Handlungsspielräume seines Amtes in der gegebenen Situation abzuschätzen.

Wahrscheinlich hat sich Wessenberg schon zu Beginn seines Vikariats entschlossen, den Aufgabenhorizont seines Amtes möglichst weiträumig abzustecken. Jedenfalls gab er alsbald zu erkennen, dass er sich nicht auf die Administration seines Sprengels einschränken lassen wollte, sondern erhebliche Energien in eine „grenzüberschreitende" Politik investierte, welche auf eine Neukonstitution der Katholischen Kirche in ganz Deutschland abzielte, womit er zugleich fundamentale Rahmenbedingungen des konventionellen katholischen Kirchensystems insgesamt in Frage zu stellen im Begriffe war. – Um die politische Landschaft in der Sichtweise Wessenbergs einigermaßen sinnfällig zu topographieren, halten wir im Folgenden eine „auswärtige" und eine „innere" Kirchenpolitik auseinander, obwohl die Bereiche natürlich in der Sache vielfach ineinander verflochten waren.

Aus dem Blickwinkel der katholischen Kirchenpolitik der Gegenwart mag es anstößig erscheinen, die Beziehung der deutschen Bistümer zur Römischen Kurie der kirchlichen „Außenpolitik" zuzuordnen. Denn heutzutage sind die Bistümer der ganzen Welt so eng in das Leitungssystem der Kurie eingebunden, dass beide, Bistümer und Kurie, als Glieder einer einzigen Institution verstanden und wahrgenommen werden. Im ausgehenden 18. Jahrhundert jedoch waren Möglichkeiten eines kurialen Eingriffs in Angelegenheiten der Katholischen Kirche diesseits der Alpen vergleichsweise gering. Selbst das Recht auf Mitbestimmung bei der Wahl der Bischöfe und Erzbischöfe in Deutschland blieb der Kurie weitgehend vorenthalten, die Besetzung dieser Ämter wurde unter den Fraktionen der diversen deutschen Adelshäuser ausgehandelt und anschließend dem Papst zur Bestätigung vorgelegt, die dieser in der Regel nicht verweigerte. Zwar gab es Nuntiaturen in Wien oder München, in Köln oder Luzern, welche die Interessen des Vatikans zu vertreten hatten, die aber von den Fürsten wie von den Ortsbischöfen wenn nicht ignoriert, so doch auf Distanz gehalten wurden. Hinzu kommt, dass sich das Papsttum selbst in einer existentiellen Notlage befand. Ende der 90er Jahre des 18. Jahrhunderts hatten französische Truppen den Kirchenstaat besetzt, Pius VI. musste den Vatikan verlassen und wurde nach Frankreich deportiert, wo er 1799 in Valence verstarb. Auch dessen Nachfolger Pius VII. hatte von allem Anfang an sich der Bedrängnisse Napoleons zu erwehren, der ihn wenige Jahre später (1809) ebenfalls nach Frankreich entführen und in Beugehaft arretieren ließ.

Kurzum, die Katholische Kirche in Deutschland hatte in der bevorstehenden Existenzkrise keinerlei Aussichten auf einen Beistand aus Rom und es gibt auch im Umfeld Dalbergs bzw. Wessenbergs keine nachdrücklichen Verlautbarungen, dass man Hilfe seitens der Kurie erwartet hätte. Die Geistlichen Staaten hatten beim Aufzug des Krisengewitters darauf vertraut, dass ihnen durch die Reichsverfassung ein immerwährender Bestand garantiert sei, für Abwehrschlachten waren sie schlecht gerüstet, auf eine wirkungsmächtige Koordination ihres reichspolitischen Handelns hatten sie verzichten zu dürfen geglaubt. In dieser für die Kirche heillosen Situation schickte sich Wessenberg an, in enger Kooperation mit Dalberg das Konzept einer „Deutschen Kirche" zu entwickeln, eine von einem mit starken Kompetenzen ausgestatteten Primas geleitete Institution, welche die Belange der Katholiken in Deutschland organisieren sollte.

Denn es war abzusehen, dass durch die Totalenteignung die Infrastruktur der Katholischen Kirche in Deutschland zusammenbrechen werde, wenn es nicht gelang, mit den weltlichen Behörden Verträge abzuschließen, welche die finanzielle Grundversorgung der institutionellen Einrichtungen sicherten: der Bistumsverwaltung, der Priesterseminare, der Konvikte, der Schulen, der theologischen Fakultäten, etc. – Ungelöst war auch die Frage, in welchem

Verfahren die Bischofsstühle besetzt werden sollten: nach welchem Vorschlagsrecht, nach welchem Vetorecht? – Wie konnten Konflikte zwischen Kirche und Staat gelöst werden? – Klar war, dass Konkordate geschlossen werden mussten – aber zwischen welchen Vertragspartnern? – Als Primas wäre Dalberg an und für sich befugt gewesen, ein Reichskonkordat für alle deutschen Bistümer mit allen deutschen Staaten auszuhandeln und abzuschließen. Aber wie weit reichte noch dessen Autorität nach dem Verlust des Kurfürstentums Mainz und der faktischen Aufhebung der Reichsverfassung?

Für die Diözese Konstanz ergaben sich besondere Schwierigkeiten, weil sich das Territorium über verschiedene Staaten erstreckte, mit denen von Fall zu Fall verhandelt werden musste: mit den Schweizer Kantonen, mit Österreich, mit Bayern, mit Württemberg und Baden, zum Teil also auch mit Staaten, deren Regenten Protestanten waren, die wiederum protestantische Staatskirchenmodelle vertraten. – Wahrscheinlich begegnete Wessenberg schon frühzeitig der Tendenz, die Bistumsgrenzen den Landesgrenzen anzugleichen und somit katholische Landeskirchen zu konstituieren. Das würde unvermeidlich das Ende des Bistums Konstanz bedeuten, die landfremden Territorien würden abgetrennt, der Bischofssitz in Konstanz, an den äußersten Rand des Landes Baden geraten, würde irgendwohin in die Mitte verlegt werden müssen.

Alle diese Probleme waren zumindest ansatzweise zum Zeitpunkt von Wessenbergs endgültiger Amtsübernahme im Frühjahr 1802 bereits erkennbar. Es kann kein Zweifel sein, dass ihm bewusst war, in seinem Amt als Generalvikar über keinerlei Machtmittel verfügen zu können. Er musste darauf vertrauen, auf diplomatischen Wegen – mit Denkschriften, mit Auftritten auf Kongressen, mit der Pflege und dem Einsatz persönlicher Beziehungen zu mächtigen Agenten auf der politischen Bühne – Überzeugungserfolge zu erzielen.

Eine Restitution der Verhältnisse auf den Stand vor den Säkularisationsbeschlüssen wird Wessenberg wohl kaum erhofft haben, wohl aber mochte er die Chancen für eine Reform der Kirche bedacht haben, die sich in der Krise eröffneten. Ein besonderes Augenmerk verdienen somit seine institutionell internen Maßnahmen.

Wessenberg war offenbar überzeugt, dass die Katholische Kirche in Deutschland als Institution nur dann eine Zukunft haben konnte, wenn es gelang, die Autorität ihrer repräsentativen Personen zu stabilisieren, das heißt: eine selbstbewusste und widerstandsfähige Priesterschaft heranzubilden, die in der Lage war, einerseits das katholische Volk als Gemeinschaft zusammenzuhalten, andererseits in den zu erwartenden Grabenkämpfen zwischen Staat und Kirche eine gewisse Wehrfähigkeit vor Ort zu behaupten.

Es ist in diesem Zusammenhang in Betracht zu ziehen, dass sich der katholische Klerus in Deutschland, vor allem der Mönchsklerus, aber auch der Weltklerus, seit Mitte des 18. Jahrhunderts bei den aufgeklärten Schichten der Bevölkerung in geringem Ansehen befand. Dem kritischen Urteil der Öffentlichkeit verfielen zumal die als prekär empfundenen Lebensformen der katholischen Geistlichen – sei es als herumziehende Bettelmönche, sei es als mehr oder weniger zölibatäre Ortspfarrer –, ferner das bescheidene intellektuelle Niveau der meistens mangelhaft ausgebildeten Seelsorger, die Pfründenwirtschaft, nicht zuletzt eine pastorale Praxis, welche den Kriterien der Vernunft kaum genügen zu können schien. Oft wurden sie als faule Parasiten und Sachwalter eines kruden Aberglaubens denunziert und als solche mit Hohn und Spott überzogen. Wessenberg hat diese sozialen Diskriminierungen des Klerus ganz gewiss wahrgenommen und deshalb alle Anstrengung aufgewandt, um dem Klerus wieder Respektabilität zu verschaffen. Die Maßnahmen, die er unverzüglich einleitete, lassen erkennen, dass es ihm um nichts Geringeres ging als die Rekrutierung einer elitären Priesterschaft. Beck überliefert einen diesbezüglich harten Satz von Wessenberg: „Lieber gar keine Geistlichen als geistesträge Ignoranten, von denen einer mehr verdirbt als ein Halbdutzend brave Männer gut machen können."[8]

Er begann mit Empfehlungen zur Reform der pastoralen Vorbereitung der Priesteramtskandidaten. Im Juli 1801, also noch vor seinem offiziellen Amtsantritt als Generalvikar, führte Wessenberg mit der Erlaubnis, vielleicht auch auf ausdrückliche Veranlassung Dalbergs eine Visitation des Priesterseminars in Meersburg durch. Die Untersuchung nahm i.w. folgende Bereiche in den Blick: Gottesdienst, Studienplan, Tages- und Hausordnung, Lebenssitten der

Kandidaten, Führungsqualität der Gesamteinrichtung. An den kritischen Befund schließen sich Vorschläge zur Seminarreform an. Das beginnt mit der Forderung einer strengeren Prüfung bei der Zulassung der Priesteramtskandidaten. Diese sollten künftig Personalzeugnisse von Vertrauenspersonen und Zeugnisse über seriös absolvierte Studien vorlegen. Die Lebensdisziplin der Alumnen sollte streng und umfassend beaufsichtigt werden – das reichte vom Verbot des Wirtshausbesuchs bis hin zum Gebot einer sorgfältigen Reinlichkeit. In spiritueller Hinsicht war auf alle Formen einer oberflächlichen „Andächtelei" zu verzichten, desgleichen auf Wallfahrten und Rosenkranzgebet bei unpassender Gelegenheit (z.B. während der Messe). Stattdessen wurden eine intensive Bibellektüre und ein häufigerer Empfang der Sakramente (Buße und Eucharistie) angemahnt. Die Empfehlungen zur Reform der Studienordnung reklamierten einen stärkeren pastoralen Praxisbezug, akzentuierten die Katechetik und Homiletik, neben der Kunst des Predigens sollte der angemessene Umgang mit den Beichtenden eingeübt werden. Wessenberg forderte nachdrücklich die Einrichtung eines Konvikts am Universitätsort Freiburg, wo die Studenten der Theologie „gemeinschäftlich und unter geistlicher Zucht und Aufsicht beysammen wohnen"[9] sollten – zum Zwecke der Kontrolle also, aber auch zur Bildung eines Gruppenbewusstseins. Bemerkenswert ist die Forderung, das bisherige überalterte Leitungs- und Lehrpersonal abzulösen und durch tüchtige junge Betreuungspersonen zu ersetzen. Diesbezüglich bemühte er sich, zumal Schüler seines Dillinger Lehrers, des Aufklärungstheologen Johann Michael Sailer, zu gewinnen. Diesem schreibt er in einem Brief vom 4. Mai 1801: „Lieber Sailer! Vergiß nicht, mir eine Liste der Dir bekannten Pfarrer aus dem Konstanzer Bistum zu schicken!"[10]

Die Vorschläge des Visitationsberichts von 1801 setzte Wessenberg, sobald er sein Amt als Generalvikar offiziell angetreten hatte, in ein Statut um, auf welches das Seminar fortan verpflichtet war und deutlicher noch als der Visitationsbericht den Willen zur intellektuellen und moralischen Aufrüstung des Priesternachwuchses zum Ausdruck brachte. Er erließ detaillierte Studienvorschriften, in denen namentlich festgelegt war, welche Lehrbücher von den Alumnen durchzuarbeiten waren (z.B. Pastoral: Giftschütz, Theo-

logische Moral: Fabiani, Kirchenrecht: Boll etc.). Darüber hinaus
empfahl er, sich in den „Profanwissenschaften"[11] kundig zu machen,
also die zeitgenössische Philosophie und Naturlehre zur Kenntnis
zu nehmen, sich Grundlagen der Medizin und Agronomie anzueig-
nen, sich in die politischen Wissenschaften einzuarbeiten etc.

– Das
pädagogische Konzept des Seminars ist eindrucksvoll, die Intention ist evident: Die Priester sollten dergestalt geschult sein, dass sie
sich in einer säkularen Welt behaupten können.

„Reformetur clerus et reformatus erit populus" – unter diese Devise stellte der Provikar Johann Anton Reininger in einem Brief an
Wessenberg vom 13. Dezember[12] 1804 die Handlungsprioritäten des
Ordinariats, und er dürfte damit das Wohlgefallen des Adressaten
gefunden haben, denn dieser pflegte mit Vorliebe einen verwandten
Aphorismus zu zitieren: „Vita clericorum liber est laicorum!"[13], also
sinngemäß: Wenn die Hirten tüchtig sind, befindet sich die Herde
in einem sicheren Pferch!

In der Tat galt Wessenbergs Reformbemühen zuerst und vorzüglich dem Ziel, seiner Priesterschaft die im Zuge der Zeitläufte
verlorene Würde beim Volk wiederzugewinnen. Überlegungen, wie
das katholische Volk selbst unmittelbar in diesen umfassenden Re-
formierungs- und Modernisierungsprozess der Kirche einzubezie-
hen sei, scheint Wessenberg zunächst noch aufgeschoben zu haben.
Die späterhin so bedeutenden pastoralen Reformen – Erlasse zur
Veränderung der konventionellen Frömmigkeitskultur, zur Erneuerung der Liturgie, zur Förderung des Kommunitätsbewusstseins
der Gemeinden, über die Verpflichtung der Geistlichen zum Un-
terricht der Kinder und Jugendlichen – alle diese dem Volk gewid-
meten Reformansätze bleiben in der Frühphase der Amtstätigkeit
Wessenbergs noch im Hintergrund und gewinnen erst im Laufe der
Jahre eine immer intensivere Bedeutung. Offenbar sollten sich vorab die reformwilligen Priester im Lande gruppiert haben, ehe ein
programmatischer Wandel der religiösen Praxis beim katholischen
Volk in der Diözese eingeleitet werden konnte.

Zum Abschluss unserer Erwägungen über Wessenbergs Entscheidung, das Generalvikariat der Diözese Konstanz zu überneh-
men, sei die folgende Stelle aus einem Brief Johann Michael Sailers
vom 9. September 1802 zitiert: „Wenn der Säkularisationsdämon

ausgespuckt hat, müssen wir aus den Reinen [ich lese „Ruinen", d.V.] eine Kirche bauen, sprechen die Engel (die Bischöfe meyne ich). Wer wünscht nicht, daß sie ohne Ruinen [sic! d.V.] gebaut würde und schon gebaut wäre."[14]

Anmerkungen

1 Überarbeitete Fassung eines Vortrags im Weltkloster zu Radolfzell am 13. Juli 2008. Danach publiziert in der „Festschrift für Hans-Wolfgang Strätz zum 70. Geburtstag". Hg. von Harald DERSCHKA, Rainer HAUSMANN und Martin LÖHNIG. Regenstauf 2009. | **2** Josef BECK: Freiherr I. Heinrich von Wessenberg. Sein Leben und Wirken. Freiburg i. Br. 1862. S. 69. | **3** Zitiert nach Franz Xaver BISCHOF: Das Ende des Bistums Konstanz. Stuttgart 1989. S.165. | **4** Ignaz Heinrich von Wessenberg: Unveröffentlichte Manuskripte und Briefe. I/1. Autobiographische Aufzeichnungen. Hg. v. Kurt ALAND. Freiburg 1968. S. 29. | **5** Ebd. S. 26. | **6** Ebd. S. 27. | **7** Formulierung Wessenbergs, zitiert nach BECK a.a.O. S. 77. | **8**   Beck a.a.O. S. 104. | **9** Zitiert nach Erwin KELLER: Das Priesterseminar Meersburg zur Zeit Wessenbergs (1801–1827). In: Freiburger Diözesan-Archiv Bd.97/1977. S. 121. | **10** Zitiert nach Fridolin AMANN: Die Beziehungen zwischen Sailer und Wessenberg auf Grund von Briefen dargestellt. Freiburger Diözesan-Archiv Bd. 69/1949. S. 193. | **11** Bei KELLER a.a.O. S. 172. | **12** Stadtarchiv Konstanz | **13** So schon in dem Schreiben „An die gesammte Geistlichkeit des Bistums Konstanz" vom 19. April 1802 aus Anlaß seines Amtsantritts Manuskript im Stadtarchiv Konstanz). Desgleichen in „der Geist des Zeitalters". Zürich 1801. S. 189. | **14** Zitiert nach AMANN a.a.O. S. 191.

Dieses Porträt hat der Zürcher Graphiker Johann Heinrich Lips 1814 angefertigt. Lips verkehrte im Hause Lavaters und war mit dessen „Physiognomik" vertraut, einer Lehre, die im Gesichtsausdruck die innere Charakterbeschaffenheit eines Menschen zu erkennen sich anheischig machte. In dieser Überzeugung schuf Lips zahlreiche Porträts seiner Zeit.

Ein römischer Schriftwechsel
Consalvi und Wessenberg

Ignaz Heinrich von Wessenbergs denkwürdige Reise nach Rom anno 1817 ist in den vergangenen 200 Jahren immer wieder erzählt worden, zuletzt in schätzenswertester Einlässlichkeit von dem katholischen Kirchenhistoriker Franz Xaver Bischof.[1] Kernstück der Darstellung sind in aller Regel die Schriftstücke, die zwischen dem Kardinalstaatssekretär Consalvi und Wessenberg während seines Aufenthalts in Rom ausgetauscht worden sind. Es handelt sich um 3 Noten Consalvis, in denen die kurialen Vorwürfe gegen den Konstanzer Generalvikar und Bistumsverweser aufgelistet werden, und um die 3 Antwortschreiben, in denen sich Wessenberg zu verteidigen versucht. Das Interesse des folgenden Essays gilt den taktischen und strategischen Absichten der Kontrahenten, insoweit sich diese aus dem rhetorischen Arrangement der Textgestalt der jeweiligen Schriftstücke ermitteln lassen.

Zur Vorgeschichte

Am 10. Februar 1817 ist Carl Theodor von Dalberg, Bischof von Konstanz und Erzbischof von Regensburg, „Primas von Deutschland", gestorben. Am 19. Februar wählte das Domkapitel von Konstanz den Koadjutor Dalbergs Ignaz Heinrich von Wessenberg zum Bistumsverweser und setzte anschließend die römische Kurie darüber in Kenntnis. Die Kurie antwortete umgehend mit einem Affront: In einem päpstlichen Breve vom 15. März[2] wurden die Domkapitulare gerügt, dass sie sich unter „Hintansetzung aller Ehrfurcht gegen uns" für einen Mann entschieden hätten, über den bekannt gewesen sei, dass er „der wichtigsten Gründe wegen Unser Missfallen" erregt habe – und zwar so sehr, „dass Wir ihn der Stelle eines Generalvikars, die er bekleidet, entsetzt wissen wollten. Deswegen befehlen Wir euch aus apostolischer Macht vermöge der Uns von Gott anvertrauten Sorge für die gesamte Kirche, dass Ihr mit Beseitigung der Wahl des v. Wessenberg einen Kapitular-Vikar [also einen Bistumsverweser, d.V.] erwählet, der in gutem Rufe bei den

Katholiken steht und die Pflichten des ihm anvertrauten Amtes recht und genau zu erfüllen im Stande ist." In der Erwartung, dass die Kapitulare diesen Befehl befolgen und damit „dem Übel, das Ihr gestiftet" schleunige Abhilfe leisten, erteile er, der Papst, den Apostolischen Segen.

In einem Antwortschreiben vom 3. Mai[3] versichert das Domkapitel, dass die Wahl unter strikter Einhaltung des kanonischen Rechts erfolgt sei. Für Herrn von Wessenberg habe man sich entschieden in Anbetracht seines über all die Jahre vorbildlich geführten Lebenswandels und aufgrund seiner Verdienste für die Kirche in Deutschland in der politischen Krise der Gegenwart. Insbesondere sei es ihm gelungen, bei den Verhandlungen mit den Fürsten über die kirchlichen Angelegenheiten das Vertrauen und Wohlwollen derselben zu gewinnen. Vom früheren Wunsch Seiner Heiligkeit, Wessenberg aus dem Amt des Generalvikars zu entlassen, habe man nichts gewusst. Im Übrigen befinde sich Herr von Wessenberg momentan in Karlsruhe, um mit dem Großherzog Verhandlungen zu führen. Man habe ihn aber unverzüglich über den Einspruch der römischen Kurie informiert.

Die Kurie sah sich daraufhin veranlasst, den soeben neu ernannten Nuntius von Luzern Carlo Zen in aller Eile zum Großherzog nach Karlsruhe zu schicken, um dort seinen Antrittsbesuch zu absolvieren und bei dieser Gelegenheit ein auf den 21. Mai datiertes päpstliches Breve[4] zu überreichen, in welchem Klage über Herrn von Wessenbergs Walten und Schalten erhoben wird. In diesem Breve werden Formulierungen wahrhaft ruinösen Kalibers eingesetzt. Da ist von einer „Verderbtheit" Wessenbergs die Rede, über welche „aus Deutschland von allen Seiten Beschwerden bei Uns angebracht wurden", da ist die Rede von „verkehrten Lehren", „sehr bösen Beispielen" und „frevelhafter Widersetzlichkeit gegen die Befehle des Apostolischen Stuhls", sodass man genötigt gewesen sei, die Wahl Wessenbergs zum Kapitular-Vikar zu verwerfen und die „geistlichen Gerichtsstellen" anzuweisen, „keinen Akt von ihm zu bestätigen und keine von ihm unterzeichneten Urkunden anzunehmen". Man hoffe, dass der Großherzog behilflich sei, „dass der Ignaz Heinrich von Wessenberg ausgeschlossen werde und das Kapitel einen anderen Vikar wählen könne". Der Großherzog möge das Wohl seiner Untertanen bedenken: „Denn welches Ansehen kann bei den Gläubigen ein Mann behaupten, den alle Guten verabscheuen, den sie verachten, von dem sie durch sichere und offenkundige Beweise wissen, dass er Unseren Beifall nicht hat? In ihm kann die öffentliche Ruhe so wenig eine Stütze finden, dass vielmehr zu befürchten steht, die Gemüter der Katholiken dürften, durch Verteidigung seiner Sache, entfremdet und sogar aufgereizt werden und Störung des Friedens und der Ordnung zur Folge haben." Im Gegenzug gebe man dem Großherzog „die Versicherung, dass Wir alle nur mögliche Rücksicht auf Alles nehmen werden, was Sie von Uns begehren mögen."

Diesem Versuch der Kurie, über das Konstanzer Domkapitel hinweg eine unmittelbare Verständigung mit der badischen Regierung in Karlsruhe zustande zu bringen mit dem Ziel, Wessenberg durch eine autoritäre Entscheidung des Fürsten seines Amtes als Bistumsverweser entheben zu lassen – diesem vom Nuntius Zen gewiss nachdrücklich erläuterten Begehren –, war offenbar kein nennenswerter Erfolg beschieden. In Beantwortung des päpstlichen Breves vom 21. Mai verweist der Großherzog in einem Schreiben vom 17. Juni[5] auf den Sachverhalt, dass Wessenberg durchaus korrekt nach den „kanonischen Satzungen" und dem „beständigen Herkommen in Deutschland" mit der „provisorischen Bistumsverwaltung" beauftragt worden sei. Er, der Großherzog, habe keinen Anlass, die Entscheidung des Domkapitels zu annullieren, zumal Wessenberg „bei der Klerisei und dem Volke den besten Ruf" genieße und sich der „Verehrung ... in ganz Deutschland erfreuen" dürfe. „Es konnte Uns deshalb nichts Unangenehmeres und nichts Unerwarteteres begegnen, als dass Eure Heiligkeit denjenigen, welchen Wir nach dem allgemeinen Urteile aller Guten und Wohldenkenden um die katholische Kirche so hochverdient glaubten, schimpflich als einen Unwürdigen verwerfen würden." Kurzum, Wessenberg sei „ein durchaus tadelfreier Mann", weshalb er, der Großherzog, sich dem „Vollzuge des apostolischen Briefes mit Unserem ganzen Ansehen" zu widersetzen gedenke. Der Großherzog gibt überdies zu verstehen, dass eine Bestätigung Wessenbergs als Koadjutor durch die Kurie im recht verstandenen Interesse der Kirche sei, um so die laufenden Verhandlungen der Kirche mit dem Staat „ohne Unterbrechung" fortführen zu können. Diese nahezu vorbehaltlose Loyalitätserklärung garantiert Wessenberg ein beträchtliches Maß an Souveränität. Der Großherzog konstatiert, dass Wessenberg im Wesentlichen bleibt, was er als Generalvikar der Diözese Konstanz seit dem Reichsdeputationshauptschluss gewesen ist: primärer Verhandlungspartner für Angelegenheiten der katholischen Kirche in Baden. Und es waren wahrhaft dringliche Fragen zu klären, insbesondere die Frage der Entschädigung für die Verluste, welche die Kirche durch die Säkularisation erlitten hatte, also die Frage der sgn. „Dotationen" für die katholischen Institutionen. Die Kurie befand sich somit in dem Dilemma, die Verhandlungen zwischen Kirche und Staat von einem Mann führen lassen zu müssen, den sie anzuerkennen nicht bereit war. So blieb ihr vorderhand nichts anderes übrig als zu schweigen und nach anderen Lösungswegen zu fahnden.

Wessenberg hatte sich seit dem Tod Dalbergs wiederholt mit dem Gedanken getragen, nach Rom zu reisen, um etwaige Hindernisse im persönlichen Gespräch mit der Kurie zu beseitigen. Nach dem Ausbruch des offenen Konflikts durch das päpstliche Breve an das Konstanzer Domkapitel vom 15. März scheint er jedoch von einem solchen Vorhaben vorläufig Abstand genommen zu haben. In einem Schriftstück an die badische Regierung Ende April schreibt er: Der Bistumsverweser habe „weder Veranlassung noch Ursache, sich vor der römischen Kurie zu verteidigen, denn er kennt weder Kläger noch Klagepunkte. Es ist ihm darüber von der römischen Kurie nichts eröffnet, er ist von ihr nicht vernommen, er ist von ihr nicht zur Rechtfertigung aufgefordert worden." Die Stellung des Bistumsverwesers sei mithin diese: „gegen die römische Kurie den Schutz des Staates, dem er angehört, anzurufen".[6]

Nur wenige Wochen später fasste Wessenberg dennoch den Entschluss, nach Rom zu reisen und sich dem heiligen Stuhl zu präsentieren. Was mochte ihn zu dieser Wende veranlasst haben? – In den autobiographischen Aufzeichnungen, die Wessenberg über seine Romreise angefertigt hat[7], macht er ein primär kirchenpolitisches Motiv dafür geltend: die Sorge um die zukünftige Verfassung der katholischen Kirche in Deutschland. Er habe die Konstitution einer

„Deutschen Kirche" angestrebt, was Rom bisher mit allen Mitteln zu verhindern getrachtet habe. In der Einsicht, dass bei der gegebenen Unentschiedenheit die Zeit für die Kurie arbeite, habe er sich zu einem Überraschungscoup entschlossen: „Rom brauchte die begründetsten und dringendsten Beschwerden der deutschen Nation nur hinauszuziehen und zu verschleppen, und es hatte gewonnen." Nur ein Eklat, meint Wessenberg, vermochte „die öffentliche Meinung" in Deutschland „aus ihrem Schlummer aufzuwecken". Und dazu bot die Sanktion der Kurie gegen ihn eine wirkungsmächtige Gelegenheit. Es sei seine Absicht gewesen, den „römischen Hof" zu nötigen, das wahre und zwar politische Motiv dieser Sanktion gegen ihn preiszugeben. Er habe verhindern wollen, dass man das Vorgehen gegen ihn „bloß mit allgemeinen, unerwiesenen Beschwerden" begründe und „der Böswilligkeit und dem Stumpfsinn den weitesten Spielraum" gewähre und die Vorwürfe „mit gehässigen Farben" ausmale, um „dadurch meine Person und mein Handeln des Schlimmsten zu verdächtigen". Es war also, wie Wessenberg nachträglich vorgibt, taktische Klugheit, die ihn bewog, „durch persönliches unerschrockenes Auftreten in Rom einen auffallenden Beweis von dem eigenen Bewusstsein meiner Schuldlosigkeit" abzulegen und zugleich „vom Papst als einen Akt der Gerechtigkeit in Anspruch" zu nehmen, mir „die umständliche Anklageakte vor Augen legen zu lassen, damit ich mich vor aller Welt darüber aussprechen könne." Er sei sich im Voraus bewusst gewesen, „dass die Anklageakte lauter Angaben enthalten würde, die entweder auf Entstellung des wahren Sachverhalts beruhen, oder aber nur dazu dienen würden, den Geist der Anmaßung des römischen Hofs und seiner Organe ins hellste Licht zu setzen. Ließe sich der römische Hof durch meine redlichen Auskünfte und Erklärungen eines bessern bekehren, desto erwünschter würde es sein; wo nicht, so bekäme man in Deutschland desto begründeten Anlass, für die guten Rechte der deutschen Kirche mit Nachdruck aufzutreten." Dieses politisch-taktische Kalkül sei also der „wahre Beweggrund" seiner Romreise gewesen, schreibt Wessenberg, was er jedoch verschwiegen habe, um Missverständnisse zu vermeiden. Eine Förderung seiner „persönlichen Interessen", also seiner Karriere in der Hierarchie, habe er nicht im Sinn gehabt.

Diese Darstellung Wessenbergs ist zu hinterfragen. Er hat seinen
Bericht nicht während seines Aufenthalts in Rom niedergeschrieben und auch nicht unmittelbar danach, sondern viele Jahre später,
wahrscheinlich erst nach dem Ende seiner Obliegenheiten in der
Diözesanverwaltung, also nach 1827, und damit im Schatten der Ra-
tifikation seiner endgültigen Niederlage.

Mit welchen Gedanken Wessenberg im Vorfeld seiner Entschlie-
ßung, nach Rom zu reisen[8], tatsächlich befasst war, ist nicht überliefert. Dass es sich um ein riskantes Unternehmen handeln würde,
dürfte ihm bewusst gewesen sein. Was durfte er hoffen? Was musste
er befürchten? Durfte er hoffen, dem Papst vis-à-vis zu begegnen
und mit einer innigen Loyalitätserklärung einen Gnadenakt Seiner Heiligkeit zu erwirken? Musste er befürchten, dass der Preis,
der für eine wie immer beschaffene Befriedung zu entrichten wäre,
die Grenzen der Selbstachtung überschreiten könnten? Auf jeden
Fall rechnete Wessenberg damit, zumindest vom Kardinalstaatssekretär Consalvi persönlich empfangen zu werden. Zu erschließen
ist diese Erwartung Wessenbergs aus den diplomatischen Maßnahmen, die er vorsorglich veranlasst hat: Wessenbergs Bruder Johann Philipp, einer der prominentesten Diplomaten Österreichs,
richtete ein nachdrückliches Empfehlungsschreiben an Consalvi,
desgleichen sein Vetter Fürst Metternich und tätig wurde auch der
österreichische Botschafter in Rom Fürst Kaunitz. Schließlich trat
Wessenberg seine Reise erst an, nachdem ihn der Großherzog mit
der eindeutigen Erwartung einer gütlichen Einigung bei Consalvi
hatte anmelden lassen.[9] Nach einer so intensiven diplomatischen
Vorbereitungskampagne sollte es Consalvi kaum möglich sein, den
Gesprächswunsch Wessenbergs zu ignorieren.

Wessenberg kam am 18. Juli 1815 in Rom an und ließ sich durch
Kaunitz unverzüglich im Quirinal anmelden. Schon zwei Tage
später wurde er von Consalvi empfangen. Wessenbergs nach-
träglichen Memoiren ist zu entnehmen[10], dass er gleich bei dieser
ersten Begegnung, das Begehren geäußert habe, die konkreten
Anschuldigungen gegen ihn zu erfahren, um sich diesbezüglich
rechtfertigen zu können. Consalvi habe ihm zugesagt, dieser Bitte
zu entsprechen. Dass nun der Papst, möglicherweise auf Vorschlag
Consalvis, eine vorwiegend aus „Zelantis" [Hardlinern, d.V.) zu-

sammengesetzte Kommission berief und mit der Erarbeitung einer Anklageschrift beauftragte, blieb Wessenberg allerdings vorläufig verborgen. Mitglied dieser Kommission war auf jeden Fall Consalvi, der jeweils die Schlussredaktion der Schriftsätze formulierte. Zu Wessenbergs wachsendem Ärger musste er sieben Wochen lang warten, bis ihm endlich am 2. September eine umfangreiche Sammlung seiner angeblichen Verstöße gegen die Ordnung der katholischen Kirche zugestellt wurde. War man in der Kurie auf diesen Antrag Wessenbergs nicht gefasst gewesen? Hatte man erwartet, dass Wessenberg nur deshalb nach Rom kommen werde, um widerstandslos zu kapitulieren und damit seine hierarchische Zukunft zu retten?

Erste Note Consalvis an Wessenberg vom 2. September 1817[11]

Consalvi inszeniert seine erste Note im Modus eines Gerichtsverfahrens. Charakteristikum eines solchen ist die von vornherein asymmetrische Konstellation der beteiligten Figuren. Eröffnet wird das Drama mit dem Auftritt nicht etwa einer Person, sondern einer Instanz, die nicht in der 1. Person Singular das Wort ergreift – „ i c h habe es mir zur Pflicht gemacht, den heiligen Vater zu unterrichten …" –, sondern die in der 3. Person Singular spricht: „der K a r d i - n a l S t a a t s - S e k r e t ä r hat es sich zur Pflicht gemacht …"[12], oder: „Es schmerzt den Unterzeichneten es zu sagen, aber Amt und Pflicht verbinden ihn dazu".[13] Consalvi mimt also eine Mittlerfigur, er handelt nach höheren Weisungen, er fungiert als Sprecher einer Macht, die unter der Titelbezeichnung „heiliger Vater" oder „Seine Heiligkeit" oder auch nur als „heiliger Stuhl" gleichsam hinter den Kulissen verborgen residiert und dennoch wirkungsvoll Regie zu führen scheint. „Der Kardinal Staats-Sekretär" beschränkt sich darauf mitzuteilen, was ihm diese Macht im Hintergrund auszurichten aufgetragen hat. Er präsentiert sich als Vollzugsorgan.

Adressat dieser Mitteilungen ist eine namentlich nicht genannte „Eminenz", die im Laufe des Textes in offenbar demütigender Absicht gelegentlich auch nur als „ein Subjekt" bezeichnet wird.[14]

Dieses „Subjekt" hat zunächst schweigend anzuhören, wessen man
es beschuldigt. „Seine Heiligkeit" lasse durch ihn, den „Kardinal
Staats-Sekretär", die Verwunderung mitteilen, dass der Beschuldigte ungebührlicherweise „Aufklärung" über eine an sich „äußerst
klare Sache" erbeten habe, anstatt „dem Genüge zu leisten, was die
Kirche von Ihnen erwartet."[15] So sei es vorab angebracht, an die in
der Kirche „bekannten Regeln" zu erinnern, die einen Beschuldigten „unfähig machen, gehört zu werden." Wer sich für „beschwert"
halte (also zu Unrecht beschuldigt), habe „vorerst zu gehorchen und
sich der höheren und weit mehr der höchsten Kirchenbehörde zu
unterwerfen" und könne erst nachher „den Rekurs ergreifen", vorausgesetzt, dass es der Kirchenbehörde „gefällt, ihre Gründe darzulegen".[16]
     Ein letztes figurales Element in diesem Drama sind die Zeugen
– im Text „Angeber" genannt, also die Denunzianten. Sie bleiben
anonym, werden aber ausdrücklich als „Personen, die wegen ihres
Ansehens und ihrer Eigenschaften sehr achtungswert sind", in das
Verfahren einbezogen. Und es sind nicht nur einzelne, welche anklagen, es ist „die Stimme aller guten Katholiken in Deutschland",
die „seit vielen Jahren ...schwere Anschuldigungen" vorbringen
„gegen die von Ihnen auf Kosten der katholischen Kirche gemach-
ten Vorsätze".[17]
     Worin besteht die Schuld des Angeklagten? Im Textverlauf ist
immer wieder generell von „Tathandlungen" die Rede[18], womit eine
Vokabel verwendet wird, die im Sinnbezirk des Strafrechts angesie-
delt ist und mit der Bedeutung eines kriminellen Vergehens zu assoziieren ist. Auf jeden Fall handelt es sich um Verfehlungen, die „ein
gemäßigteres und langmütigeres Benehmen des heiligen Stuhls"
nicht zugelassen hat. Ausdrücklich aufgeführt werden „verderbte
Lehren", „üble Beispiele in der Verwaltung des Kirchensprengels"
und „beharrliche Widerstrebungen gegen die Befehle des heiligen
Stuhls".[19] Die gravierendste „Tathandlung" betreffe den Umstand,
dass der Beklagte an dem Titel eines „Capitular-Vikars" (also eines
Bistumsverwesers) festhalte und als solcher auch noch immer „an
der Verwaltung des Bistums Constanz" sich beteilige, obwohl seine Wahl durch das Breve Seiner Heiligkeit vom 15. März für nichtig
erklärt worden sei. Dieser Sachverhalt sei allein schon hinreichend,

„Euer Eminenz in Schuld zu versetzen". Der heilige Vater könne nicht umhin, in diesem Verhalten „eine offenbare Hintansetzung seines höchsten Ansehens zu erblicken".[20]

Schließlich werden in einem Katalog von rund 30 Punkten Verstöße unterschiedlichster Art und unterschiedlichsten Gewichts gegen die kirchliche Ordnung aufgelistet, die aus heutiger Sicht freilich nahezu negligeabel sind: eigenmächtige Regelungen zum kirchlichen Verlöbnisrecht und zur Praxis der Mischehenpastoral, Lockerung von Fastenvorschriften, Zulassung von Haustaufen in der Winterzeit, Empfehlung von Büchern, die angeblich schismatische Ideen propagieren, die Einführung muttersprachlicher Elemente in der Messliturgie, die Laisierung von Religiosen mit einer an Luther gemahnenden Begründung, die Mitgliedschaft in einem Freimaurerzirkel u.a.m. Grotesk ist die ihm zugeschriebene Behauptung, den Glauben an die Gottheit Christi binnen zwei Jahren in Deutschland ausrotten zu können.

Diese und viele andere „Tathandlungen" seien hinreichend, heißt es zum Schluss, „den heiligen Vater von der Beschaffenheit Ihrer Grundsätze zu überzeugen". Und dann folgt ein Appell zur Kapitulation: „Seine Heiligkeit, als wohlwollender Vater aller Gläubigen, wünscht nichts mehr, als eine wahre Aussöhnung Euer Eminenz mit der Kirche zu sehen." Das setze freilich „ein verschiedenes Betragen" voraus, dergestalt, dass sich die öffentliche „Meinung" ändere, „die Sie sich durch die dargestellten Tathandlungen erworben haben."[21]

Es ist evident: Consalvi inszeniert ein Gerichtsverfahren von geradezu kafkaeskem Format. Hintersinn dieser rhetorischen Veranstaltung ist u. E. eine Desorientierungstaktik. Es blieb Wessenberg verborgen, mit wem er eigentlich verhandelte – vordergründig zwar mit Consalvi, aber hintergründig? Nicht doch mit dem Papst? Und welcher rechtlichen Systematik folgt dessen „väterliches Gemüt", das – nach Auskunft Consalvis – wegen Wessenberg „betrübt" und „verwundet", ja „wahrhaft durchbohrt" ist und „besänftigt" werden will?[22]

Sachlich ergibt sich aus dieser Note aus der Sicht Wessenbergs die folgende Bilanz:

1.   Der Papst wünscht eine Versöhnung.

2. Voraussetzung einer solchen wäre aber ein öffentlich wahr-
nehmbares Zeichen, mit dem Wessenberg seine Bereitschaft
zum Einlenken kenntlich machen würde.

3. Ein solches Zeichen wäre sicherlich der Verzicht auf Titel und
Amt des Bistumsverwesers der Diözese Konstanz. Ob aber mit
diesem Resignationsakt die Erwartungen der Kurie hinreichend erfüllt würden, bleibt offen.

4. Irgendeine Prämie von Seiten der Kurie für ein eventuelles
Nachgeben Wessenbergs – etwa eine wie auch immer beschaffene Zukunft in der Hierarchie – wird nicht in Aussicht gestellt.

5. Ungewiss ist, wie Wessenberg den Hinweis Consalvis auf die
überwältigende Schar seiner Gegner in Deutschland einschätzen würde: als eine ernsthafte Mahnung, die beschränkte
Reichweite seiner heimischen Anhängerschaft zu bedenken
oder nur als eine Finte, um ihn einzuschüchtern?

Antwortnote Wessenbergs an Consalvi vom 12. September 1817[23]

Wessenberg eröffnet sein Erwiderungsschreiben an Consalvi mit
einem Ausdruck des Danks für die Gelegenheit, sich „vor dem
Oberhaupte der Kirche persönlich zu rechtfertigen". Dann äußert
er sein Entsetzen über die abscheulichen Unterstellungen und Ver-
leumdungen von Leuten, die „unter dem Schein eines frommen Eifers" seinen „Charakter" und seine „Handlungs- und Denkart" zu
ruinieren versuchten[24].

Einigermaßen abrupt anschließend fügt er eine Eloge auf Pius
VII. hinzu und würdigt dessen Ansehen in der „ganzen Christenheit", er rühmt die „Charakterzüge" desselben, welche „Gerechtigkeit, Billigkeit und Wohlwollen" ausstrahlten, so dass er sich zu
hoffen traue, dass die Aufklärung, die er zu geben sich anschicke,
von seiner Heiligkeit „mit Zufriedenheit" zur Kenntnis genommen
werde. Vor allem sei es sein dringliches Anliegen, seine katholische
Gesinnung zu bekunden und zu versichern, dass sein „Benehmen
nie durch Absichten geleitet wurde, die dem Ansehen des heiligen
apostolischen Stuhls zuwider liefen".[25] Diese demonstrative Be-

kundung des Respekts gegenüber der Person des Papstes dürfte taktisch motiviert sein: Wessenberg strebt danach, in ein unmittelbares Verhältnis zu „Seiner Heiligkeit" einzutreten. Symptomatisch ist, dass er kurzfristig sogar den Adressaten wechselt und sich – sozusagen an Consalvi vorbei – direkt an den Papst wendet und den Grund seiner Reise nach Rom, wie folgt, erläutert: „Geruhen Se. Heiligkeit nach Ihrer Weisheit und Billigkeit zu urteilen, ob es mir in meiner Lage möglich gewesen wäre, meine kindliche Ehrfurcht gegen Ihre geheiligte Person und den heil. Stuhl auf eine mehr augenscheinliche Art zu beweisen. Wenn Se. Heiligkeit die Umstände aufmerksam erwägen, werden Sie sich leicht überzeugen, dass, indem ich mich hierher verfügte, und provisorisch aller persönlichen Ausübung der Bisthumsverwaltung enthielt, ich meinerseits alle mögliche Beachtung des Ansehens des heiligen Stuhls geoffenbart habe. Leicht begreiflich ist es, dass ich alles vermeiden musste, was einen Schein gehabt hätte, die Interessen des Souverains und des Domkapitels zu kompromittieren oder was einen offenen Streit zwischen den geistlichen und weltlichen Behörden hätte hervorrufen können."[26] Wessenbergs Intention, den Papst dafür zu gewinnen, sich persönlich in das Verfahren einzuschalten, kommt noch einmal deutlich am Ende des Schriftsatzes zum Ausdruck, indem er Consalvi ersucht, den Verteidigungstext „Se. Heiligkeit zu Füßen zu legen, nebst meiner untertänigsten Bitte, sie mit der Güte und väterlichen Nachsicht, die Höchst Ihnen eigen sind, aufzunehmen, als eine Darlegung der Gesinnungen ehrfurchtvoller Unterwürfigkeit und Ergebenheit, wozu ich mich als wahrer Sohn der Kirche gegen Ihre geheiligte Person und den heil. Stuhl, den Sie mit so vielem Ruhm einnehmen, bekenne."[27] Diese reichlich exaltierte Rhetorik der Demut gegenüber der geistlichen Obrigkeit mag dem Kurialstil der Zeit entsprochen haben, aber es ist auch nicht auszuschließen, dass Wessenberg damit ein authentisches Bedürfnis nach persönlicher Befriedung zum Ausdruck bringen wollte.

Denn das dürfte Wessenberg inzwischen klar geworden sein: das gröbste Hindernis einer Verständigung mit der Kurie ist in der Tatsache begründet, dass er sich zum Bistumsverweser der Diözese Konstanz hatte wählen lassen, obwohl ihm, wie die Kurie wähnte, bekannt war, dass diese Wahl vom heiligen Stuhl missbilligt würde.

Das war aber nicht der Fall. Der Papst hatte zwar in einem Breve
vom 2. November 1814 an Dalberg auf eine Entlassung Wessenbergs
aus dem Amt des Konstanzer Generalvikars gedrängt und Dalberg
hatte diesem römischen Druck auch nachgegeben, zugleich aber
das Amt des Generalvikars in Konstanz generell erledigt und durch
eine Kollegialregierung ersetzt, welcher Wessenberg allerdings als
Vorsitzender wiederum angehörte. Dieses Breve vom 2. November
1814 hat Dalberg nicht veröffentlicht und die darin erhobene Forderung des heiligen Stuhls auch niemandem bekannt gemacht – auch
Wessenberg nicht und schon gar nicht dem Konstanzer Domkapitel. – Eben diesen Sachverhalt der Unkenntnis macht Wessenberg
jetzt zu seiner Entlastung geltend. Er habe schlichtweg nicht gewusst, dass ihn der heilige Stuhl aus der Bistumsleitung hatte entfernt sehen wollen. Als ihm dies nun aber durch das Breve vom 15.
März 1817 zur Kenntnis gebracht worden war, habe er sich sofort
„provisorisch" aller persönlichen Amtshandlungen in der Diözese
Konstanz enthalten – „provisorisch" wohlgemerkt.

Der übrigen Vorwürfe seitens der Kurie erwehrt sich Wessenberg mit einer Reihe solider Defensivargumente. So weist er auf
seine allezeit eingeschränkten Kompetenzen hin. Dalberg habe sich
als Bischof folgende Verantwortlichkeiten vorbehalten: für sämtliche Korrespondenzen mit der Kurie, für jede Übereinkunft mit der
Staatsregierung, für die Angelegenheiten der Säkularisation von
Ordensleuten und für alle Verordnungen und Hirtenbriefe, die im
Namen des Bischofs erlassen würden. Wessenberg weist ferner darauf hin, dass er wegen seiner kirchenpolitischen Verpflichtungen
außerhalb der Diözese – Pariser Konzil, Wiener Kongress, Frankfurter Verhandlungen – häufig über längere Zeiträume hinweg verhindert gewesen sei, persönliche Entscheidungen vor Ort zu tref-
fen. Gegen manche der jetzt angemahnten Maßnahmen seien seitens der Nuntiatur keine expliziten Einwände erhoben worden oder
man habe auf die Einholung der Erlaubnis verzichten zu dürfen geglaubt, weil man nur einen herkömmlichen Usus wieder aufgegrif-
fen habe. Abschließend erklärt Wessenberg, dass er den Primat des
heiligen Stuhls in der Kompetenz der Lehre und der Jurisdiktion
niemals angezweifelt habe und dass er sich immer an die Grund-

sätze des Tridentiner Konzils gehalten habe, soweit keine Konflikte mit der zivilen Obrigkeit zu befürchten waren.

Resolut weist Wessenberg die kränkende Formulierung Consalvis zurück, „dass alle guten Katholiken von Deutschland seit Jahren gegen mich schreien" und er stellt die Gegenfrage, ob denn „die sehr vielen Katholiken in Deutschland von jedem Rang, welche mich mit ihrer Schätzung beehren und namentlich die zahlreichen Glieder der Geistlichkeit, die mir zugetan sind, keine guten Katholiken" seien?[28]

Wessenbergs Verhandlungshorizont lässt sich aufgrund seiner Antwortnote vom 12. September 1814, wie folgt, skizzieren:

1. Wessenberg glaubte wohl hoffen zu dürfen, dass ihm durch seine Verteidigung eine weitgehende Entlastung gelingen werde.
2. Er scheint gehofft zu haben, mit dem Zugeständnis seines „provisorischen" Verzichts auf die Ausübung der Amtsgeschäfte als Bistumsverweser eine hinreichende Kompromissgeste geleistet zu haben, welche nach einem Freispruch hinfällig wurde.
3. Er setzte auf die persönliche Großzügigkeit des Papstes und erhoffte sich von ihm einen Gnadenakt.

Zweite Note Consalvis an Wessenberg vom 16. Oktober 1817[29]

Consalvi setzt fort, was er in der ersten Note inszeniert hatte – ein groteskes Theater! Wieder tritt er auf als Instanz, als „der Kardinal Staats-Sekretär", wieder übernimmt er die Rolle des Vermittlers: Er habe das Antwortschreiben des Angeschuldigten „Sr. Heiligkeit" vor Augen gelegt und er könne bestätigen, dass „Höchstdieselben" die eingereichten Blätter „mit der größten Aufmerksamkeit" gelesen und dieselben auch von „Ihrem Rat in Erwägung ziehen lassen". Offenbar handelt es sich bei diesem gegenüber Wessenberg nun erstmals offiziell erwähnten „Rat" um jenes Gremium, das drei Monate zuvor vom Papst berufen worden war, um den Fall Wessenberg zu behandeln. Wer diesem hintergründig operierenden Rat angehörte, teilt Consalvi nicht mit. Seine Heiligkeit habe dem „Unterzeichneten" befohlen, „Euer Eminenz die folgende Antwort zu erteilen".[30]

Consalvi beginnt mit einem Paukenschlag: Er bestreitet die
„Wahrscheinlichkeit" der Auskunft des Beschuldigten, dass ihm das
päpstliche Breve vom 2. November 1814 seinerzeit unbekannt geblieben sei. Diese Zweifelsäußerung ist nichts Geringeres als eine Atta-
cke gegen die Ehre des Beschuldigten, sie stellt seine Moralität in
Frage. Consalvi bezichtigt ihn aber nicht nur indirekt der Lüge, sondern auch direkt einer Verweigerung des Gehorsams: „Wie können
Dieselben (Sie) sich einbilden, die Gewalt des heiligen Stuhls durch
die bloß provisorische Enthaltung von der persönlichen Ausübung
der Diözesan-Jurisdiktion gebührend beachtet zu haben? Wie sehen
Dieselben (Sie) nicht, dass in dieser Rechtfertigung selbst ein Beweis
Ihres Ungehorsams liege?"[31] Mit dem Wort „provisorisch" melde der
Beschuldigte an, dass er den Anspruch auf das Amt grundsätzlich
aufrecht zu erhalten im Sinne habe: Ungehorsam!
    Dieses Urteil markiert eine rhetorisch ablesbare Bruchstelle im
Text. Consalvi tritt aus seiner Rolle als Sprecher Seiner Heiligkeit
vorübergehend heraus und artikuliert sich sozusagen in eigener Person. Es ist nicht mehr der Zorn des heiligen Vaters, den er referiert,
sondern er spricht in offenkundig eigener Empörung. Formal äußert sich diese Rhetorik des spontanen Zorns in einer Kaskade dut-
zendfach sich wiederholender Sätze gleicher Bauart: „Wie können
Sie sich einbilden, die Gewalt des heil. Stuhls durch die bloß provisorische Enthaltung von der persönlichen Ausübung der Diözesan-
Jurisdiktion gebührend beachtet zu haben?[32] / „Wie haben Sie glauben können, sich von dem sehr schweren Nachteil … mittelst der
in Ihren Blättern gegebenen Antwort gereinigt zu haben?[33] / „Wie
haben Euer Eminenz sich vorstellen können, … nicht schuldbar zu
sein?[34] / „Wie haben Sie sich durch die Antwort gerechtfertigt glauben können …?"[35] /„Wenn Sie geglaubt haben, sich durch die Behauptung zu rechtfertigen, …so haben Sie sich nicht erinnert …[36] /
Etc. Consalvi ist es nun offenbar nicht mehr um eine argumentative
Darlegung der Differenzen in der Sache zu tun, sondern er demonstriert Herrschaft im Modus des schieren Abkanzelns und Rüffelns.
    In diesem Modus werden einige der in der ersten Note erhobe-
nen Vorwürfe wiederholt und die diesbezüglichen Einsprüche in
dem Wessenberg'schen Antwortschreiben verworfen. Außerdem
behauptet Consalvi die volle Verantwortlichkeit Wessenbergs auch

dort, wo sich dieser entschuldigt hatte, im ausdrücklichen Auftrag des Bischofs Dalberg gehandelt zu haben. In diesen Fällen hätte er seine Mitwirkung unter Berufung auf die Gesetze und Grundsätze der Kirche verweigern müssen – gegen seinen Bischof wohlgemerkt.

Gegen Ende seiner Note holt Consalvi noch einen besonders giftigen Pfeil aus dem Köcher. Er gilt dem von Wessenberg in seiner vorigen Antwortnote beschworenen Vertrauensverhältnis zu seinem Konstanzer Klerus. Consalvi zitiert eine Klage, die ihm unlängst aus dem Konstanzer Domkapitel zugestellt worden sei: „Der einzige Wessenberg macht ohne unser Wissen alles, obgleich im Namen der ganzen Kurie. Wir sind an seinen Sultanismus schon gewöhnt."[37] Welcher Domherr diesen bösen Satz nach Rom depeschiert hat, verrät Consalvi nicht. Es müsste auf jeden Fall einer gewesen sein, der Wessenberg am 19. Februar 1817 zum Bistumsverweser gewählt hatte, denn diese Wahl war einstimmig erfolgt.

Im Schlussabschnitt kehrt Consalvi in die Rolle zurück, die er eingangs besetzt hatte: Er ist wieder Sprecher Seiner Heiligkeit, deren „Weisungen er getreu vollzogen" habe, „wie es seine Pflicht erforderte."[38]

Sachlich ergibt sich für Wessenberg aus dieser zweiten Note Consalvis die folgende Bilanz:

1. Der Vorwurf des verweigerten Gehorsams gegenüber dem Papst muß Wessenberg endgültig den Ernst seiner Lage vor Augen geführt haben, denn dieser Vorwurf bedeutet im Rechtssystem der katholischen Kirche nichts Geringeres als Schismatismus, womit Wessenberg im Grunde zum Häretiker erklärt wird.

2. Die conditio sine qua non einer Einigung ist nach wie vor der Verzicht auf Amt und Titel des Bistumsverwesers der Diözese Konstanz – und zwar ohne jeglichen Vorbehalt. Und darüber hinaus wird die Aufforderung zu einer öffentlichen Geste der Kapitulation wiederholt.

3. Mit dem Wandel der Rhetorik macht Consalvi die Veränderung der Gefechtslage zu seinen Gunsten sinnfällig: Seine Rede ist nicht mehr diplomatisch, sondern autoritär.

4. Wessenberg scheint durch diese Note Consalvis so sehr überrascht worden zu sein, dass er sich vier Wochen Zeit lassen musste, um seine Antwort zu verfassen – nicht mehr als drei Seiten.

Zweite Antwortnote Wessenbergs auf die zweite Note Consalvis vom 18. November 1817[39]

Wessenberg verzichtet in dieser Note auf einen erneuten Widerspruch gegen die konkreten Vorwürfe Consalvis und bricht die detaillierte Auseinandersetzung über die beanstandeten Sachverstöße ab. Er weist auch nicht die ehrenrührigen Zweifel an seiner Wahrhaftigkeit zurück. Wohl aber insistiert er darauf, dass seine Defensivschrift vom 12. September 1817 als „Beweis der Reinheit meiner Absichten und meiner persönlichen Ehrerbietung und Unterwürfigkeit gegen den heiligen Stuhl und den heiligen Vater selbst" gedacht war. Dass dieser Versuch vom „gemeinsamen Vater der Gläubigen" mit „Ungnade" aufgenommen worden sei, empfinde er, der „eine lange Reihe von Jahren mit Uneigennützigkeit dem Dienste der Kirche gewidmet habe", als eine „Kränkung", die ihn jedoch künftig nicht hindern solle, seinen Eifer im „Geiste des Evangeliums" zu steigern, um damit den Beifall Seiner Heiligkeit zu verdienen. Damit meldet Wessenberg indirekt sein Vorhaben an, in seinem Amt als Bistumsverweser vorderhand zu verbleiben.

Er begründet diesen Entschluss mit der mutigen Behauptung der Pluralität seiner Verantwortlichkeit in der gegebenen historischen Situation: „Ich habe besondere Verpflichtungen gegen das Domkapitel und die Geistlichkeit des Bistums Constanz; ich habe ihrer auch gegen meinen Landesherrn; ich habe ihrer endlich gegen Deutschland im Allgemeinen". Und nun fügt er einen irritierenden Satz hinzu: Die genannten Verpflichtungen „müssen mir um so unverletzlicher sein, als sie nicht anders denn im Einklang mit denen gegen die Kirche und ihr Oberhaupt sein können."[40] Wessenberg schließt also konkurrierende Loyalitäten gegenüber der Kirche einerseits und dem Staat andererseits systematisch aus. Das gilt erst recht auch für die Loyalitäten innerhalb der Kirche, also gegenüber Rom einerseits und gegenüber dem Domkapitel und dem Klerus vor Ort andererseits. Diese scheinbare Paradoxie löst sich im Bezugsrahmen der Wessenberg'schen Ekklesiologie auf: Kirche und Staat sind Institutionen, die gemäß ihres durch Christus vorgegebenen Auftrags zu einem kooperativen Wirken einander verbunden sind, indem sie ein gemeinsames Ziel verfolgen – die Einrich-

tung einer gottgefällig gerechten Welt! Dies ist ein Entwurf, der im
Kontext der Zeit zugegebenermaßen utopisch erscheinen mochte,
tatsächlich aber dem kirchenpolitischen Denken Wessenbergs als
Richtlinie diente. In seinen späteren einschlägigen Schriften wird
dieser Ansatz immer wieder thematisiert.[41]

Provokant kann diese Klausel der parallelen Loyalitäten keinesfalls gemeint gewesen sein. Denn unmittelbar anschließend zieht
Wessenberg alle Register der Beteuerung seiner Loyalität gegen
den heiligen Stuhl: Fern sei ihm alles, was die Kirche verwerfe, „unendlich ehrwürdig" sei ihm „die erhabene geistliche Gewalt ... der
Nachfolger des heiligen Petrus", er bekenne „einen vollkommenen
Gehorsam für die katholische Kirche, deren Vorschriften keinen
anderen Zweck haben als die Beförderung des Reichs Jesu Christi" und er unterwerfe „mit gänzlicher Verleugnung aller Eigenlie-
be" seine „ganze Handlungsweise dem Urteil der Kirche und ihres
Oberhaupts." Wessenberg beschließt dieses kurze Antwortschreiben mit der Versicherung seiner „vollkommenen Ergebenheit".[42]

Treuegelöbnis, Gehorsamsversprechen, Unterwerfungserklä-
rung zumal gegenüber dem heiligen Vater – mit diesen rhetorischen
Elementen der Huldigung scheint Wessenberg noch einmal einen
verzweifelten Versuch unternommen zu haben, dem Papst persönlich zu begegnen, um ihm jene „Grundsätze" darzulegen, die in dem
bisherigen Notenwechsel nicht zur Sprache haben kommen können.[43]

Dritte Note Consalvis an Wessenberg
vom 11. Dezember 1817[44]

Consalvi ist offensichtlich bestrebt, das Verfahren abzuschließen.
Rhetorisch bemerkenswert ist der Umstand, dass er in dieser dritten Note sein Rolle als „der Kardinal Staats-Sekretär" oder auch nur
als „der Unterzeichnete" aufgibt und sich durchweg in der Ich-Form
äußert: „Anstatt, sage ich, einen solchen Entschluß zu ergreifen,
beharren Sie ..." oder „mit dem Bedauern, welches ich empfinde,
erneuere ich ..." Das Theater ist offenbar zuende, es wird Klartext
geredet.

Consalvi denkt nicht daran, sich auf eine Erörterung von
„Grundsätzen" einzulassen, sondern bringt vorab seinen Ärger zum
Ausdruck über Wessenbergs Versicherung der „Reinigkeit" seiner
„Absichten" bei gleichzeitigem Beharren auf seiner Verantwortung
gegenüber anderen Institutionen. Die von Wessenberg in Anspruch
genommenen „Verpflichtungen" seien „entweder ... mit denen, welche Sie gegen die Kirche und ihr Oberhaupt haben, im Einklang
und in diesem Fall stellen sie Ihnen kein Hindernis der Erfüllung
dessen entgegen, was Sie der Kirche und ihrem Oberhaupt schuldig
sind, oder sie sind damit nicht im Einklang und in diesem Fall geben Sie ... jenen Verpflichtungen vor diesen den Vorzug."[45]
   Im aktuellen Konflikt habe sich Wessenberg trotz aller Bekun-
dungen seiner Unterwürfigkeit gegen den Willen Seiner Heiligkeit
entschieden. Mit der Weigerung, vom Amt des Kapitular-Vikars
zurückzutreten, habe er offenkundig das Gebot des „Gehorsams
gegen den heiligen Stuhl" verletzt. In den Schriftsätzen zu seiner
Verteidigung habe er vermieden, irgendeine „Missbilligung" seines
widerspenstigen Verhaltens „gegen die Lehre und Befehle der Kirche" zu erklären, er habe „kein einziges Zeichen der Reue" gesetzt
und keinen „Entschluß" erkennen lassen, „das gegebene Ärgernis
gutzumachen", schließlich habe er auch jedes Versprechen hinsichtlich seines „künftigen Benehmens" unterlassen.[46]
   Die eigentlich fällige Androhung der Exkommunikation unter-
bleibt.

Antwort Wessenbergs auf die dritte Note Consalvis vom 16. Dezember 1817[47]

In seinem abschließenden Schreiben wiederholt Wessenberg sein
Dilemma: Ginge es nur um Persönliches, so wäre er zu jedem Opfer
bereit. Aber Wessenberg ist ein Institutionalist und deshalb geht es
ihm um Grundsätzliches. So erinnert er daran, dass ihm das Amt
des Capitular-Vikars aufgrund einer Reihe rechtlich einwandfrei-
er Entscheidungen der zuständigen Organe übertragen worden
ist: durch die Entscheidung des vormaligen Bischofs Dalberg, der
ihn zum Coadjutor und damit zu seinem Nachfolger erwählt habe,

durch die Entscheidung des Domkapitels, das ihn in diesem Amt bestätigt habe, und schließlich durch die Entscheidung des Landesherrn, der diesen gesamten Rechtsvorgang gebilligt habe. Ein nachträglicher Verzicht Wessenbergs auf das Amt des Bistumsverwesers wäre in seiner Sichtweise gewiss als Bruch der institutionellen Rechtsordnung empfunden worden und als Verrat an jenen Personen, welche diese Ordnung repräsentieren und denen er aufgrund dieser Ordnung sich verpflichtet weiß.

Zum anderen macht Wessenberg noch einmal jene parallelen „Verpflichtungen" geltend, die er schon in der vorigen Note vorgebracht hatte: „gegen meinen Landesherrn, gegen das Domkapitel und die Geistlichkeit des Bistums Konstanz und gegen Deutschland überhaupt."[48] Dieses wiederholte Bekenntnis zur Pflicht „gegen Deutschland überhaupt" ist auffällig: Es steht möglicherweise als springender Punkt im Hintergrund des gesamten Konflikts. Gemeint ist wohl das Konzept einer „Deutschen Kirche", das Wessenberg bei den demnächst anstehenden Verhandlungen in Frankfurt im Rahmen des Deutschen Bundes zu vertreten gedachte und das er auch schon drei Jahre zuvor auf dem Wiener Kongress gegen die Kurie vertreten hatte. Schon dort war sein vehementester Gegner der Kardinal Ercole Consalvi.

Anmerkungen

1 Franz Xaver BISCHOF: Das Ende des Bistums Konstanz. Stuttgart 1989. | 2 Denkschrift. | 3 Ebd. | 4 Ebd. | 5 Ebd. | 6 Zitiert nach GRÖBER S. 364 | 7 ALAND | 8 Wessenberg reiste in Begleitung seines Mitarbeiters Burg. | 9 Denkschrift über das Verfahren des Röm. Hofs bei der Ernennung des General-Vikars Frhrn v. Wessenberg zum Nachfolger im Bisthum Konstanz und zu dessen Verweser. Frankfurt 1818. S.14-16 | 10 Aland | 11 Denkschrift S. 17-52 | 12 Ebd. S. 17 | 13 Ebd. S. 23 | 14 Ebd. S.18 f. | 15 Ebd. | 16 Ebd. S. 21 | 17 Ebd. S. 49 | 18 Ebd. S. 20, 46, 48, 51, 52 | 19 Ebd. S. 22 f. | 20 Ebd. S. 20 | 21 Ebd. S. 52 | 22 Ebd. S. 20, 23 | 23 Ebd. S. 53-84 | 24 Ebd. S. 53 f. | 25 Ebd. S. 54 | 26 Ebd. S. 57 f. | 27 Ebd. S. 83 f. | 28 Ebd. S. 79 | 29 | Ebd. S. 85-101 | 30 Ebd. S. 85 | 31 Ebd. S. 86 | 32 Ebd. S. 86 | 33 Ebd. S. 87 | 34 Ebd. S. 95 | 35 Ebd. | 36 Ebd. S. 93 | 37 Ebd. S. 100 | 38 Ebd. S. 101 | 39 Ebd. S. 102-104 | 40 Ebd. S. 103 | 41 Gott und die Welt oder das Verhältnis aller Dinge zu einander und zu Gott. 2. Teil, Heidelberg 1857, Kap. XXX: „Das Verhältnis zwischen Kirche und Staat wird durch ihren Zweck und Beruf bestimmt und ihre heilsame Eintracht beruht auf der gegenseitigen Berücksichtigung dieses Zwecks und Berufs". S. 358 ff. | 42 Ebd. S. 104 | 43 Ebd. S. 103 | 44 Ebd. S. 105-107 | 45 Ebd. S. 106 | 46 Ebd. S. 107 | 47 Ebd. S. 108-111 | 48 Ebd. S. 110

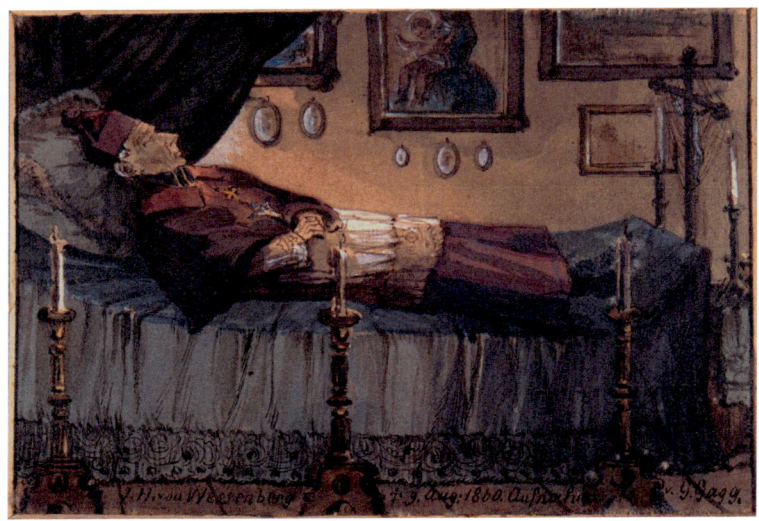

Der Luzerner Maler und Graphiker Gebhard Gagg (1838 –1921) war seit Ende der 1850er Jahre als Zeichenlehrer am Konstanzer Gymnasium tätig. Wie eng er mit dem so viel älteren, aber eben auch kunstbeflissenen Wessenberg vertraut war, konnte nicht ermittelt werden. Bemerkenswert ist, dass ihm der Zugang zur aufgebahrten Leiche Wessenbergs gestattet war. Dokumentiert hat er diesen Besuch mit zwei bildnerischen Darstellungen, einer Bleistiftskizze und der hier abgedruckten Farbzeichnung.

„Recte et fortiter"
Die Funeralien zu Ehren Wessenbergs

Ignaz Heinrich von Wessenberg ist am 9. August 1860 gestorben –
86jährig, nach Maßgabe seiner Zeit also hochbetagt. In der Überlieferung ist ihm ein guter Tod bezeugt worden. Gestorben ist er in
dem Haus vis à vis zum Münster, in dem er sechs Jahrzehnte ge-
wohnt hatte. In den wenigen Wochen seiner krankheitsbedingten
Bettlägerigkeit wurde er umsorgt und gepflegt von seinen ihm treu
ergebenen Hausgenossen. Entschlafen sei er schließlich, wohlverse-
hen mit den heiligen Sterbesakramenten, „sanft und ruhig voll Er-
gebung und voll Vertrauen auf die Gnade Gottes".[1] Der Kunstmaler
Gagg hat in einer Skizze den aufgebahrten Leichnam dargestellt,
bekleidet mit priesterlichem Gewand, traditionsgemäß umstellt
von brennenden Kerzen und umgeben von frommen Bildern an der
Wand über der Bahre – ein Sinnbild des Friedens, Ausdruck dessen,
der mit sich, mit der Welt und mit Gott im Reinen ist.

Am folgenden Tag, am 10. August, brachte die „Konstanzer Zeitung" eine ehrende Traueranzeige: Schmerz bereite Wessenbergs
Tod zumal „den Armen unserer Stadt und weiten Umgebung, die er
alle mit warmer Liebe im Herzen trug", gestorben sei „der zärteste
und opferwilligste Freund und Wohltäter, Förderer von Studieren-
den, die Geistliche, Beamte, Ärzte, Lehrer und Künstler geworden
sind, Gründer und Erhalter von Anstalten für Blinde, Taubstumme
und sittlich verwahrloste Kinder". Abschließend folgt ein Appell:
„Traure teure Vaterstadt an dem edeln Entschlafenen, halte sein
Gedächtnis in Ehren."[2] Die Exequien fanden drei Tage später statt, am 13. August vor-
mittags 10 Uhr. Für die Trauerprozession hatte man ein Programm
drucken lassen. Der Leichenzug bewegte sich vom Haus des Verstorbenen „die Münsterstraße hinauf über den St. Stephansplatz,
sodann zwischen der Mohrenapotheke und dem Sulzburgerschen
Hause in die Plattenstraße, durch diese hinunter bis zu dem Haus
Zur Leiter, von da die Hohhalde hinauf über den südlichen Müns-
terplatz, alsdann am Münster herunter bis zum Hauptportal." Vor-
neweg führte ein Kreuzträger die Geistlichkeit, die Lehrer- und

Schülerschaft, dann folgte der Sarg, unmittelbar dahinter die leidtragende Familie, dann der vom Großherzog bestellte Commissär, der Bürgermeister, die großherzoglichen Beamten und Offiziere, schließlich die diversen Abordnungen der benachbarten Schweizer Gemeinden.[3] Keineswegs selbstverständlich und deshalb von der lokalen Presse eigens vermerkt war der Umstand, dass sich prominente Protestanten der Stadt an der Trauerfeier beteiligten.[4]

Im Rahmen der Funeralien hielt der Münsterpfarrer Sylvester Kotz, ein Freund Wessenbergs, eine schlichte Ansprache, in der er die Fähigkeiten und Verdienste des Verstorbenen würdigte – die umfassende und vielseitige Bildung, das pädagogische Wirken, die pastoralen und karitativen Aktivitäten, nicht zuletzt seine fromme und sittlich makellose Lebensführung. Von dem Zerwürfnis Wessenbergs mit Rom, vom Obstat der Kurie gegen seine Wahl zum Erzbischof von Freiburg ist allerdings nirgendwo die Rede. Wessenberg habe sich, sagte Kotz, anno 1827, als das Bistum von Konstanz nach Freiburg verlegt wurde, „ins stille Privatleben zurückgezogen" und die ihm dergestalt gewährte „Mußezeit" fortan „zur vollen und volleren Selbstausbildung des Geistes und Veredlung des Herzens" genutzt. Die Absicht des Predigers ist evident: Am Grab sollte der Frieden besiegelt sein.[5]

Auffällig ist, dass die kirchliche Hierarchie Wessenbergs Tod ignorierte. Erzbischof Hermann von Vicari war zugegebenermaßen ein alter Mann, dem eine so beschwerliche Reise von Freiburg über den Schwarzwald nach Konstanz nicht zuzumuten war, aber er hätte doch, das meinte wenigstens die lokale Presse[6], einen Delegierten schicken können. Das persönliche Verhältnis zwischen Vicari und Wessenberg, das ehemals während ihrer Kooperation im Konstanzer Domkapitel ein Vierteljahrhundert lang durchaus freundschaftlich gewesen war, hatte sich offenbar nach der ultramontanen Wendung Vicaris erledigt. – Dass man im Freiburger Ordinariat Wessenbergs Tod mit Bedacht ignoriert hat, ist übrigens mit einem aufschlussreichen Dokument zu belegen. Als sein Tod im Lande bekannt geworden war, hat der Gemeinderat von Meßkirch einen „solennen Trauergottesdienst mit Seelenamt und großem Geläute" abzuhalten gewünscht. Der Dekan vor Ort hat sich diesem Begehren widersetzt, weil er darin nicht einen „Akt der Pietät", sondern eine „Demonstration" vermutete und bat um einen diesbezüglichen Bescheid des Freiburger Ordinariats. In der Rückantwort des Erzbischofs wurde das restriktive Handeln des Dekans ausdrücklich gutgeheißen.[7] Wessenberg wurde im nördlichen Seitenschiff des Münsters beigesetzt. Das war nun zweifellos eine Demonstration, denn mit diesem Akt wurde er zu den Bischöfen versammelt, die in der Domkirche begraben sind. Wer die Beisetzung an dieser Stelle veranlasst hat, war nicht zu ermitteln. Unwahrscheinlich ist, dass der zurückhaltende Münsterpfarrer Kotz eine Entscheidung auf eigene Faust getroffen hat.[8] Möglicherweise hat Wessenbergs Testamentsvollstrecker Karl Hüetlin, die Stimmung in der Stadt ausnutzend, diesen Ehrenplatz reklamiert. Nicht auszuschließen ist, dass man einem persönlichen Wunsch Wessenbergs folgte, den dieser unmittelbar vor seinem Tod zwar nicht schriftlich geäußert, aber vielleicht mündlich kundgetan haben mochte. Wessenberg hatte wohl in einer Frühfassung seines Testaments verfügt, auf der Loretohöhe beerdigt zu werden, mit Blick auf Meersburg, seine Hauptwirkungsstätte als Generalvikar. Aber er hat diese Verfügung in der endgültigen Fassung gestrichen, ohne jedoch ein Stattdessen zu bestimmen.[9]

Wessenbergs Testament bedarf eines Kommentars. Der Umstand, dass er mehrere Fassungen erstellt hat, lässt erkennen, dass sich sein „letzter Wille" erst allmählich herausgebildet hat. Dabei scheint das Vorbild des von ihm hochverehrten Erzbischofs von Cambray Fénelon eine prägende Bedeutung für ihn gehabt zu haben.[10] Fénelon hatte in seinem Testament bestimmt, dass das von ihm hinterlassene Erbe nicht an seine Familie fallen, sondern in kirchlicher Verfügung bleiben solle. Dieses Testament war in der Fénelon-Biographik der Zeit publiziert worden, so dass mit hoher Wahrscheinlichkeit angenommen werden kann, dass Wessenberg damit vertraut war.[11] Die Orientierung am testamentarischen Handeln Fénelons könnte erklären, warum Wessenberg die ursprünglich vorgesehene Zuwendung eines Erbteils an einen seiner Neffen schließlich zurückgenommen hat. Allerdings hat er sein Erbe – im Unterschied zu Fénelon – nicht der Kirche überschrieben, sondern hauptsächlich den karitativen Anstalten, die er eingerichtet hatte

(zumal dem von ihm gegründeten Haus zur Rettung verwahrloster
Kinder) und den Bildungsanstalten der Stadt (Bibliothek und Kup-
ferstichkollektion). Seine Gemäldesammlung vermachte er dem
Großherzog unter der Bedingung, dass derselbe 20.000 Gulden in
das Stiftungsvermögen des Konstanzer Rettungshauses einzahle
(was auch geschehen ist). Rührend ist die Verteilung seiner persönlichen Habseligkeiten (Kleider, Wäsche, Möbel u. a. Utensilien) an
seine Dienerschaft. – Wessenberg war übrigens kein armer Mann
gewesen. Sein Biograph Beck hat die jährlichen Einkünfte zu ermitteln versucht: 12-14.000 Gulden, was in ganz grober Schätzung einer Kaufkraft von über 100.000 Euro entsprach. Er soll ein Kapital-
vermögen von 40-50.000 Gulden – also ca eine halbe Million Euro
hinterlassen haben.[12]

Fénelon hatte testamentarisch übrigens auch verfügt, dass seine Funeralien in äußerster Schlichtheit zu vollziehen seien. Die
für eine opulente Leichenfeier aufzuwendenden Finanzmittel sollten für ungleich nützlichere Veranstaltungen eingesetzt werden.
Bischöfe könnten mit einer diesbezüglichen Bescheidenheit den
Laien die Richtung weisen. Auch Wessenberg wünschte, „still beerdigt zu werden", ohne allen Pomp also.[13] Diesem Gebot der Zurück-
haltung widerspricht nun freilich das Denkmal, das man ihm zwei
Jahre nach seinem Tod im Münster an eben der Stelle gesetzt hat,
wo er bestattet worden war und für welches eine gewiss beträchtliche Geldsumme aufzubringen war – eine imposante Messingplatte
über seinem Grab, die man von der Erz- und Kunstgießerei Lenz
und Herold in Nürnberg hatte anfertigen lassen. Die Platte zeigt
die Aufschrift: „Hier ruht die Leiche von Ignaz Heinrich Freiherrn
von Wessenberg, einst General-Vicar, dann Bisthumsverweser von
Constanz." Es folgen die Lebensdaten und gekrönt wird die Aufschrift mit dem Familienwappen und dem Wahlspruch „Recte et
fortiter".[14] – Wer hat den Auftrag erteilt? Und wer hat das Kunst-
werk bezahlt?

In Wessenbergs Nachlass finden sich keinerlei Hinweise auf eine
seinerseitige Veranlassung. Im Testament ist jedenfalls keine Geldsumme für die allfälligen Begräbniskosten ausgewiesen.Für einen
diesbezüglichen Beschluss der Stadtgemeinde Konstanz gibt es
keinen archivalisch nachweisbaren Anhalt. Nicht abwegig wäre die

Wessenbergs Grabplatte im Konstanzer Münster

Ignaz Heinrich Freiherr von Wessenberg
Generalvikar und Bisthumsverweser
zu Constanz.
geb: den 4.ten November 1774. gest: den 9.ten August 1860.

Laut Akten im Staatsarchiv Freiburg wurde das Wappenbild durch den „hochwür-
digen Herrn Pfarrer Kotz zum Münster dahier" bei Friedrich (sic!) Oehlschlägel in
Auftrag gegeben.

Vermutung, dass der mit Wessenberg freundschaftlich verbunde-
ne Testamentsvollstrecker Karl Hüetlin den Auftrag eigenmächtig
und auf eigene Kosten erteilt hat. Aber Hüetlin war bereits 1861, also
noch vor der Fertigstellung der Platte, gestorben.[15] Hätte er es getan,

dann wäre dies zweifellos von Josef Beck in seiner 1862 erschienenen Wessenberg-Biographie, die er ausdrücklich „den Manen des Karl Hüetlin" gewidmet hat, erwähnt worden. Zu denken wäre auch an den Heidelberger Juraprofessor J. A. Mittermaier, der Wessenberg ebenfalls eng verbunden war und dem Wessenberg seinen literarischen Nachlass in Obhut gegeben hatte. Hätte Mittermaier das Denkmal gestiftet, hätte es Beck gewiss erwähnt, denn er war mit ihm vertraut. Dass die hinterbliebenen Verwandten gezahlt haben sollten, ist kaum anzunehmen, nachdem die testamentarischen Verfügungen bekannt geworden waren. Die wider Erwarten leer ausgegangenen Angehörigen sollen verärgert gewesen sein und das Testament anzufechten erwogen haben. So wird man schließlich doch an Sylvester Kotz zu denken haben, obwohl dessen bescheidene jährliche Einkünfte als Pfarrherr des Münsters eine derart aufwendige Maßnahme kaum zugelassen haben mochten. Für Kotz spricht aber die Tatsache, dass er den Kunstmaler Friedrich Oehlschlägel beauftragt hat, einen Gedenkbildentwurf anzufertigen, der dann im Wesentlichen der Nürnberger Metallgießerei als Modell gedient zu haben scheint: Wappen, Personaldaten und die Devise „recte et fortiter". Das Bild befindet sich im Besitz der Wessenberg-Galerie Konstanz.

Wessenbergs Tod hatte zur unmittelbaren Folge, dass sich einmal mehr und bitterer denn je jene Fronten profilierten, die sich im Laufe des Jahrhunderts im deutschen Katholizismus herausgebildet hatten. Im Streit um die kirchliche Bedeutung Wessenbergs kam der in einem langen Vorlauf schwelende Groll zwischen nationalliberalen Katholiken einerseits und den Ultramontanen andererseits in schonungsloser Härte und manchmal bizarren Unterstellungen zum Ausbruch. In der „Konstanzer Zeitung", einem liberalen Blatt, wurde am 23.8.1860 im Rahmen eines Nachtrags zum Leichenbegängnis Wessenbergs zehn Tage zuvor das Gerücht wiedergegeben, es seien noch zu Lebzeiten Wessenbergs Persönlichkeiten aus dem Umfeld des Erzbischofs Vicari mit dem Auftrag einer „Insinuation" auf den Weg geschickt worden, um „den schwer Kranken zu einem Widerrufe zu vermögen." Der Text fährt dann fort: „Nein! Das hast Du nicht getan, edler Heimgegangener! Das wissen wir, und dafür zeugt jener feierliche Augenblick, als er beim allmäligen Verlöschen

der Körperkräfte, aber bei voller Klarheit des Geistes und bei vollem
Bewusstsein seine Umgebung aufforderte, zu bestätigen: Daß er
seine Gesinnungen in keiner Weise geändert habe."[16] „Du kanntest
Deine Leute! Aber hattest Du mit dem Abfall von Deiner Überzeugung und Deinen Grundsätzen weder die Mitra noch den Cardi-
nalshut erkaufen wollen, war dieser Preis Dir zu teuer, so konnte Dir
auch nicht von Ferne in Sinn kommen, dadurch die Anwesenheit eines Mannes in Violet zu der Schwelle des Grabes herbeizulocken."
– In einem anderen Gerücht wurde kolportiert, der Münsterpfarrer
Kotz habe sich beim Erzbischof vorsorglich erkundigt, ob er dem
vom Papst im Breve vom 2. November 1814 als „abtrünnigen und
widersetzlichen Irrlehre" verurteilten Wessenberg die Sterbesak-
ramente reichen dürfe. Dieses Gerücht wurde zwar unverzüglich
dementiert, aber es enthüllt symptomatisch die herrschende Spannung.[17] Übrigens war auch ein gegenläufiges Gerücht in Umlauf:
Kotz sei es gewesen, der den sterbenden Wessenberg zurückgehal-
ten habe, „seine Unkirchlichkeit zu widerrufen".[18]

In der Stadt Konstanz und in der näheren und weiteren Umgebung setzte alsbald ein Prozess der Hagiologisierung Wessenbergs
ein: mit Spendenaufrufen zur Errichtung eines Denkmals, mit dem
Ankauf des Wessenberg-Palais durch die Stadtgemeinde und mit
der Einrichtung eines Wessenberg-Gedächtniszimmers daselbst,
mit der Feier der Enthüllung einer Wessenberg-Büste an der Front-
seite des Hauses in Anwesenheit des Großherzogs am 22. 10. 1866,
mit dem Verkauf von Gipsabgüssen einer Wessenberg-Büste zum
Schmuck des Bücherregals im bürgerlichen Wohnzimmer, mit Vor-
trägen über Leben und Werk Wessenbergs etc. Wessenberg wurde
gleichsam am Tag seines Ablebens zu einer historischen Figur, an
der sich die Geister schieden. So heißt es in einem Nachruf am 23.
August 1860 in der „Konstanzer Zeitung": „Wessenberg ist als der
letzte Domkapitular des ehemaligen Bistums Konstanz beigesetzt
worden ... Die irdischen Hüllen der großen Gallikaner Bossuet
und Fénelon ruhen in den Grüften der Kathedralen von Meaux
und Cambray. Über ihren Grüften wandert ein anderes Geschlecht,
und doch ist ihr Geist nicht gestorben, er wird wiedererwachen und
auferstehen. Im Dom zu Konstanz liegt die Hülle des Mannes, der
eine deutsche Kirche erstrebt, nicht eine, losgerissen von der allge-

meinen, aber eine, die nach Eigentümlichkeit der Nation und der Geschichte das beanspruchen darf, was ihr als geheiligte Rechte zuerkannt worden ist! Über seinem Grabe wandelt ein anderes Geschlecht. Wessenberg ist gestorben als praesul Ecclesiae pressae, Vorsteher der gedrückten Kirche, in ihr leben wir. Kampf ist ihr Loos und ihr Losungswort: Durch Kampf zum Siege. – Das ist unsere Hoffnung, das heilige Vermächtnis des Verewigten."

Dieser speziell politisch motivierte Grundzug der Wessenberg-Verehrung erfuhr einen zusätzlichen Schub durch die wenige Jahre später erfolgten Beschlüsse des I. Vatikanischen Konzils, die den triumphalen Sieg des Papsttums über alle episkopalistischen und/oder nationalkirchlichen Strömungen besiegelten. Als sich Anfang der 70er Jahre die Gegner der verabschiedeten Dogmen von der Römisch-katholischen Kirche abspalteten und sich als „Altkatholiken" in einer eigenen Kirche organisierten, adoptierten sie im Bemühen um Legitimierung ihrer Position Ignaz Heinrich von Wessenberg als einen ihrer geistigen Gründungsväter. Einen Höhepunkt bildet die Feier zur 100. Wiederkehr seines Geburtstages am 4. November 1874. Da wurde Wessenberg als Vorkämpfer gegen „Roms Willkür und Herrschsucht", als „Befreier von welschem Vampyr und Moloch" beschworen. Für die Altkatholiken, heißt es in einem Artikel der „Konstanzer Zeitung" vom 17.10.1874, sei dieser Geburtstag ein „Ehrentag", „denn was wir erstreben, hat auch er erstrebt, nur mit dem Unterschiede, dass die Ungunst der Zeiten ihn die Früchte seines Strebens nicht mehr erleben ließ." Wessenbergs Geist lebe fort in jener Reihe von Gemeinden zumal im Großherzogtum Baden, „welche den Katholizismus anders verstehen als Rom und die Ultramontanen. Was er erkämpft und wofür er unermüdlich tätig war, wollen wir zu Ende führen. Die Feier seines Andenkens soll den Mut und die Kraft zur Überwindung aller Schwierigkeiten erhöhen. Sein Vorbild soll uns voranleuchten bei den Kämpfen um kirchliche Reformen und uns stets ermahnen, dass die wahre Vaterlandsliebe eine Grundbedingung der Religion ist."

Über das wechselseitig provokative Verhältnis zwischen Römischen Katholiken des ultramontanen Flügels und den Altkatholiken im letzten Drittel des 19. und im ersten Drittel des 20. Jahrhunderts soll hier nicht ausführlich referiert werden. Aber an ein sig-

nifikantes Detail möge doch erinnert werden. Als Gustav Brugier
1874 in der Nachfolge des 1867 verstorbenen Sylvester Kotz nach einer vergleichsweise langen Vakanz das Amt des Münsterpfarrers in
Konstanz antrat, ging ihm der Ruf eines strengen Ultramontaners
voraus. Dass ihm in der Konfrontation mit den massiv auftretenden
Altkatholiken in der Stadt das Grab Wessenbergs im Münster ein
Dorn im Fleische war, ist durchaus zu verstehen. So veranlasste er,
dass Wessenbergs Grabstelle im nördlichen Seitenschiff mit einem
hölzernen Boden zugedeckt und mit Kirchenbänken bedeckt wurde. Die „Konstanzer Zeitung" beklagt am 5.12.1885, dass durch diese
Maßnahme „die Verehrer des großen Mannes vergeblich nach seiner Grabstätte suchen." Man dürfe doch wohl erwarten, „dass dieser Pietätlosigkeit alsbald abgeholfen werde." Dieser Forderung ist
vom Pfarramt des Münsters zunächst nicht nachgegeben worden.
Noch 1914 schreibt Konrad Gröber in seiner Monographie über
das Konstanzer Münster: „Unter dem Gestühl zwischen der St. Jo-
sephs- und Barbarakapelle bezeichnet eine schöne Messingplatte
die Ruhestätte des letzten Generalvikars und Verwesers der Diözese Konstanz, des durch seine Aufklärung einst weit bekannten,
viel verehrten und viel angefochtenen Freiherrn Ignaz Heinrich
von Wessenberg."[19] Die Dielen und das Gestühl über der Platte sind
offenbar erst im Vollzug der großen Münsterrenovierung 1922/23
beseitigt worden – und zwar auf Betreiben Gröbers, der ein ausge-
wiesener Ästhet war. Als verkappter Wessenbergianer hat er gewiss
nicht gehandelt. Denn um diese Zeit bereitete Gröber bereits seine
große Wessenberg-Monographie vor, die er 1927/28 publizierte –
eine gnadenlose Hinrichtung![20]

Anmerkungen

1 So in der „Trauerrede am Grabe des verewigten Ignaz Heinrich Freiherrn von Wessenberg von Sylvester Kotz. Constanz 1860, S. 11. | **2** Das Dokument befindet sich (wie alle im Folgenden zitierten Zeitungsartikel) im Stadtarchiv Konstanz. | **3** Ebd. | **4** Schwäbische Chronik vom 21.8.1860. | **5** In seinem ehrenwerten Willen zum unbedingten Frieden am Grab versäumt Kotz auch nicht, darauf hinzuweisen, dass der hochwürdigste Herr Erzbischof „auf erhaltene Kunde von dem Kranksein des nun Verewigten seine Teilnahme" ausgesprochen habe, „mit der Bemerkung, dass er des Kranken in seinem Gebete stets eingedenk sein werde." Trauerrede S.10. Ein Dokument für diese Mitteilung war nicht zu ermitteln. | **6** Konstanzer Zeitung vom 23.8.1860 | **7** Referiert nach Franz Xaver Bɪꜱᴄʜᴏꜰ: Das Ende des Bistums Konstanz. Stuttgart 1989, S. 285 | **8** Kotz hatte allen Grund, vorsichtig zu sein. Im Jahr 1848 war er wegen eines Fehlers bei einer Eheschließung, den er nicht verschuldet hatte, vom Freiburger Ordinariat zu einer Woche „Diskolorium" verurteilt worden: „Trotz aller Beteuerungen und obwohl sich sein vorgesetzter Dekan sowie der Gemeinderat und der Bürgerausschuß von Konstanz für ihn einsetzten, wurde Pfarrer Kotz wegen Vornahme dieser Trauung zu einer achttägigen Einsperrung in das Priesterstrafhaus St. Peter verurteilt." Irmtraud Götz von Olenhusen: Klerus und abweichendes Verhalten. Zur Sozialgeschichte katholischer Priester im 19. Jahrhundert: Die Erzdiözese Freiburg. Göttingen 1994, S.229. | **9** Zu Wessenbergs Testament s. Kurt Aʟᴀɴᴅ: Wessenberg-Studien. In: ZGO95/1943, S. 550-620. Die später gestrichene Stelle ist im Folgenden in Klammern gesetzt: „Sterb' ich in Constanz, so wünsch' ich, dass meine Leiche ganz in der Stille (vor der Loretokapelle auf dem Wege nach Staad gegen die Seite, wo die Aussicht nach Meersburg ist) beigesetzt werde. Ein einfacher Stein bezeichne meine Ruhestätte mit der deutschen Aufschrift: Hier ruht die Leiche von Ig. Heinr. Freiherrn v. Wessenberg, einst Gen. Vikar, dann Bisthumsverweser zu Constanz, geb. den 4. Nov. 1774. gest.d. …". | **10** Die intensive Fénelon-Rezeption in Deutschland um 1800 verdient beachtet zu werden. Werke von Fénelon sind in Wessenbergs Bibliothek vorhanden, Fénelons Name findet sich des Öfteren in Wessenbergs Schriften zitiert, Fénelon ist schließlich Gegenstand eines umfangreichen Gedichts von Wessenberg (1812). | **11** Aɴᴏɴʏᴍᴜꜱ (Andrew Michael Ramsay): Histoire de la Vie et des Ouvrages de Messire Francois de Salignac de la Mothe-Fénelon. Amsterdam 1729 (im Bestand der Wessenberg-Bibliothek) und Lᴇ Cᴀʀᴅɪɴᴀʟ ᴅᴇ Bᴀᴜꜱꜱᴇᴛ : Histoire de Fénelon, archeveque de Cambray. Composés sur les manuscrits originaux. 4 Bde. Versailles 1803 (ebenfalls im Bestand der Wessenberg-Bibliothek). | **12** Joseph Bᴇᴄᴋ: Freiherr I. Heinrich von Wessenberg. Sein Leben und Wirken. Freiburg 1862. S. 525 f. – Aland referiert aus einem „Protokoll der Vermögensaufnahme" ein alles in allem geschätztes Nachlassvermögen von 101.000 Gulden. Aʟᴀɴᴅ a.a.O. S. 557. | **13** Kᴏᴛᴢ, a.a.O. S. 3 | **14** Diese Wendung ist uralt, sie findet sich bereits bei Cicero in dessen Oratio Philippica, sie begegnet im Mittelalter als Motto des schottischen Adelsclans Elliott und gehört seitdem zum Wahlspruchbestand diverser adliger Familien Europas. | **15** Der Nachlass des Rechtsanwalts Hüetlin, in dem die Testamentsakten zu Wessenberg enthalten sein müssten, war nicht aufzufinden. | **16** Möglicherweise hatte die Presse auch von einer Sorge Wessenbergs erfahren, die sein Diener Joseph Schnetz in einem Brief vom 29.7.1860 an den mit Wessenberg befreundeten Domkapitular Haitz in Freiburg mitgeteilt hat: „Vorige Woche in der Nacht …, ich saß an seinem Bett wie immer, da reichte er mir die Hand und sagte Lieber Guter treuer wie könnt ich es machen? Ich möchte noch die Äußerung von mir geben dass ich meine Gesinnungen nicht geändert habe." Zitiert nach Aʟᴀɴᴅ, a.a.O. S. 588. | **17** „Schwäbische Chronik" vom 21.8.1860. | **18** So Konrad Gʀöʙᴇʀ: Der Altkatholizismus in Konstanz. Die Geschichte seiner Entwicklung und Bekämpfung. Freiburger Diözesan-Archiv N.F. Bd. 12/1811, S. 191. | **19** Konrad Gʀöʙᴇʀ: Das Konstanzer Münster. Lindau 1914, S. 102 | **20** Konrad Gʀöʙᴇʀ: Heinrich Ignaz Freiherr von Wessenberg. Freiburger Diözesan-Archiv N.F. Bd. 28/ 1927, S. 362-509 und Bd. 29/ 1928, S. 294-435.

Konstanz – Basel – Trient

Die Wessenberg'sche Konziliengeschichte[1] – eine Darstellung in kritischer Absicht

Einleitende Übersicht der kirchlichen Zustände, während der ersten dreizehn Jahrhunderte

Ignaz Heinrich von Wessenberg annonciert auf der Titelseite seines monumentalen Werkes über die Konzilien des 15. und 16. Jahrhunderts in Konstanz, Basel und Trient ausdrücklich eine „kritische Darstellung".[2] – Was ist damit gemeint? – Offenbar soll es nicht darum gehen, die historischen Vorgänge nur in der Abfolge ihrer bloßen Zufälligkeiten zu berichten, sondern dieselben einer Revision zu unterziehen, dergestalt, dass Erträge und Verluste zu bilanzieren sind. Der imposante Aufwand, den Wessenberg für dieses Prüfverfahren betreibt, ist freilich kein selbstgenügsames Geschäft, sondern ist einem aktuellen Interesse verpflichtet: dem Wohl und Wehe der Kirche „in unserer gegenwärtigen Zeit"[3]. Es gilt, in der Analyse der historischen Fallgeschichte – Wessenberg begreift die drei Konzilien als Teile e i n e r Geschichte – institutionelle Strukturen der Kirche freizulegen, die über die Jahrhunderte hinweg heute noch immer wirksam sind, Strukturen, welche desaströse Konsequenzen zu zeitigen pflegen, aber auch solche, die fruchtbare Entwicklungen in Gang zu setzen geeignet sind. „Lehrreich", schreibt Wessenberg[4], sei das Fazit, das aus dem Umgang mit der Geschichte zu gewinnen sei, „lehrreich" insofern, als sich aus der Geschichte Richtlinien für institutionelles Handeln erschließen lassen – zumal in Zeiten der Krise: Historia vitae magistra!

Ehe Wessenberg in den Prüfprozess eintritt, nimmt er einen weiten Anlauf. Er schickt in einem ersten Band (von insgesamt vieren) auf über 400 Seiten abrisshaft eine Geschichte der Kirche von den Anfängen bis ins 15. Jahrhundert voraus und zwar primär im Blickwinkel ihrer Entwicklung als Institution. Wessenberg geht davon aus, dass die Kirche von Jesus Christus gestiftet worden ist. Die Leitidee seiner Botschaft sei denkbar einfach: Das Reich Gottes sei mit ihm, Christus, in Erscheinung getreten und entfalte

sich in der Befolgung der von ihm verkündeten „sittlichen Weltordnung"[5] über den gesamten Erdkreis.

Das heißt konkret, „daß alle
Menschen durch Liebe zu Gott, als ihrem Vater im Himmel, und
durch Liebe gegen einander, als Brüder, als Kinder eines Vaters, im
Erdenleben verbunden sein sollten, um auch nach diesem Leben
in Gottes ewigem Reiche, nur auf höherer Stufe, vereinigt zu bleiben."[6] Diese Geltung einer Theologie und Ethik der Liebe in „Geist,
Gesinnung und Leben"[7] ist für Wessenberg der ursprüngliche Kern
der christlichen Religion, keineswegs hingegen irgendwelche in
späteren Zeiten aus strittigen Auseinandersetzungen hervorgegan-
gene „Glaubensformeln"[8]. In der „Urkirche" herrschte nach Wessenberg in dogmatischer Hinsicht „eine große Freiheit in Meinungen
und Ansichten und nicht minder groß war die Duldsamkeit"[9]. Die
schlichte Botschaft der Liebe, die Christus verkündet habe, „un-
verrückt und ungetrübt zu erhalten" und weiterzureichen „für alle
künftigen Zeiten"[10], habe Christus seine Vertrauten berufen: 12
Apostel und 72 Jünger, mit der Bestimmung eines „gewissen Vor-
rangs" des Petrus als „Grundfels der Kirche"[11]. Die Hierarchie ist
also ein Gründungselement der Christlichen Kirche, was Wessenberg durchaus einräumt, aber er fügt hinzu: „Petrus selbst", der zwar
„bei allen Anlässen dem Auftrag des Herrn gemäß in der Leitung
der kirchlichen Angelegenheiten voranging", habe sich auch dann,
wenn er den Vorstehern der Gemeinden Weisungen gab, stets als
deren „Mitältesten" bezeichnet und damit, wie alle anderen Apostel
auch, gezeigt, dass er „nur als Diener des Einen Hauptes Christi"
zu handeln gedenke, ohne eine Rangdominanz zu beanspruchen[12].
Aufgrund seiner besonderen Nähe zu Jesus während dessen Lebzeiten galt ihm der Respekt der anderen Apostel, was aber nicht
bedeute, dass ihm daraus irgendeine besondere Befehlsgewalt zuge-
wachsen wäre. Unter dieser Voraussetzung der Ranggleichheit der
Apostel ist es konsequent, dass Wessenberg die Souveränität der
Bischöfe als Apostelsukzessoren herausstellt: „Es war kein Zweifel,
daß jedem Bischof in seinem Sprengel mit Beiziehung seines Klerus die völlige Obsorge der kirchlichen Dinge zukomme und daß
die Bischöfe in Bezug auf die ganze Kirche zur vollen Teilnahme
berufen seien."[13] Bischöfe sind für Wessenberg also nicht nur Pro-
vinzstatthalter, die einer fernen imperialen Herrscherinstanz hörig

sind, sondern sie sind – nicht mehr, aber auch nicht minder als der
Papst – in der Verantwortung für das Gedeihen des Reiches Gottes
in dieser Welt. Diese Verantwortung teilen sie allerdings mit anderen: in konsensualer Absprache mit anderen Bischöfen, vor allem
mit dem Klerus ihrer Diözese, dem höheren und niederen Klerus,
schließlich auch mit den Laien[14]: „Inner ihren Sprengeln übten die
Bischöfe volle Gewalt, ihre Herden nach der Vorschrift des Evangeliums und der allgemeinen Kirchengesetze zu weiden, jedoch stets
mit dem Beirat ihres Presbyteriums und ihrer Synoden"[15].

Die Synode ist für Wessenberg das schlechterdings entscheidende Organ der Institution Kirche, die Synode ist der zentrale Ort
kirchlicher Politik im weitesten Sinne, die Synode, sagt Wessenberg, ist „die Schlagader des kirchlichen Lebens"[16] – eine im Grunde
„demokratische" Verfahrensordnung also, die schon in den Zeiten
der Urkirche in Kraft gewesen sein soll: „Die Ältesten bildeten einen Körper, der gemeinsam die Angelegenheiten der Gemeinde
besorgte. Die Apostel selbst, wenn Dinge höherer Wichtigkeit zu
erledigen waren, traten miteinander und mit der Gemeinde der
Jünger oder mit den Ältesten zusammen, und die Versammlung
gab die Entscheidung. Tief aus der Natur einer Verbrüderung, in
welcher die Liebe den Vorsitz führen und die Gemeinschaft des
heiligen Geistes obwalten sollte, ging hervor, daß das Gemeinsame
gemeinsam beraten wurde."[17] – Quod omnes tangit, debet ab omni-
bus approbari. – Synoden finden statt aus aktuellen Anlässen und
dienen der Lösung aktueller Probleme. Die Formulierung von Sät-
zen mit dem Anspruch auf ewige Geltung verfehlen das Wesen solcher Versammlungen: „In der Kirche gab es (ursprünglich, d.V.) nie
eine Diktatur eines Concils für alle künftigen Zeiten. Jedem Concil blieb die Beurteilung der früheren unbenommen, jedes konnte
Mißverständnisse beheben und in Allem, was der Veränderung
unterliegt, Verbesserungen anordnen"[18]. Im Kontext der ekklesiologischen Konzeption Wessenbergs richtet sich diese Feststellung
vor allem gegen die Praxis der Dogmatisierung von Glaubenssät-
zen in der Römisch-katholischen Kirche, insbesondere aber gegen
deren rigide Folgen für eventuelle Abweichler: Häretisierung und
Exkommunikation.

Wessenberg feiert die nach dem Prinzip der in Liebe und im Geist
der Brüderlichkeit egalitär organisierten Kirche der christlichen
Frühzeit. Mit dem Ende der Verfolgung verliert die christliche Gemeinde jedoch ihre Unschuld: „Missbrauch", „Unordnung" und
„Verderbnis" breiteten sich aus[19] und spätestens seit der Konstanti-
nischen Wende ist die Geschichte der Kirche im Wessenberg'schen
Blickfeld als eine Geschichte von Krisen zu lesen, von Krisen, die
sich endemisch wiederholen, indem „die ursprüngliche Wahrheit"[20]
mehr oder weniger der Vergessenheit anheimzufallen pflegte und
durch die diversen Laster der allzumenschlichen Begierden auch
innerhalb der Christengemeinschaft ständig Gefahr lief, ihre lebensleitende Kraft zu verlieren. Und eben aus diesen Umständen
resultiert die Generalfunktion der Synoden: in Erinnerung dessen
und unter Berufung auf das, was in der „Urkirche" gegolten hat, die
innerkirchlichen Verwerfungen zu schlichten und allen „Unrat",
der sich mit dem Zeitgeist angehäuft haben mochte, wegzuräu-
men.[21] „In den Berichten von dem bald zweitausendjährigen Leben
der Kirche begegnen wir keiner Entartung in Lehre und Sitten,
die nicht durch die Synoden wäre bekämpft und zurecht gewiesen
worden oder die nicht von der Vernachlässigung dieser Versammlungen Vorschub oder Wachstum erhalten hätte".[22]
    Mit dieser schon in der Einleitung formulierten Funktionsbe-
schreibung der Synoden, die im Gesamttext immer wieder zu repetieren Wessenberg nicht müde wird, bekennt er sich als leiden-
schaftlicher Konziliarist. Dementsprechend verwirft er alle Formen
autokratischen Regierens und Reglementierens in der Kirche und
kritisiert aufs Heftigste „die Entwicklung des Papsttums zur unum-
schränkten Monarchie".[23] Aus dem Machtkampf zwischen Pontifikat und Synode gewinnt die Wessenberg'sche Konziliengeschichte
ihre wesentliche Darstellungsenergie.
    Als logische Folge versäumter Korrekturen auf eigentlich fäl-
ligen, in Aussicht gestellten, dann aber doch hintertriebenen oder
allenfalls schlecht organisierten Synoden ist die realexistierende
Kirche um die Wende vom 14. zum 15. Jahrhundert in einen Zustand nahezu totaler Zerrüttung geraten. Wessenberg zieht alle
rhetorischen Register, um die institutionelle wie personelle „Ausartung" (eine bevorzugte Vokabel Wessenbergs!) an Haupt und

Gliedern zu schildern. „Hauptgebrechen in der Kirche waren: die
herrschende Simonie und der Handel mit allen Kirchenämtern und
Pfründen; die unersättliche Hab- und Herrschsucht auf allen Stu-
fen der Hierarchie; die unmäßige Üppigkeit und Prachtliebe; die
Beförderung der Untüchtigsten zu Kirchenämtern; der Zerfall der
Ordnung und Zucht im Klerus und Volke; große Rohheit und Unwissenheit in geistlichen und kirchlichen Dingen; Verwahrlosung
der Seelsorge und des Gottesdienstes".[24] Zu einer „Räuberhöhle"
sei die Kirche verkommen, durch und durch von Korruption ver-
seucht.[25] Die skandalöse Spitze bildete jedoch die Kurie, bildeten
vorab die Päpste und die Riege der Kardinäle. Die ruinöse Verfassung der Kirche als Institution äußerte sich schließlich in aller
Evidenz in dem großen Schisma 1378 ff., als sich zeitweise mehrere
Päpste mit jeweils eigenen Anhängerschaften einen gnadenlosen
Kampf um die Macht lieferten.

Kurzum, die Zustände in der Kirche waren so beschaffen, dass
sie bei allen Gutwilligen in der Christenheit die Einsicht weckten,
es seien grundlegende Reformen geboten, die nur im Rahmen eines
ordentlichen Konzils durchzusetzen seien. Aber nicht alle Chris-
tenmenschen, so gibt Wessenberg zu verstehen, waren in der Tat
gutwillig. Er beschreibt in peinigender Ausführlichkeit die zähen
Auseinandersetzungen um die Eröffnung eines Reformkonzils, er
beschreibt einerseits die mehr oder weniger respektablen Reform-
bestrebungen der weltlichen Herrscher und der reformbereiten
Bischöfe, Äbte und Theologen aus allen Ländern Europas und er
beschreibt auch den oft hinterhältigen Widerstand der Päpste, die
um jeden Preis eine Beeinträchtigung ihrer Macht durch das Syno-
denkollektiv zu verhindern strebten.

Konstanz

Das Konzil, das schließlich 1414 maßgeblich durch das Betreiben
von König Sigismund in Konstanz zustande kam, erbrachte im
Urteil Wessenbergs durchaus nennenswerte Erfolge. Immerhin
sei das Schisma beendet und somit die Einheit der Kirche wieder-
hergestellt worden. Und es sei ein Dekret verabschiedet worden,

in dem die grundsätzliche Superiorität des Konzils über den Papst festgeschrieben wurde („Haec sancta“).[26] Der wichtigste und folgenreichste aller Beschlüsse – man achte auf den ausdrücklich markierten Vorrang! – sei aber die auch für den Heiligen Stuhl verbindliche Verpflichtung gewesen, „regelmäßig allgemeine Konzilien“ abzuhalten: „Diese in gewissen Zeitabschnitten sich erneuernden Versammlungen, in welchen die Stellvertreter der ganzen Kirche mit christlicher Freiheit die gesetzgebende und richterliche Gewalt derselben auszuüben hätten, sollte das lebendige, sich stets mit neuem Leben erfrischende Organ abgeben, um nach der Mahnung der Zeit die großen Anliegen der Kirche zu beraten und die nötigen Verbesserungen einzuleiten, anzuordnen und ins Leben zu rufen“ („Frequens“).[27] Das seien immerhin Schritte in die richtige Richtung gewesen.

Andererseits sei an das zu erinnern, was alles unerledigt geblieben war auf dem Konstanzer Konzil. Wessenberg beklagt insbesondere, dass die institutionelle Struktur der Kirche, das kuriale Regiment, im Grunde unangetastet beibehalten wurde. Die Macht des Kollegiums der Kardinäle, die ihr Amt jeweils der Gnade des Papstes zu verdanken hatten und in der Kirchenpolitik dementsprechend spezifisch päpstliche Interessen zu vertreten pflegten, blieb ungebrochen. Der Gedanke einer erweiterten Internationalisierung des vorwiegend von Italienern besetzten Kollegiums sei ebenso wenig zu realisieren gewesen wie die Idee einer Befristung der Amtszeit von Kardinälen. Unerfüllt blieb auch die fällige Aufwertung des Episkopats gegenüber der Kurie. Die ursprünglich souveränen Bischöfe seien im Laufe der Kirchengeschichte „zu päpstlichen Vikarien herabgesunken“[28] und seien es geblieben auch nach dem Konzil. Ärgerlicherweise sei es dem Konzil auch nicht gelungen, die korrupten Geldbeschaffungsusancen der Kurie abzustellen.

Der 1417 auf dem Konzil zum Papst gewählte Otto Colonna (Martin V.) war nach Einschätzung Wessenbergs ein „kluger, gebildeter Weltmann“[29], unbescholten, wenn auch nicht eben durch besonderen Reformeifer hervorragend, aber doch wohl gesonnen, die Grundsatzbeschlüsse des Konzils zu respektieren. Wessenberg rechnet ihm hoch an, dass er nach mehreren vergeblichen Anläufen schließlich zustimmte, ein allgemeines Konzil nach Basel einzuberufen, um die Konstanzer Reformansätze fortzuführen – „Martins beste Tat für die Kirchenverbesserung"![30]

Basel

Das Konzil konstituierte sich 1431 in Basel, ungeachtet des Umstandes, dass Martin V. kurz zuvor gestorben war und sein Nachfolger Eugen IV. sich weigerte, an diesem Konzil teilzunehmen oder seine Beschlüsse zu respektieren. Im Gegenteil, der politische Energieaufwand Eugens galt während seines gesamten Pontifikats in der Hauptsache dem Kampf um die Rückeroberung der Superiorität des Papstes über das Konzil. Er wollte das Konzil allenfalls als beratendes Gremium der Kurie anerkennen, jedoch ohne ihm eine selbständige Entscheidungskompetenz zuzubilligen.[31] Die in Basel versammelten Konzilsväter hingegen wollten durchsetzen, dass jeder Papst als Bedingung seiner Wählbarkeit immer schon vorab die Beschlüsse der allgemeinen Konzilien und insbesondere des Konstanzer Konzils beschwören sollte.[32] Eugen IV. inszenierte Konkurrenzkonzilien in Bologna, Ferrara und Florenz, um die Autorität der Basler Versammlung zu schädigen. Die Väter in Basel schlugen wiederum zurück, indem sie feierlich die Amtsenthebung Eugens erklärten und einen Gegenpapst wählten: Felix V. So groß sei der Hass gewesen, schreibt Wessenberg, dass Papst Eugen IV. selbst noch auf seinem Sterbebett der ihm verbundenen Römischen König Friedrich beschworen habe, „durch Forttreibung der Väter zu Basel den deutschen Boden von dem Reiche des Satans zu reinigen."[33]

Wessenberg räumt bedauernd ein, dass das Basler Konzil, durch unglückliche Umstände zur Aufgabe gezwungen, wahrhaftig kein „glorioses Ende" gefunden habe. Er spricht geradezu von einer „Niederlage".[34] Es war in der Tat eine kirchenhistorisch entscheidende Niederlage. Die Päpste der Folgezeit ignorierten fortan die in Konstanz und Basel gefassten Beschlüsse, sie ignorierten zumal das Grundanliegen dieser beiden Konzilien: die tiefe Reformbedürftigkeit der Kirche. Wessenberg zieht indes das folgende Resümee: Auch wenn seitens der Kurie „alles Mögliche" getan worden sei, um

„die Reformbeschlüsse" dieser beiden Konzilien „in bloße Grab-
denkmäler der Vergangenheit zu verwandeln", so habe doch nicht
verhindert werden können, „daß fortwährend an jede Idee einer
notwendigen Reform das Andenken an das, was zu Constanz und
Basel geschehen und angeordnet worden, sich knüpfte. In der kirchlichen Ideenwelt blieben diese beiden Concilien große Leitgestirne,
deren Glanz von Zeit zu Zeit nur um so heller hervordrang, je mehr
Mißbräuche und Unordnungen das Kirchenleben verfinsterten."[35]

Trient

Akut wurde der Ruf nach einem neuen Konzil erst wieder mit dem
Beginn und dem rapiden Erfolgsprozess der Reformation. Wessenberg hielt dieselbe in Anbetracht der skandalösen Zustände
in der Kirche für unaufhaltsam wie ein Naturereignis: „Auf lange
Windstille mußte sich ein Sturm erheben, der den Nachlässigen
und Sorglosen ... die göttlichen Strafgerichte verkünde."[36] Wessenbergs Blick auf die Reformation insgesamt ist dennoch zwiespältig:
Einerseits ist er bereit, die protestantische Bewegung als ein längst
fälliges und gerechtfertigtes Aufbegehren gegen die kirchlichen
Missstände zu würdigen. Andererseits meint er konstatieren zu
müssen, dass die reformatorischen Wortführer, je länger der Konflikt dauerte, um so weniger geneigt waren, auf einem gemeinsam
veranstalteten Konzil einen Verhandlungsfrieden zu schließen. Sie
drängten vielmehr darauf, vorrangig ihre dogmatischen Positionen
zur Geltung zu bringen, koste es, was es wolle: „Bei ruhiger Besonnenheit", urteilt der diplomatisch erfahrene Wessenberg, „hätten
die Reformatoren ihre Wünsche in Ansehung der Glaubenslehren
darauf beschränken müssen, daß eine genaue Scheidung dessen,
was Glaubenslehre der Kirche und was bloße Schulmeinung sei,
vorgenommen ... werden möchte. Inner diesen Grenzen hätte die
Erörterung, mit Umsicht und Beharrlichkeit und ohne Gehässigkeit begonnen und fortgesetzt, eine Verständigung zu einer ein-
trächtigen Kirchenreform herbeiführen können".[37] Dass dies nicht
geschehen ist, sei nicht zuletzt den Hardlinern im protestantischen
Lager anzulasten, die in wachsender Aggressivität der Römischen

Kirche „Irrlehren" unterstellten und dieselbe somit der „Ketzerei" bezichtigten: „Ihr Fortschreiten im Verwerfen ließ keine Grenze, wo es aufhören würde, erblicken. Von den Auswüchsen des Ablasses erstreckte es sich nach und nach auf das Fegfeuer, auf die Wirkungen der Gnade, auf die meisten Sakramente (auch das der Buße), auf die ganze Überlieferung, auf mehrere für kanonisch erachtete Bücher der Bibel, auf das ganze Ansehen und die Hierarchie der Kirche und auf fast alle Gebräuche des Kultus, besonders auf die Messe und auf die Vorstellung vom Abendmahle."[38] Besondere Sympathien für Luther scheint Wessenberg nicht gehegt zu haben. Befremdlich war ihm dessen strikte Schriftgläubigkeit und die daraus abgeleitete Theologie. Das gilt insbesondere für die „Rechtfertigungslehre" – allein die Schrift, allein der Glaube, allein die Gnade! –, in der die katholische Auffassung einer Heiligung des Gläubigen auch durch ein rechtes Wirken in dieser Welt keinen Platz zu haben schien. Besonders ärgerlich dürfte Wessenberg aufgestoßen sein, dass Luther demonstrativ die überlegene Vernunft der Konzilsversammlung gegenüber dem individuellen Glaubensurteil ignoriert hat (man denke an die überlieferten Luther-Sprüche: „mit Konzilien ist nichts ausgerichtet", „auch Konzilien können irren"!) und dass er sich im weiteren Verlauf dagegen gesperrt hat, sich aktiv am Konzil zu beteiligen, und sich somit dem Risiko entzogen hat, am Ende womöglich mit einer ihm missliebigen Spruchentscheidung desselben konfrontiert zu werden. – Kurzum, für Wessenberg trägt auch Luther einen gehörigen Teil der Verantwortung dafür, dass es in der Kirche schließlich zu einer Konfessionsspaltung gekommen ist.

Eine vom Konzil gedeckte Verständigung zwischen den Kontroversparteien scheiterte natürlich auch und erst recht am mangelnden Willen der Kurie, sich mit den Protestanten auf dogmatisch versöhnliche Verhandlungen einzulassen. So habe Papst Paul III. allen Ernstes darauf beharrt, erst dann ein Konzil unter Beteiligung der Protestanten einberufen zu wollen, wenn diese vorab allen „ihren Irrtümern entsagen, zur Folgsamkeit gegen die Kirche zurückkehren und die Lehre und Gebräuche derselben beobachten, bis das Concil etwas anderes beschließen würde".[39] Indem Wessenberg diesen Vorbehalt des Papstes zitiert, legt er zugleich ein Schuldurteil nahe: Wer in einer strittigen Angelegenheit Friedensverhandlungen anzusteuern vorgibt unter der Bedingung, dass der Opponent zuerst seine Kapitulation erklärt, gibt zu verstehen, dass er im Grunde gar keine Verhandlungen will.

Es waren schließlich die weltlichen Mächte – so Wessenberg –, welche die Einberufung des Tridentiner Konzils, den mehrfach unterbrochenen Fortgang desselben und schließlich ein halbwegs achtbares Schlussergebnis erzwangen. Wessenberg würdigt zumal die Anstrengungen Kaiser Karls V. und nach dessen Rücktritt die Leistung seines Bruders Kaiser Ferdinand sowie das Bemühen der deutschen Reichsstände, mit eigenen Vorschlägen eine Einigungspolitik zu betreiben.

Die strategische Konstellation der handelnden Instanzen in Trient lässt sich – in der Perspektive Wessenbergs –, wie folgt, markieren: Kaiser und Reich, zumindest der katholische Teil des Reiches, forderten primär eine grundlegende Reform der kirchlichen Infrastruktur, die dogmatischen Verwerfungen hingegen hielten sie auch dann noch für versöhnbar, wenn erst einmal die Reformen ratifiziert worden wären. Die Kurie, im Wesentlichen auf die Verteidigung des status quo ihrer Autorität bedacht, versteifte sich auf den Vorrang einer Klärung der Glaubensdifferenzen – in der Absicht, meint Wessenberg, dass eine Fixierung spezifisch „römisch-katholischer" Positionen vorweg kaum noch Spielraum für nachträgliche Kompromissverhandlungen mit den Protestanten gewähren würde. An einer ernsthaften Kirchenreform aber war die Kurie überhaupt nicht interessiert. Die Protestanten schließlich folgten keiner stringent einheitlichen Linie, sondern kooperierten oder verweigerten sich nach je gegebener Machtkonstellation.

Zur Gesamtbilanzierung des Tridentinums zieht Wessenberg das folgende Fazit: „In Beziehung auf die Grundideen und Grundlagen der ursprünglichen Kirchenverfassung [d.h. der christlichen Frühzeit, d. V.] und ihrer ungestörten Entwicklung blieb das Ergebnis des Kirchenrates von Trient weit hinter der Erwartung"[40]:

1. Auch wenn „das althergebrachte Kirchengebäude in seinem Bestand erhalten" worden sei, indem man ihm durch zahlreiche Vorschriften „neue Stützen" eingezogen habe, könne von „einer gründlichen Reform an Haupt und Gliedern" nicht die Rede

sein. „Der Wurzeln, der Grundursachen vieler Mißbräuche wurde geschont, und in allen Stücken, wo … die Mißbräuche des römischen Hofes abzustellen waren, wußte er seine Politik so zu leiten, daß die Reform seinem Gutdünken überlassen blieb."[41]

2. Zwar sei mit den zahlreichen dogmatischen Beschlüssen des Konzils den „katholischen Völkern (Geistlichen und Laien) ein Gesetzbuch in die Hand" gegeben worden, „das sie vor Verwirrung, welche der Neuerungsgeist (der Reformation, d.V.) im Glauben und im kirchlichen Leben angerichtet hatte, bewahren sollte", allerdings um den Preis einer vertieften Spaltung der Christenheit in unterschiedliche Konfessionen.[42]

3. Die Kurie sei auf jeden Fall gestärkt aus dem Trienter Konzil hervorgegangen: das Trauma der Konzilien von Konstanz und Basel – „concilium supra papam" – wurde getilgt. Den Legaten des Papstes ist es am Ende sogar gelungen, keinerlei Fristverpflichtungen zur Abhaltung künftiger Konzilien zuzulassen, was in Konstanz und Basel jeweils verbindlich vereinbart worden war: alle 10 Jahre! Nun überließ man es dem Belieben der Kurie, ob und wann ein neues Konzil einzuberufen war. Wessenbergs diesbezüglicher Kommentar: „Der Hauptgedanke aller Päpste seit dem Schlusse des Concils von Trient war: Alles so zu leiten und zu schlichten, daß der Welt die Aussicht auf ein neues allgemeines Concil möglichst in die Ferne gerückt werde."[43]– Fürchtete die Kurie die unabsehbare Eigendynamik eines Konzils?

Die Gegenwart

Im Schlusskapitel seines Werkes verweist Wessenberg – nunmehr in der eigenen Gegenwart, also Mitte des 19. Jahrhunderts angekommen – auf „die großen Bewegungen und Umwälzungen der jüngsten Zeit", die tiefgreifende Umbrüche im Leben der Kirche bewirkt hatten.[44] Er hat damit zweifellos die französische Revolution und ihre Folgen im Blick. In der Tat waren nahezu sämtliche Strukturen der traditionellen Kirchenordnung durch die Revolution aus den Angeln gehoben worden. Die Kirche war in eine Krise von wahrhaft epochaler Dimension gestürzt, die auch auf dem Wiener Kongress nicht gelöst werden konnte und die bis weit ins 19. Jahrhundert hinein fortdauerte. Wessenberg war der Überzeugung, dass diese fundamentale Krise der Kirche zu einem guten Teil selbst verschuldet war, weil man drei Jahrhunderte lang versäumt hatte, Konzilien abzuhalten, um die zeitgeschichtlich je gebotenen Reformen zu beschließen und durchzusetzen.

Und so fordert Wessenberg in Konsequenz seiner kirchenpolitischen Logik die alsbaldige Einberufung eines Konzils, um den allzu lang schon andauernden Krisenzustand der katholischen Kirche zu beheben. Im Lichte dieses perspektivischen Finales lassen sich die fast 2000 Seiten, die Wessenberg dem Schlusskapitel vorausgeschickt hatte, als Vorgeschichte einer Erwartung lesen: der Erwartung eines kommenden Konzils.

Wessenberg hat das Vatikanische Konzil, das 1869/70 stattfand, nicht mehr erlebt. Aber vielleicht hat er geahnt, was im Falle des Falles kommen werde, und möglicherweise hat ihn diese Ahnung veranlasst, die Geschichte der Konzilien in Konstanz, Basel und Trient so und nicht anders zu erzählen, in kritischer Absicht nämlich, als gleichsam prophetische Mahnung, sich zum Widerstand zu rüsten gegen das Bestreben des Heiligen Stuhls nach absoluter Autorität im Herrschaftsbereich der Kirche. – In dieser Absicht, sollte er sie gehegt haben, ist Wessenberg gescheitert.

Rezeptionsgeschichtlicher Appendix

I.

Seit Beginn der 20er Jahre des 19. Jahrhunderts meldete sich innerhalb des deutschen Katholizismus eine Bewegung zu Wort, die sich auf das Leitbild einer kämpfenden Kirche fixierte. Der Kampf galt der Abwehr der modernen Welt in all ihren vermeintlich negativen Erscheinungsformen, man zog also zu Felde wider die Aufklärung, den Rationalismus, die Demokratie, gegen Liberale, Sozialisten und Freimaurer, gegen die Protestanten jedweder Couleur, vor allem wider den säkularen Staat. In diesem Kampf wusste man einen denkbar starken Bündnispartner auf seiner Seite: die Römische Kurie. Aufgrund der unerschütterlichen Bereitschaft, den kurialen Weisungen in geistlichen und politischen Angelegenheiten zu folgen, wurde diese konservativ-katholische Bewegung im öffentlichen Diskurs der Zeit unter der Denomination „Ultramontanismus" als selbstbewusste Gruppierung wahrgenommen. Eine weitreichende Vernehmlichkeit erlangte diese Bewegung innerhalb von Deutschland durch eine intellektuell durchaus anspruchsvolle Zeitschrift, die eine vorbehaltlos romtreue Gesinnung demonstrierte: „Der Katholik – Religiöse Zeitschrift zur Belehrung und Warnung" (1821 ff.). Dieses publizistische Unternehmen war dem Generalziel verpflichtet, die konfessionelle Identität der katholischen Kirche, der „Römisch-katholischen Kirche wohlgemerkt, in Deutschland zu befestigen und man tat dies unter Einsatz aller rhetorischen Waffen der Apologetik. Die Zeitschrift spiegelte somit auf das Sinnfälligste jene eigentümliche Wagenburgmentalität, welche die katholische Kirche das gesamte Jahrhundert hindurch prägen sollte. Die großen Themen des Ersten Vatikanischen Konzils, die umfassende Jurisdiktionsgewalt des Papstes und die Infallibilität, waren schon Jahrzehnte zuvor im „Katholik" beifällig diskutiert worden.

Auffällig ist, dass Ignaz Heinrich von Wessenberg, der als prominenter Kirchenpolitiker auf dem Wiener Kongress und bei den darauf folgenden Verhandlungen zur Zukunft der katholischen Kirche in Deutschland im Widerspruch zu kurialen Vorstellungen für den Aufbau einer spezifisch „Deutschen Kirche" eingetreten war und insofern als exemplarisch darzustellende Feindfigur der Römischen Kirche hervorragend geeignet gewesen wäre, von der Redaktion des „Katholik" zunächst unbehelligt geblieben ist. Es mag sein, dass man ihn nach der Liquidierung des Diözese Konstanz 1821 und nach seinen gescheiterten Bischofskandidaturen in Freiburg und Rottenburg für eine politische erledigte Instanz halten zu dürfen vermeinte. Erst nachdem Wessenberg im Laufe der 30er Jahre mit einigen kirchenpolitisch brisanten Schriften (u. a. zum Kölner Mischehenkonflikt) das Wort ergriffen hatte[45], geriet er in das aktuelle Blickfeld der Ultramontanisten. 1840 widmete ihm der „Katholik" eine polemische Replik[46], in der Wessen-

berg als „Sprecher der katholischen Linken" auf das Schmählichste
verlästert wurde. Unmittelbar daran anschließend folgte eine bös-
artige Kritik des Wessenberg'schen Konzilienwerks aus der Feder
von zwei erkennbar verschiedenen Referenten, die sich namentlich
nicht zu erkennen gaben und die im Urteil einig sich allenfalls im
Grade ihrer Gehässigkeit unterschieden.[47] Die pauschale Absicht
dieser Kritik ist evident: Wessenberg – nicht nur sein Werk, sondern seine Person, der Geist der Aufklärung, den er repräsentiert
– soll vernichtet werden.

Am markantesten ist der geistige Abstand zwischen Wessenberg
und seinen Kritikern in der generellen Deutung der geschichtlichen
Welt zu erkennen. Mit der These, dass die Geschichte der Kirche als
eine Geschichte von Krisen aufzufassen sei, die von Menschen ver-
ursacht und auch von Menschen immer wieder mehr oder weniger
erfolgreich bewältigt worden sind, vertritt Wessenberg ein im Grunde säkulares Geschichtsmodell. Er leugnet zwar nicht grundsätzlich, dass Gott in dieser Welt – wie auch immer – waltet, wohl aber
verzichtet er auf den Anspruch, in allem, was in der Welt geschieht,
die unmittelbar sinnfällige Spur göttlichen Handelns erkennen zu
können. Auf jeden Fall verweigert er das vorbehaltlose Prädikat der
Heiligkeit für die Kirche in ihrer diesseitigen Institutionalität und
nimmt sich das Recht zur Kritik an Haupt und Gliedern. – Gegen
diesen säkularen Blick auf die Geschichte vertreten seine ultramontanen Gegner eine entschieden vormoderne Geschichtstheolo-
gie, indem sie behaupten, dass die Geschichte der Kirche von der
„göttlichen Vorsehung" selbst organisiert werde wider alle Feinde
(inklusive des Satans) und also insgesamt als Heilsgeschichte zu begreifen sei. Zwar sei nicht zu leugnen, dass die Kirche immer wieder
in externe wie interne Konflikte verstrickt werde, was jedoch stets
unter der Kontrolle der lenkenden Weisheit des Heiligen Geistes
geschehe. Es gelte anzuerkennen, dass die Kirche, „die so teuer er-
kaufte Braut des Herrn, immerdar siegend und triumphierend und
erringend aus jeglichem Kampfe hervorgehe".[48] Was also prima
facie fatal erscheinen möge, erweise sich nachträglich allemal als
Gewinn. So sei z.B. die blutige Unterdrückung der Kirche in ihrer
Frühzeit als eine im Grunde unvermeidliche Voraussetzung einzuschätzen für den fulminanten Missionserfolg des Christentums

und den anschließenden Aufstieg der Kirche zu einer „allgewaltigen und allbeherrschenden" Macht.[49] Auch die an sich unerfreulichen Auseinandersetzungen mit den Häretikern erzielten, recht besehen, letztlich einen positiven Effekt, indem im dogmatischen Streit das Glaubensbewusstsein der wahren Kirche geschärft worden sei. (ebd.) Und dementsprechend sei auch das Schisma im 14. und 15. Jahrhundert – für Wessenberg ein Zeugnis tiefster Verkommenheit der spätmittelalterlich-feudalen Kirche – ganz im Gegenteil in der Bilanz als Gewinn zu würdigen, denn gerade diesem Schisma „verdankte die Kirche die Erreichung einer höheren Stufe in dem großartigen, hehren Gange ihrer Entwicklung."[50]

Fazit dieser kritischen Einlassungen gegen Wessenberg: Er wecke Zweifel am „Glauben an den die Kirche regierenden Heiligen Geist", Zweifel auch am Vertrauen auf Christi Wort: „Siehe, ich bin bei Euch alle Tage bis zum Ende der Welt."[51] Immerhin habe Wessenberg der Welt gezeigt, „in welche Labyrinthe sich ein sonst tüchtiger Geist verlieren könne, wenn er einmal in die Opposition gegen das Oberhaupt der Kirche hineingerannt und sich dem Einflusse destructiver Tendenzen blosgestellt hat."[52] „Das beste, was wir diesem Autor wünschen können, ist dies, daß er zur Abfassung eines solchen Buches nicht möchte gekommen sein."[53] Urteile dieses Kalibers ließen sich schiergar endlos zitieren.

Mit dieser hemmungslosen Abkanzelung war der Ruf Wessenbergs in der katholischen Öffentlichkeit ruiniert. Zwar erlebte seine Konziliengeschichte Mitte der 40er Jahre noch eine zweite Auflage, aber in der katholischen Kirchengeschichtsschreibung, die sich fortan mit den Konzilien in Konstanz, Basel und Trient befasste, wurde das aufwendige Werk nahezu vollständig ignoriert.

II.

Nahezu gleichzeitig erschien in den „Göttingischen gelehrten Anzeigen"[54] eine Besprechung der Wessenberg'schen Konziliengeschichte von einem Referenten, der sich zwar namentlich nicht zu erkennen gab, wohl aber konfessionell – als Protestant. Als solcher beschreibt er die aktuellen Verwerfungen innerhalb der katholischen Kirche durchaus kenntnisreich und unter weitgehendem

Verzicht auf jene polemischen Ausfälligkeiten, die im interkonfessionellen Diskurs der Zeit ansonsten üblich waren. Unverkennbar ist jedoch, wem die Sympathie des Rezensenten gilt: Er bescheinigt Wessenberg eine „tiefe theologische Bildung, eine gereifte Erfahrung, vor allem jenen klaren durch keinen Parteizelotismus getrübten Sinn, der auch dem Gegner die Zuversicht einer redlichen, unbefangenen Prüfung gewährt."[55] In der kontrovers ausgetragenen Auseinandersetzung zwischen den josephinistisch geprägten Aufklärern und den kurialistisch fixierten Ultramontanisten „über die gegenwärtige und künftige Lage der katholischen Kirche"[56] verdiene die Stimme Wessenbergs sehr wohl gehört zu werden. Und dann folgt ein langer Katalog der strittigen Positionen, der im folgenden zitiert werden soll, weil er ziemlich exakt die Wahrnehmung der gegeneinander opponierenden Lager innerhalb der katholischen Kirche durch die nicht unmittelbar involvierte Öffentlichkeit in Deutschland markiert:

– Rom reserviert die unbedingte Deutungshoheit des wahren Christentums für den Stuhl Petri. Der Papst ist Inhaber der absoluten Herrschaft über die Christenheit.
  Wessenberg reklamiert dagegen die Gleichheit der Bischöfe nach göttlichem Recht und billigt dem Papst nur einen Ehrenvorrang zu.

– Rom behauptet, dass die ewige Seligkeit nur innerhalb der katholischen Kirche erlangt werden kann und duldet keine Sonderwege in der formalen Gestaltung der religiösen Praxis.
  Wessenberg erkennt das Wesen des Christentums primär im christlichen Geist. Ohne die römische Praxis eigens zu kritisieren, weigert er sich doch, die Praxis anderer Konfessionen zu verwerfen. Er plädiert für eine Toleranz, die auch in der fremden Form das Wahre zu entdecken vermag.

– Rom ist von der Vollkommenheit der römischen Kirche so sehr überzeugt, dass der Ruf nach Reformen als böswilliger Angriff gegen das Schifflein Petri diskriminiert wird.
  Wessenberg erkennt die Mangelhaftigkeit aller menschlichen Dinge, die Mangelhaftigkeit also auch in den Zuständen der katholischen Kirche und behauptet darum die ständige Reformbedürftigkeit derselben.

– R o m fordert den strikten Gehorsam in dogmatischer wie ritueller Hinsicht und vorbehaltlosen Gehorsam gegenüber dem päpstlichen Regiment.

W e s s e n b e r g misst hingegen den Menschen nur nach seinem sittlichen Werte, er erklärt die katholische Kirche zwar für ein Hauptförderungsmittel desselben, aber doch immer nur für ein Mittel, das nie mit der Sache selbst verwechselt werden dürfe.

Dies seien kurzum die „schneidenden Widersprüche des sogenannten Curial- und Episkopalsystems, die hier gegeneinander auftreten."[57]

Der Göttinger Rezensent durchschaut, wie es scheint, die primär taktische Funktion der Wessenberg'schen Konziliengeschichte in der aktuell herrschenden Frontkonstellation. Er unterstellt Wessenberg die Einsicht, dass sachhaltiges Argumentieren in einer offen ausgebrochenen Konfliktsituation wenig erfolgsträchtig zu sein pflegt, weswegen er aus publizistischem Kalkül „die Methode der historischen Deduktion" angewandt habe[58] – d.h. „nicht er spricht, sondern die ganze Geschichte läßt er sprechen"[59]: historia docet! Der Wessenberg'sche Text sei „gleichsam" als ein erzählender „Commentar zu der Forderung einer Synode für die Gegenwart" zu lesen.[60]

Die Rezension endet mit einer ironischen Prognose: „Wenigstens bleibt dem Verfasser das redliche Bewusstsein, daß zur Zeit einer seltsamen Berauschung in dem Truge der Curie es in Deutschland nicht an einer freimütigen Stimme gefehlt habe, die zurückruft auf die Pfade altkirchlicher Ordnung. Kommt dann das katholische Deutschland über kurz oder lang einmal zur Besinnung, dann wird Wessenbergs Name die volle Anerkennung finden und alles, was er für die Freiheit des deutschen Katholizismus gelitten und gewirkt hat, die dankbarere Nachwelt ihm lohnen."[61]

III.

Im folgenden Jahr, also 1841, publizierte der Tübinger Kirchenhistoriker Carl Joseph Hefele (1809 – 1893) in der „Theologischen Quartalsschrift" (Bd. 23, 1841)[62] eine Kritik des Wessenberg'schen Konzilienwerks. Hefele, von seinem akademischen Lehrer Johann

Adam Möhler nachhaltig geprägt, schloss sich schon in frühen Jahren seiner klerikalen Karriere der ultramontanistischen Bewegung an, und so ist es kein Wunder, dass er ein vernichtendes Urteil über Wessenberg fällte. Anlass seiner kritischen Schrift war gewiss auch das Ärgernis der respektvollen Rezension der Wessenberg'schen Konziliengeschichte von protestantischer Seite in den „Göttingischen gelehrten Anzeigen" (1840, 165. – 168. Stück, S.1643 – 1667), auf die sich Hefele ausdrücklich bezieht.

In der Tradition polemischer Rhetorik offensichtlich bestens geschult, eröffnet Hefele seine Kritik mit einer ironischen Distanzierung von den „Verehrern" Wessenbergs, die in seinem Werk „ein unvergängliches Denkmal" seiner „umfassenden historischen Erudition" erblicken wollen. Da er, Hefele, daran Zweifel hege, müsse er in Kauf nehmen, „bei gewissen Leuten in den Verdacht eines Finsterlings und ‚römischen Satelliten' zu kommen." Es sei jedoch angebracht, von jeder Form einer „Wessenbergolatrie" Abstand zu halten und unparteilich das Urteil allein nach den Richtlinien der historischen Wissenschaft zu begründen.[63] Das tut Hefele, indem er Buchstaben und Geist des Wessenberg'schen Textes überprüft. Auf exakt 50 Nummern listet er vorweg „grobe Verstöße" oder „gröbliche Entstellungen" auf: chronologische „Ungenauigkeiten und Unrichtigkeiten", falsche Namensschreibungen oder Namensverwechslungen, falsche oder missverständliche Übersetzungen lateinischer Textstellen, unkorrekt gesetzte Anführungszeichen und dergleichen mehr[64] – Quisquilien zwar, die freilich einem Gelehrten strenger Schule nicht unterlaufen sollten. Das Ziel dieser kleinkarierten Beckmesserei ist evident: Das Vertrauen in die wissenschaftliche Solidität des Autors soll untergraben werden.

Viel bedenklicher ist für Hefele indessen die Wessenberg'sche „Geschichtsbetrachtung"[65] insgesamt, er erklärt sie für „unfrei" und „befangen" und insofern für „unwahr". Befangen sei Wessenberg in der Vorstellung einer Urkirche als einem „Eldorado", in welches zurückzukehren er sich offenbar sehne, zurück nicht nur zur Frömmigkeit und Sittlichkeit der frühen Christenheit, sondern auch und vor allem zur institutionellen Verfassung derselben: zur „alten

Form" der Kirche. Eine solche normative Fixierung, sagt Hefele, ist falsch. Denn die Geschichte der Kirche sei wie alle Geschichte als „Fortschritt" zu begreifen, als „naturgemäße, lebensfrische und lebensberechtigte Entfaltung", allerdings unter „höherer Leitung" gemäß einem „großen Plan der Vorsehung", wobei „Gottes Geist nicht nur über der Geschichte wie über den Wassern schwebt, sondern in ihr webet und das Ganze beweget."

Wessenbergs Befangenheit komme zumal überall dort zum Vorschein, „wo der Primat oder die Träger der Primatialgewalt" zur Sprache kämen. Die „Papalhoheit" passe eben nicht in Wessenbergs Bild des frühen Christentums, weshalb er „jegliches Übel in der Kirche" den Päpsten ins Gewissen schiebe, er lasse sich in seinen grundlosen und unwahren Anklagen und Beschuldigungen von grimmigem Wahn und Hass leiten.

Schließlich bestätige sich Wessenbergs Befangenheit erst recht „in seiner Beurteilung der Entwicklung des christlichen Lehrbegriffs" – das heißt: der katholischen Dogmatik. Auch in dieser Hinsicht sei Wessenbergs Blick auf die Anfänge der christlichen Kirche verengt, als „noch keine Wortformel den Glauben eingezwängt" habe und man „bloß auf heilige Gesinnung und auf das Beobachten der Lebensvorschriften" geachtet hatte. Wessenberg halte „die geschichtliche Entwicklung der Dogmen für eine Verirrung von dem einfachen Grundgedanken des Evangeliums" – als ob „von dem ganzen neuen Testamente nichts als die Bergpredigt auf uns gekommen sei." Die christliche Dogmatik erschöpfe sich jedoch nicht in der Botschaft der Bergpredigt. Wessenberg vertrete einen von der Wissenschaft und der Kirche gleichermaßen „perhorreszierten Standpunkt". Im Grunde bedeutet Hefeles Urteil nichts Geringeres als eine Häretisierung Wessenbergs.

Ironie der Geschichte! – Hefele hat sich in den folgenden Jahren aufgrund seiner umfangreichen Forschungen zur allgemeinen Konziliengeschichte einen guten Namen in der Wissenschaft erworben und wurde 1868 als Konsultor zum Konzil in den Vatikan berufen. Kurz zuvor war er zum Bischof von Rottenburg geweiht worden und erhielt somit Rederecht in der Konzilsversammlung. Ausgerechnet Hefele hielt dort – mit übrigens guten theologischen Gründen – die allerschärfsten Reden gegen eine Verabschiedung des Dogmas über die Unfehlbarkeit des Papstes in Glaubensfragen, ohne indessen die Mehrheit der Bischöfe überzeugen zu können.[66] Als die Niederlage absehbar wurde, entzog er sich der Abstimmung, indem er – wie andere Bischöfe, die dagegen waren – Rom vorzeitig verließ und nach Rottenburg zurückkehrte. Er weigerte sich zwar zunächst noch, das Dogma in seiner Diözese verkünden zu lassen, unterwarf sich aber schließlich doch, wenn auch erst im Jahr darauf am 10. April 1871. In der deutschen Öffentlichkeit wurde Hefele daraufhin „mit Häme und offener Verachtung überschüttet." Er galt fortan als Umfaller.[67]

Anmerkungen

1 Ignaz Heinrich VON WESSENBERG: Die großen Kirchenversammlungen des 15. und 16. Jahrhunderts in Beziehung auf Kirchenverbesserung geschichtlich und kritisch dargestellt mit einleitender Übersicht der früheren Kirchengeschichte. 4 Bde, Constanz 1840. | 2 Vgl. die Formulierung im Titel. | 3 Bd. I, Vorwort S. X | 4 Ebd. S. XIII | 5 Bd. I, S. 28 f. | 6 Ebd. S. 33 | 7 Ebd. S. 61 | 8 Ebd. | 9 Ebd. S. 68 | 10 Ebd. S. 33 | 11 Ebd. S. 28 f. | 12 Ebd. S. 39 f. | 13 Ebd. S. 148 ff. | 14 Ebd. S. 42 | 15 Ebd. S. 162 | 16 Ebd. S. 160 | 17 Ebd. S. 40 | 18 Ebd. S. 155 | 19 Bd. I, Vorwort S. V. | 20 Bd. I, S. 156 | 21 Ebd. | 22 Bd. I, Vorwort S. VI. | 23 Ebd. S. 264 | 24 Bd. II, S. 94 | 25 Ebd. S. 41 | 26 Ebd. S. 143 | 27 Ebd. S. 196 | 28 Ebd. S. 23 | 29 Ebd. S. 215 | 30 Ebd. S. 280 | 31 Ebd. S. 329 | 32 Ebd. S. 358 | 33 Ebd. S. 503 | 34 Ebd. S. 506 f. | 35 Ebd. S. 581 | 36 Bd. III, S. 31 f. | 37 Ebd. S. 192 | 38 Ebd. S. 193 | 39 Ebd. S. 128 | 40 Bd. IV, S. 203 | 41 Ebd. S. 202 f. | 42 Ebd. |43 Ebd. S. 342 | 44 Ebd. S. 429 | 45 „Rom gegenüber dem Protestantismus. Anrede eines deutschen Prälaten an S. päpstliche Heiligkeit über den Vorgang zu Köln." 1838, oder: „Die Stellung des Römischen Stuhls gegenüber dem Geiste des neunzehnten Jahrhunderts oder Betrachtungen über seine neuesten Hirtenbriefe." 1833 – Wessenberg publizierte seine romkritischen Schriften in den 30er Jahren in der von dem Aufklärer Benedikt Alois Pflanz herausgegebenen liberal-katholischen Zeitschrift „Freimüthige Blätter über Theologie und Kirchenthum" zwar anonym, wurde aber alsbald von seinen Gegnern identifiziert. | 46 „Der baden'sche Klerus und der ‚deutsche Prälat'. Bd. 77, 1840, H. 7, S. 32 | 47 „Die Synoden zu Constanz und Basel, betrachtet mit Rücksicht auf I. H.v. Wessenberg's Schrift „die großen Kirchenversammlungen des 15. und 16. Jahrhunderts" und „Das Concil von Trient und die Bearbeiter seiner Geschichte" in den Bdn 78, 79, 81 und 82 der Jahrgänge 1840/41. | 48 Bd. 79, S. 16 f. | 49 Ebd. S. 18 | 50 Ebd. S. 17 f. | 51 Bd. 81, S. 147 | 52 Ebd. S. 281 | 53 Bd. 82, S. 230 | 54 1840, 165. – 168. Stück, S. 1643-1677 | 55 Ebd. S. 1644 | 56 Ebd. | 57 Ebd. S. 1647 f. | 58 Ebd. S. 1646 | 59 Ebd. S. 1644 | 60 Ebd. S. 1652 | 61 Ebd. S. 1677 | 62 Wessenberg publizierte anschließend diese Rezension in einem gesonderten Heftunter dem Titel „Kritische Beleuchtung der I. H. von Wessenberg'schen Schriftüber die großen Kirchenversammlungen des 15. und 16. Jahrhunderts." Tübingen 1841, 53 S.) – Vgl. dazu Claus ARNOLD: „Nur ein Nachschlagebuch? Zum kirchenhistorischen Profil der Conciliengeschichte Hefeles." In Hubert WOLF (Hrsg): „Zwischen Wahrheit und Gehorsam. Carl Joseph von Hefele (1809 – 1893) Ostfildern 1994, S. 55 ff. | 63 Ebd. S. 5 f. | 64 S. 7 ff. passim | 65 S. 44 ff. | 66 Vgl. dazu Rudolf REINHARDT: Carl Joseph von Hefele (1809-1893)". In H. WOLF, a.a.O. S. 8 ff. | 67 Dazu Barbara SCHÜLER: „Hefele im Lichte der nichtkirchlichen Presse in der Zeit von 1863-1893." In: H. WOLF, a.a.O. S. 102 ff.

J. H. von Wessenberg

Wessenberg ist in ungewöhnlich zahlreichen Porträtdarstellungen als bedeutende Persönlichkeit der öffentlichen Gesellschaft seiner Zeit gewürdigt worden. Besonders eindrucksvoll sind die diversen Porträtdarstellungen der Konstanzer Malerin Marie Ellenrieder (1791 – 1863), die von Wessenberg zwar nicht entdeckt, so doch tatkräftig gefördert worden ist. Seiner Protektion hatte sie es zu verdanken, dass sie als erste Frau anno 1813 zur Ausbildung in die Münchner Akademie der Künste aufgenommen worden ist.

Zwischen den Fronten
Wessenberg und der Zölibat

Die Bereitschaft des katholischen Priesters, ein eheloses Leben zu führen, ist conditio sine qua non seiner Weihe: der „Zölibat". Die Ratsamkeit dieser priesterlichen Lebensform ist heute umstritten und war umstritten von allem Anfang an, seit dem 4. Jahrhundert, als auf diversen Synoden rechtliche Verbindlichkeiten für eine Zölibatsverpflichtung der Priesteramtskandidaten angestrebt worden sind. Die Geschichte der Einführung und Festigung des Zölibats war seitdem über weite Strecken auch eine Geschichte des Widerstands gegen den Zölibat. – Die Auseinandersetzungen um den Zölibat sind in der einschlägigen Forschung mehr oder minder ausführlich beschrieben worden.[1] Im hier gegebenen Rahmen soll nur daran erinnert werden, inwieweit sich auch Wessenberg an diesem Diskurs beteiligt hat.

Zweifel am Sinn und Zweck der geistlichen Ehelosigkeit waren in den kirchenkritischen Kreisen der europäischen Aufklärung seit Mitte des 18. Jahrhunderts in wachsender Schärfe artikuliert worden, zunächst auf breiter Front in Frankreich, seit dem Amtsantritt Kaiser Josephs II. dann auch in Deutschland. Die Stimmen der Zölibatsgegner waren zwar dominant, aber es soll nicht unterschlagen werden, dass sich immer auch eifrige Verteidiger zu Wort gemeldet haben. Wir verzichten hier darauf, das argumentative Repertoire des Für und Wider einlässlich zu repetieren und begnügen uns mit der Auflistung einiger signifikanter Kontroverspositionen:

–   So wurde gegen den Zölibat vorgebracht, dass das Gebot der Ehelosigkeit der Priester weder durch die Bibel noch durch die urkirchliche Tradition hinreichend zu begründen ist. – Die Befürworter räumen in der Regel ein, dass die Ehelosigkeit in der Bibel zwar nicht ausdrücklich vorgeschrieben, wohl aber mehr oder weniger nachdrücklich empfohlen worden sei.
–   Für die Gegner war das abgeforderte Zölibatsversprechen ein zwanghafter Akt der Loyalitätsverpflichtung durch die römische Hierarchie – für die Anhänger dagegen eine Stärkung der

Widerstandskraft des einzelnen Priesters im Umgang mit der
säkularen Welt: der freie Zölibatär wird zumal in Konfliktsitu-
ationen mit der Staatsmacht kirchliche Interessen robuster zu
vertreten vermögen als der familiär gebundene Mensch, der
auch und vielleicht zuerst das Wohlergehen der Seinigen zu
berücksichtigen genötigt ist. Im Übrigen sei der Zölibat kein
Zwang, sondern werde stets in einer freiwilligen Entscheidung
gewählt.

– Die Gegner des Zölibats behaupten, dass Ehelosigkeit ein ge-
lungenes Leben wenn nicht gänzlich verhindere, so doch beträchtlich erschwere. Wer ehelos bleibe, habe Einsamkeit, Iso-
lation, Absonderung in Kauf zu nehmen und laufe auch Gefahr,
einer höheren Lasterbilanz zu verfallen als der Verehelichte.
Traditionellerweise wird die Neigung zu sexueller Wilderei ins
Feld geführt. – Die Befürworter des Zölibats geben zu bedenken, dass sich in der Virginität die höchste Entwicklung evan-
gelischer Kraft im Leben manifestiere und im Unterschied zu
einer familiären Existenz die totale Hingabe in den Dienst Gottes ermögliche.

– Nicht zuletzt machen die Zölibatsgegner auch schon zu Wessenbergs Zeiten auf den bedrückenden Mangel an Priesteramtskandidaten aufmerksam, was sie primär auf die alterna-
tivlose Verpflichtung zur Ehelosigkeit zurückzuführen pflegen.
– Das bestreiten die Befürworter nicht, fordern aber zur Abhilfe die Entwicklung eines Priesterbildes dergestalt, dass in der
zölibatären Existenz ein attraktives Lebensmodell verwirklicht
werden könne, welches das eheliche Glück zu übertreffen geeignet sei.

Wessenberg war mit dieser in der katholischen Öffentlichkeit hoch-
kontrovers geführten Zölibatsdebatte vertraut. Belegen lässt sich
sein erhebliches Interesse an diesem Thema durch einen Blick in
seine Bibliothek. Eine nur flüchtige und also nur unvollständige
Sichtung ergab dazu den folgenden Bestand:

Pistorius, Johann: Abhandlung vom Caelibat der Priester und
    Geistlichen. 1784.

Fingerlos, Matthäus: Wozu sind Geistliche da? 2 Bde, 1800.
Werkmeister, Benedikt: Vorschlag, wie in der deutschen Kirche die
		Priesterehe allmählich eingeführt werden könnte. 1803.
Scheiffele, Hieronymus: Vom beständigen Cölibate. 1805.
Huber, Fridolin: Freymütige Darstellung der Ursachen des Man-
		gels an katholischen Geistlichen. Nebst den sichern Mit-
		teln zur Abhilfe. Ein Gutachten der theologischen Fakultät
		zu Landshut. Mit kritischen Anmerkungen und wichtigen
		Zusätzen begleitet. 1818.
Huber, Fridolin: Über den Rücktritt katholischer Geistlicher hö-
		herer Weihen in den Laienstand. Mit eine Vorrede und Zu-
		sätzen begleitet. 1833.
Sulzer, Johann Anton: Die erheblichsten Gründe für und gegen das
		katholisch-kirchliche Cölibatsgesetz. 1820.
Theiner, Johann Anton und Theiner, Augustin: Die Einführung der
		erzwungenen Ehelosigkeit bei den christlichen Geistlichen
		und ihre Folgen. Ein Beitrag zur Kirchengeschichte. 3 Bde,
		1828.
Kopp, Georg Ludwig: Das kirchliche Cölibatsgebot in seinen Ver-
		hältnissen zur Religion, Sittlichkeit und Politik: mit einem
		Anhange der Geschichte alles dessen, was sich auf dem
		Concil zu Trient über die Priesterehe zugetragen hat. 1811.
Häusler, Matthias: Noch ein nachdrückliches Wort über das ernst-
		liche letzte Wort eines Cölibatfeindes und eines würdigen
		Consortens, der um die hohe Erlaubnis des Rücktritts in den
		Laienstand wehmütig flehet oder ernstliche Prüfung,ob es
		nicht höchst rätlich sei, bei Gelegenheit des zu erwartenden
		Concordats für die deutsche Kirche das Cölibatsgesetz der
		Geistlichen zu amortisieren. 1815.
Salat, Jakob: Ist der Priesterzölibat ein Ideal? 1833.
Anonym: Abhandlung über Celibat und Ohrenbeicht. 1817.
Anonym: Cölibat oder der Wehestand der unbeweibten Priester.
		1835.

Auffällig ist, dass Wessenberg zunächst unterlassen hat, sich pub-
lizistisch aktiv in diese Debatte einzuschalten. Hätte er es gewollt,
wäre es naheliegend gewesen, in der von ihm seit 1802 herausge-

gebenen Diözesanzeitschrift „Archiv für die Pastoralkonferenzen
in den Landkapiteln des Bistums Konstanz" am geeignetsten Ort
Stellung zu beziehen. Vielleicht hat er das vermieden, weil ihm als
amtskirchlichem Repräsentanten der Diözese ein kritisches Votum
zum Zölibat in einem offiziösen Organ allzu prekär erschienen sein
mochte. Nicht auszuschließen ist auch, dass sich Wessenberg in der
Sache nicht schlüssig war. Dass ihn das Problem aber durchaus auch
weiterhin bewegte, zeigt ein kurzer Text, den er 1817 verfasst, allerdings erst 1832 veröffentlicht hat: „Von den Ursachen der Abnahme
der Zahl von Kandidaten des geistlichen Standes".[2] Es geht da um
den Priestermangel und wie demselben abzuhelfen wäre. Wessenberg beklagt, dass „das Ansehen des Standes tief gesunken" sei, dass
den Angehörigen desselben „die Würde, welche die Religion ihren
Lehrern und Priestern verleiht", gemeinhin verweigert werde, dass
„irdische Gesinnungen und Interessen sich der Herrschaft angemaßt haben, welche der Religion gebührt." Unter allen „gebildeten
Klassen" der Gesellschaft habe sich eine verächtliche „Denkart"
verbreitet: „In Hinsicht der Kirche und ihrer Diener sind diese nur
zu oft die Zielscheibe des Witzes, der Spötterei und des Unwillens
geworden. Man affektiert, den Geistlichen lächerlich, wohl gar ver-
ächtlich zu finden, indem man a) voraussetzt, er sei ein Heuchler,
b) weil man ihn wegen des ihm obliegenden Cölibats entweder der
Einfalt beschuldigt oder der Berufsuntreue verdächtigt, c) weil man
zwischen seinem irdischen Beruf und seinen irdischen Bedürfnis-
sen und Schwachheiten einen Kontrast zu bemerken glaubt, den
gehässiges Übelwollen zu einem Vorwurf gegen den geistlichen
Stand verarbeitet. Die Stimmung der kultivierten Welt enthält viel
Abschreckendes, welches nur selten in einem jungen Manne durch
hohen Berufsgeist und einen künftigen religiösen Charakter über-
wogen wird." Eine Trendwende könne nur durch eine soziale Aufwertung des Priesterberufs gelingen. Wäre diese erreicht, „würde
auch beim Fortbestehen des Cölibats, dessen Aufhebung noch zu
große Schwierigkeiten zu finden scheint und wenigst noch manche
vorbereitende Vorkehr erfordern würde, um nicht mehr zu schaden
als zu nutzen, die Zahl der geistlichen Kandidaten sich bald wieder
beträchtlich vermehren." – In dieser ebenso umständlich wie zag-
haften Prognose bekennt sich Wessenberg, wie es scheint, zu seiner

Unschlüssigkeit. Er zeigt jedenfalls Distanz zu jenen ihm befreundeten Theologen, die sich durch ihre Publikationen als entschiedene Zölibatsgegner profiliert hatten, z.b. Benedikt Werkmeister oder Fridolin Huber oder Jakob Salat.
Wer sich in der Verlegenheit befindet, zu einer Handlungsentscheidung herausgefordert zu sein, die man noch nicht für entscheidungsreif hält, ist wohl beraten, sich durch einen Blick in die Geschichte Orientierung zu verschaffen. Wessenberg hat dies einigermaßen aufwendig getan, indem er sich im Rahmen seiner voluminösen Konzilsgeschichte[3] zugleich um einen begleitenden Abriss der Zölibatsgeschichte bemüht hat, d.h. er richtete seinen Blick nicht primär, aber doch stets beiläufig auf das Zölibatsproblem, das über die Jahrhunderte hinweg ein immer wiederkehrendes Leit- und Streitmotiv der Konziliengeschichte gewesen ist.
Zunächst zur Vorgeschichte![4] – „In den ersten Anfängen", sagt Wessenberg, in der Urkirche also, bildeten „die Lehrer und Diener der Kirche keinen eigenen Stand." Priesterliches Handeln sei noch kein Beruf gewesen und habe keine „eigenen Rechte" vorausgesetzt. Es habe eine „eigentümliche Gleichheit" geherrscht im Sinne „christlicher Verbrüderung". Im Grunde sei jeder Christ mit gleicher „Priesterwürde" ausgestattet gewesen. Das habe sich „nach und nach" geändert, indem sich in den christlichen Gemeinden Eliten etablierten, welche das Hirtenamt verwalteten. Es seien Männer gewesen, die sich durch „Unabhängigkeit und Freimut" Achtung erworben hatten, die über „Lebenserfahrung" verfügten und die sich im Wort und Wandel durch „Ernst und Reinheit" auszeichneten. Diesen Geistlichen der christlichen Frühzeit sei die Ehe durchaus zugestanden worden. Wessenberg zitiert zwar in diesem Zusammenhang die einschlägigen Stellen aus dem ersten Korintherbrief des heiligen Paulus, wo dieser die Ehelosigkeit empfiehlt, mindert aber den Anspruch auf deren generelle Geltung, indem er diese Aussagen in ihren zeitgeschichtlichen Horizont stellt: „ungewisse Zeitumstände im Judenlande". Im Übrigen habe sich Paulus an anderen Stellen sehr wohl auch positiv über die Ehe geäußert. Keinesfalls habe er im Sinn gehabt, „dem freien Willen in der Wahl der Lebensform den geringsten Zwang anzulegen".

Wie ist nun zu erklären, dass sich die Idee von der Vorzüglichkeit jungfräulichen Lebens in der frühen Kirche dennoch hat entfalten können?[5] Es sei begreiflich, meint Wessenberg, dass die „Beherrschung des heftigsten aller menschlichen Triebe durch die Macht des Geistes und Willens hohe Achtung einflößte und durch die edle Absicht, sich unzerstreut der Veredlung Vieler zu weihen, neuen Glanz erhielt. Die Menge, so unrein sie auch selbst sein mag, hegt Ehrfurcht für das Reine." In der Sicht Wessenbergs bedeutet dies, dass der Zölibat als sinnfälliges Zeichen sozialer Differenz im institutionellen System der Kirche eingeführt worden ist. Allgemein habe sich diese Auffassung aber zunächst noch nicht überall in der Christenheit durchgesetzt. Es habe auch Gegenstimmen gegeben, die auf der Heiligkeit und der heiligenden Kraft der Ehe beharrten. Wessenberg scheint diesen Gegenstimmen zuzuneigen, wenn er schreibt: „Unter allen Mitteln, die Äußerungen des Naturtriebs, dem der Schöpfer in der weisesten Absicht seine Stärke verlieh, mit der Moral in Einklang zu bringen, wurde von jeher, wo Gesittung Eingang fand, ganz vorzüglich aber in der christlichen Kirche, die Ehe als das achtungswürdigste, weil wirksamste, wohltätigste und der Erhaltung der Gesellschaft angemessenste anerkannt." Und dann verweist er auf die entsprechenden Schriftstellen: Mt 19, Mk 10, 1 Tim. 4 etc.

Dessen ungeachtet, fährt Wessenberg fort, sei in christlichen Kreisen die Überzeugung vom Vorzug der Jungfräulichkeit gewachsen und mit dem Hinweis auf die Ehelosigkeit Christi und seine Geburt von einer Jungfrau begründet worden. Wessenberg führt dann eine lange Reihe von Kirchenvätern namentlich auf, die den „Geschlechtsumgang als Verunreinigung der Seele verabscheuten" und für die „Eheflucht" plädierten. „Schön war der Gedanke: die Geistlichkeit möchte, irdischer Bande ledig, ganz dem nur leben, was des Geistes ist. Indessen lag zwischen der Idee vom herrlichen Vorzug der Jungfräulichkeit, welche Menschen von der Ehe zurückhielt, und dem Verbot der Priesterehe noch ein weiter, der christlichen Freiheit offener Raum."

Wessenberg referiert sodann die strittigen Zölibatsberatungen verschiedener Synoden im 4. Jahrhundert. Auf dem Konzil von Nicaea anno 325 sei von einer besonders strengen Fraktion der Antrag

gestellt worden, dem höheren Klerus nicht nur die Eheschließung
zu verbieten, sondern auch jede Gemeinschaft mit jenen Frauen zu
untersagen, die sie zuvor als Laien geheiratet hatten – der Antrag
erzielte keine Mehrheit. Umgekehrt sei auf der Synode von Gangra
anno 340 jedem Kleriker, der seine Frau unter dem Vorwand der
Frömmigkeit entlassen wolle mit Absetzung und Bannfluch bedroht worden. Das Volk, sagt Wessenberg, habe bei der Auswahl
der Priester in der Regel den Verehelichten den Vorzug gegeben,
man habe die Ehe der Kleriker nicht zuletzt als „Schutzwache der
Keuschheit" betrachtet. Es seien dann die großen Päpste des 5. und
6. Jahrhunderts gewesen – Innozenz I., Leo I., Gregor der Große –,
welche die Verbindlichkeit des Zölibats zumindest in der abendlän-
dischen Kirche durchgesetzt hätten. Wessenberg markiert die Folgen: eine alsbald um sich greifende Sittenlosigkeit in den Häusern
der Geistlichen, die jahrhundertelang auch durch noch so drasti-
sche Abmahnungen nicht eingedämmt werden konnte. Was be-
wirkten die Sanktionen? – „Geheime Unzucht!", sagt Wessenberg,
die sich mit einem „Heiligenschein" zu umgeben beliebte – also
schiere Heuchelei!

Der Zustand der Kirchenzucht habe im Laufe des Mittelalters
ein derart skandalöses Niveau erreicht, dass der Ruf nach radikalen Reformen immer vernehmlicher wurde.[6] „Das Cölibatsgesetz",
sagt Wessenberg, „trug immer schlechtere Früchte, jemehr der Klerus in Rohheit, Unwissenheit und müßiges Wohlleben versank." In
den vorbereitenden Beratungen zum Konstanzer Konzil sei deshalb
auch der Vorschlag bedacht worden, „die Übung der morgenlän-
dischen Kirche in Hinsicht der Priesterehe" auch in der abendlän-
dischen Kirche einzuführen. Als dann in der 43. Sitzung der Versammlung tatsächlich das Thema „Sittenzucht der Geistlichen"
verhandelt werden sollte, habe das Moderationskollegium eine
Vorlage eingereicht, nach der alle jene Geistlichen, welche in einer
„Kebsehe" leben, aufgefordert werden sollten, ihre „Kebsweiber"
unverzüglich zu entfernen, widrigenfalls aber mit empfindlichem
Pfründenentzug zu bestrafen. Im Übrigen habe diese Vorlage zu bedenken empfohlen, ob man nicht „jedem Priester eine Jungfrau als
Eheweib gestatten" möge, „da solches von Christus nicht untersagt
ist". Davon abgesehen, solle doch nach wie vor jedem gestattet blei-

ben, „sich der Ehe zu enthalten, wenn er sich aus frommer Gesinnung dazu entschließe." – Auf dergleichen Ratschläge einzugehen,
schreibt Wessenberg, „fanden die Väter nicht ratsam." Wessenberg
vermutet, dass sich die Versammlung in ihrem Widerstand gegen
die Zulassung der Priesterehe durch ein Votum habe motivieren
lassen, das der renommierteste Theologe auf dem Konzil, Johannes
Gerson, abgegeben hatte. Dieser Gerson habe in einem fiktiven Dialog zwischen der „Weisheit" und der „Natur" die These vertreten,
dass „die Keuschheit in dem ehelosen Leben weit sicherer beobach-
tet werden könne als im Ehestande, indem es weit leichter sei, sich
gänzlich zu enthalten, als den Gebrauch zu mäßigen." Überdies gelte es zu beachten, dass sich„die Gelobung der Enthaltsamkeit nur
auf die Unterlassung der Ehe" beziehe, „wer daher sich nicht ver-
eheliche, breche das Gelübde nicht, so schwer er auch sonst sün-
dige." Wessenbergs Urteil ist vernichtend: „Gersons ganze Durch-
führung ist ein schlagender Beweis von dem Übergewicht, das die
spitzfindige Schuldialektik damals auf die Lösung der wichtigsten
Fragen des Kirchenlebens behauptete, wodurch die Ergreifung
wirksamer Maßregeln gegen Verderbnisse verhindert wurde."

Als anderthalb Jahrzehnte später in Basel sich erneut ein Konzil
versammelt habe, sei auch wieder das in Konstanz unerledigte Zölibatsproblem auf die Tagesordnung gesetzt worden.[7] Auch diesmal
habe es Wortmeldungen gegeben, die es dem Einzelnen überlassen
wollten, ob er sich für die Ehe oder den Zölibat entscheide, „die
Kirche solle einem weisen Arzte nachahmen, der die vorgeschrie-
bene Arznei, wenn es sich zeige, dass sie mehr schade als fromme,
beseitige." Wessenberg bedauert, dass sich die Hardliner durchsetz-
ten: Man hielt am Zölibatsgebot fest und wiederholte die üblichen
Sanktionsdrohungen für den Zölibatsbruch. Wessenbergs Resümee: „Die meisten erblickten in diesem Gesetz ein Bollwerk der
Hierarchie und meinten, so morsch und wankend dieses Bollwerk
geworden, sei es doch keineswegs aufzugeben". – Also Furcht vor
den möglichen Folgen einer Reform!

Härter als je zuvor gerieten nach Wessenberg die Auseinandersetzungen um den Zölibat seit Beginn der Reformation.[8] Luther
und seine geistlichen Freunde hätten sich in Wort und Tat zur Ehe
als einer „allgemeinen Menschenpflicht" bekannt und den ehelosen

Priesterstand der römischen Kirche verfemt, indem man die Enthaltsamkeit als „Torheit und Sünde" verwarf und „die heiligsten
Männer der Kirche als pflichtvergessene Schwärmer und Heuchler
brandmarkte". Die altgläubigen Befürworter des Zölibats diskrimi-
nierten hingegen „das Verlangen nach Eheerlaubnis für die Priester
als eine Frucht schändlicher Begehrlichkeit". Nachdrücklich würdigt Wessenberg die Bemühungen katholischer Fürsten, die um fast
jeden Preis eine Einigung mit den Protestanten anstrebten, die Kurie zu einem Nachgeben im Zölibatsstreit zu bewegen. Kaiser Ferdinand habe zu bedenken gegeben, dass es doch besser wäre, „den
Priestern die Ehe zu gestatten, als durch Festhaltung des Cölibats
zusehends einer unlautern Ehelosigkeit Tür und Tor offen zu lassen." Er habe vorgeschlagen, „den Geweihten künftig bei der Ordi-
nation frei zu stellen, entweder im Cölibate zu verharren oder eine
rechtmäßige fromme Ehe zu schließen." Die Appelle seien jedoch
von Rom strikt abgewiesen oder ignoriert worden. Wessenberg
scheut sich nicht, die schuldige Seite bloßzustellen: Auf die Vorhal-
tung des Kaisers, dass die notorische Verdorbenheit des Klerus nur
durch die Stattgabe der Ehe zu überwinden sei, habe der Nuntius
eine zynische Antwort erteilt: „… der größte Sünder in der Kirche
sei doch immer dem Frömmsten außer der Kirche vorzuziehen, indem für jenen wenigstens eine Hoffnung des Heils übrig bleibe".
Wessenberg leugnet nicht, dass es der Gegenreformation unter
ständigem Verweis auf das Tridentinum tatsächlich gelungen sei,
„den auffallendsten Ärgernissen der Zölibatsverletzung besser zu
steuern und die der Seelsorge sich widmenden Geistlichen teils zur
Enthaltsamkeit, teils zur Vermeidung des Anstoßes zu vermögen".[9]
Man habe einerseits die moralische Erziehung der Priesteramtskandidaten in den Studienseminaren vertieft und andererseits bei Verstößen die Strafmaßnahmen verschärft: „Ob und wie ferne dabei die
wahre Sittlichkeit oder der Pharisäismus mehr gefördert worden, ist
freilich eine andere Frage." Die Diskussion über die Ratsamkeit des
Zölibats sei freilich mit dem Abschluss des Konzils keineswegs beendet gewesen. Weiterhin und verstärkt vor allem seit Mitte des 18.
Jahrhunderts sei über die „Rechtmäßigkeit, Sittlichkeit und Zweck-
mäßigkeit des geistlichen Zölibatsgesetzes" gestritten worden. Und
heute – also zu des Verfassers Lebzeiten – bestehe „Übereinstim-

mung in den Ansichten über die Sache in den verschiedenen Teilen
der katholischen Welt weniger als je".

Wessenberg formuliert am Ende seiner Darstellung der Zölibatsgeschichte, die er über weite Strecken als eine Geschichte von damit
einhergehenden Ärgernissen konzipiert hat, ein prima facie überraschendes Urteil: Als konsequenter Institutionalist, der er sein Leben lang gewesen ist, fordert er Respekt für die geltende Ordnung
der Kirche und plädiert für deren Beachtung. Eine Änderung dieser
Ordnung möge erst in einem künftigen Konzil entschieden werden.
Einstweilen sei ein pragmatischer Ausweg aus der faktisch herrschenden Unordnung zu eröffnen: „So stark auch die Gründe sein
mögen, um die Kirche zur Aufhebung des Eheverbots zu bewegen",
habe jeder Geistliche seiner Verpflichtung zu folgen, „das zu halten,
was er versprochen hat." Eine Entbindung vom Zölibatsgelöbnis sei
mit dem Verbleiben im Priesteramt unvereinbar. Priester, welche
die notwendige Sublimationsenergie für ein eheloses Leben nicht
zu erbringen vermögen, sei jedoch die Erlaubnis einer Laisierung zu
erteilen – mit der Folge wohlbemerkt, dass sie aus ihrem priesterlichen Amt ausscheiden müssen.

Bei der Abwägung der Alternativen zwischen Ehe und Ehelosigkeit warnt Wessenberg vor dem naiven Vorurteil, „die Ehe nur von
der reizenden idealen Seite" zu betrachten, „in der Ehelosigkeit hingegen nur einen Zustand öder, freudenloser Verlassenheit zu erblicken". Ein „höherer Gesichtspunkt" sei nötig, „um den Cölibat der
Geistlichen richtig zu würdigen." Es lasse sich nicht leugnen, „daß
die Ehelosigkeit denjenigen, die bestimmt sind, unter den Sterblichen den Sinn für's Göttliche zu nähren und zu beleben, in vieler
Hinsicht die Erfüllung ihres Berufs erleichtere und sie in Stand
setze, ganz den geistigen Angelegenheiten ihrer Gemeinde zu leben." Unverzichtbare Klausel sei freilich die uneingeschränkt freie
Entscheidung vor der Weihe. Für die Kirche wäre es „kein geringer
Nachteil, wenn, selbst nach Gestattung der Priesterehe, Beispiele
freiwilliger Enthaltsamkeit unter ihrem Klerus verschwinden würden."

Wessenbergs Ceterum-Censeo am Ende seines Streifzugs durch
die Zölibatsgeschichte mag überraschen: Er votiert nachdrücklich
für die Entscheidungsfreiheit des Einzelnen, eine Ehe zu schließen,

aber eben auch auf eine Ehe zu verzichten. Im Horizont seines generellen Wertesystems ist dieses Urteil jedoch konsequent: Nichts war ihm teurer als das Recht auf freie Selbstbestimmung, nichts war ihm widerlicher als deren zwanghafte Einschränkung durch fremde Autoritäten – auch durch die kirchliche Hierarchie, aber eben auch durch den Druck des Mainstreams der zeitgenössisch „aufgeklärten" Zölibatsfeinde. Wessenberg hat sich 1812 im Alter von 38 Jahren, also relativ spät, zur Priesterweihe entschlossen. Was ihn veranlaßt hat, so lange zu zögern, wissen wir nicht. Er hat sich dazu nie geäußert, er hat seine Entscheidung nie bedauert, über seine Ehelosigkeit hat er keinerlei Klage geführt. Intime Beziehungen zu Frauen hat ihm niemals jemand nachgesagt, auch seine erbittertsten Feinde nicht.

Anmerkungen

1 Siehe die bibliographischen Anhänge der Dissertationen von Paul Picard: Zölibatsdiskussion im katholischen Deutschland der Aufklärungszeit. Düsseldorf 1975, S. 386-406 und Winfried Leineweber: Der Streit um den Zölibat im 19. Jahrhundert. Münster 1978, S. 562-581. | 2 I. H. v. Wessenberg: Mitteilungen über die Verwaltung der Seelsorge nach dem Geiste Jesu und seiner Kirche. Bd. I. Augsburg 1832, S. 362 ff. | 3 I. H. v. Wessenberg: Die großen Kirchenversammlungen des 15. und 16. Jahrhunderts in Beziehung auf Kirchenverbesserung geschichtlich und kritisch dargestellt. 4 Bde, Constanz 1840. | 4 Bd. I, S. 53-56. | 5 Bd. I, S. 222-231. | 6 Bd. II, S. 227-230 | 7 Bd. II, S. 480-483 | 8 Bd. IV, S. 99-114 | 9 Bd. IV, S. 317-322

Das literarische Œuvre
Ein Überblick[1]

Ignaz Heinrich von Wessenberg – wäre er nur Dichter gewesen, er wäre vergessen. Gewiss, er war ein fruchtbarer Autor, literarisch vielseitig produktiv, in allen Gattungen versiert, technisch brillant in der Beherrschung traditioneller Formen, thematisch anspruchsvoll, ein Autor mit reichem Ideenrepertoire – aber er war kein Poet, kein Poet in jenem modernen Sinne des Begriffs, der in der romantischen Ästhetik um 1800 normative Geltung gewonnen hat und der im Grunde in der Gegenwart noch immer in Geltung ist. Wer in Wessenbergs Dichtung also nach Originalität, nach riskanten Innovationen, nach artifiziellen Experimenten, kurzum, wer nach dem „Genie" fahndet, wird kaum fündig werden. Wer in Wessenbergs Dichtung den Ausdruck einer individuell bewegten Seele, eines unmittelbaren Erlebnisses, Stimmung und Laune des Augenblicks, eine dämonische Natur, psychische Abgründe, wer poetisches Herzblut erwartet, wird enttäuscht werden. Wessenberg ist mentalitätsgeschichtlich Angehöriger einer Epoche, zu der uns zumindest der spontane Zugang vielfach verschlossen ist. Sein literarisches Œuvre zu würdigen, erfordert, dass wir es historisch zu verstehen versuchen.

Eine Vorbemerkung zum sozialen Status Wessenbergs als belletristischer Autor ist unerlässlich. Wessenberg war kein professioneller Dichter mit allen Sorgen und Lizenzen eines freien Schriftstellers, seine Teilnahme am zeitgenössischen Literaturbetrieb war eher zufällig, seine Dichtungen waren – wenn nicht Arbeiten selbstgesetzter Aufträge wie im Bereich seiner geistlichen Poesie – Früchte müßiger Nebenstunden. Man wird ernst nehmen dürfen, was er diesbezüglich selbst gesagt hat: „Bei den vielen Kämpfen und Mühsalen, welche ich in meinem Berufsleben zu bestehen hatte, gewährte mir die Kunst, insbesondere die Dichtkunst, ein Labsal und eine Erholung, wofür ich dem Geber alles Guten nicht genug zu danken vermag. Sie war ein freundlicher Himmelsbote, der mir, wie dem Psalmisten David, das Gemüt erheiterte, erhob und stärkte. Mag eine starke Kritik an den Eingebungen meiner Muse noch soviel auszustellen wissen – und sie hat ohne Zweifel viel daran auszustellen, – sie kann mir doch nie den Trost und die Freude verkümmern, welche ihre Begeisterung mir einflößte."

Andererseits ist zu bedenken, dass sich Wessenberg nie als ein in der Dichtkunst nur dilettierender Privatier verstanden hat, sondern sich über seine Rolle als ein Mann der institutionellen Öffentlichkeit stets im Klaren war und sich zu entsprechenden Rücksichten und Verantwortlichkeiten verpflichtet wusste. Der mitunter zu beobachtende Mangel an Spontaneität in seiner Dichtung kann den Schluss erlauben, dass ihm die Spannung zwischen Amt und Kunst zum Hemmnis wurde.

Historisches Verstehen setzt eine epochale Orientierung voraus. Wessenberg wurde 1774 geboren, in eben dem Jahrzehnt, in dem auch jene Generation geboren wurde, die später in der Literaturgeschichte die „deutsche Romantik" einleitete. 1772 wurden Friedrich von Hardenberg-Novalis, 1773 Wilhelm Heinrich Wackenroder und Ludwig Tieck, 1776 Joseph von Görres und E.T.A. Hoffmann, 1777 Heinrich von Kleist, Friedrich de la Motte-Fouqué, der Dichter der „Undine" und Ernst August Klingemann, der Verfasser der „Nachtwachen des Bonaventura", 1778 Clemens Brentano, und auch Achim von Arnim und Adalbert von Chamisso waren nur sieben Jahre jünger als Wessenberg. Als dieser zu Beginn des 19. Jahrhunderts mit seinen ersten Dichtungen an die Öffentlichkeit trat, waren richtungweisende Schriften dieser neuen Literaturgeneration bereits erschienen: die romantische Programmzeitschrift „Athenaeum", die „Herzensergießungen eines kunstliebenden Klosterbruders" von Wackenroder und Tieck, eine Schrift, die der bis dato herrschenden klassischen, an der Antike orientierten Ästhetik die Schönheit der Gotik entgegenstellte und die Sehnsucht nach der guten alten Zeit der Vormoderne artikulierte, eine Sehnsucht, die von Novalis in dem Essay „Die Christenheit oder Europa" in ein grandioses geschichtsphilosophisches Konzept umgesetzt worden war, in dem das Mittelalter insgesamt und die alte selbstbewusste katholische Kirche der vorreformatorischen Zeit insbesondere mit einer im 18. Jahrhundert ganz ungewohnten Sympathie bedacht wurden: „Es waren schöne glänzende Zeiten", schreibt Novalis, „wo Europa ein christliches Land war, wo e i n e Christenheit diesen menschlich gestalteten Weltteil bewohnte; ein großes gemeinschaftliches Interesse verband die entlegensten Provinzen dieses weiten geistlichen Reichs". Eine solche Perspektive auf die Vergangenheit wurzelt im Leiden des intellektuell heimatlos gewordenen Individuums an der verlorenen Ordnung der Gesellschaft. Und in einer solchen Perspektive wird der empfundene Ordnungsverlust als Sold eines kapitalen Sündenfalls interpretiert: als Folge des skrupellosen Aufklärungswillens im neuzeitlichen Europa. Eine solche Perspektive erklärt schließlich, warum der Protestant Novalis das römische Papsttum vorbehaltlos verteidigt: „Mit Recht widersetzte sich das weise Oberhaupt der Kirche frechen Ausbildungen menschlicher Anlagen auf Kosten des heiligen Sinns und unzeitigen gefährlichen Entdeckungen im Gebiete des Wissens." Die Romantik definierte sich in dem Bedürfnis, die unbewussten wie selbstgesteckten Grenzen der Aufklärung zu sprengen. Die Romantiker insistierten auf Fragen, die der methodisch geschulte Verstand allein nicht zu lösen vermag, ihre Neugierde galt den Geheimnissen der Innerlichkeit, ihre Lust fanden sie in der Selbstdarstellung ihrer Subjektivität.

Ob Wessenberg die romantische Bewegung in ihren Anfängen, d.h. schon um die Jahrhundertwende, registriert hat, ist ungewiss, ist unwahrscheinlich. Er hat zwar in späteren Jahren die Texte der Romantiker zur Kenntnis genommen, ohne jedoch ihre epochale Reichweite einschätzen und ihren ideologischen Anspruch respektieren zu können. Die restaurativen, gegen die Aufklärung gerichteten Impulse der Romantiker blieben ihm fremd wie die Gespinste ihrer poetischen Phantasie und die hemmungslose Selbstdarstellung, die er als schamlose Prostitution empfunden haben mochte. In den kritischen Schriften der 20er Jahre „Über den sittlichen Einfluss der Schaubühne" und „Über den sittlichen Einfluss der Romane" hat er explizit Stellung bezogen: Von romantischem Unfug" ist da die Rede, von „romantischen Missgeburten", von „unaufhörlich zuströmenden Bächen romantischer Dichtungen, die von außen nach lauter köstlichen Spezereien riechen, aber inwendig nach allerlei Lastern stinken", er spricht von den „Giftblumen des verführerischen Weisheitstraums einer verderbten Zeit", von einem „schändlichen Gewerbe". Gewiss hat er hier primär die Romanproduktion im Blick, aber sein Verdikt gilt doch zugleich der Epoche insgesamt.

Wessenberg war Generationsgenosse der Romantiker, ohne selbst
jemals zum Romantiker zu werden. Es gibt in der Geistesgeschichte eine Ungleichzeitigkeit der
Gleichzeitigen. Ein Angehöriger des Breisgauer Adels blickte um
die Jahrhundertwende immer noch primär nach Wien. Im kulturellen Horizont Österreichs blieb die Romantik aber zunächst
weitgehend unbeachtet. Wien hat sich bis weit ins 19. Jahrhundert
hinein als Stadt der Aufklärung verstanden. In Wien waren aber
auch Goethe und Schiller, die Fürsten auf dem deutschen Parnass
um 1800, durchaus keine unbestrittenen Größen. Der Weimarer
Klassizismus mit seiner neuheidnischen Attitude und Ideologie,
den Attacken auf christliche Moral und christlichen Monotheis-
mus musste auf christgläubige Zeitgenossen zum Skandalon werden. Wessenberg ist in den erwähnten kritischen Schriften der 20er
Jahre zwar weniger mit Schiller, um so unnachsichtiger mit Goethe
ins Gericht gegangen, indem er ihm am Beispiel des „Faust" eine
latente Unchristlichkeit zum Vorwurf macht und in den „Leiden
des jungen Werther" die „Einbildungskrankheiten des Zeitalters"
anprangert. „Die Wahlverwandtschaften" verwirft er nicht nur wegen des Themas „Ehebruch", sondern wegen der amoralischen Mo-
tivation desselben im Erzählvorgang, „da werde mit großem Talent
und gewandter Kunst der Mensch als ein bloßes Clavicordium, ein
unfreies Saitenspiel" dargestellt, auf welchem die äußere Welt und
die Umstände die Harmonien und Disharmonien hervorlocken, die
das Gewebe des Lebens bilden und ihm den Namen eines guten
oder schlechten, tugend- oder lasterhaften verschaffen. Für den aufgeklärten Christen Wessenberg wurde die demonstrative Unmün-
digkeit der Goetheschen Helden zum Ärgernis.

Wessenberg hat in den Jahren 1800/1801 in zwei Bänden sein De-
but als Dichter gegeben. In dieser Ausgabe finden wir Oden und
Lieder, komische Verserzählungen und Fabeln in Versen, Lehrge-
dichte und moralische Episteln in seriöser und heiterer Schreibart,
Texte, die sich inhaltlich wie in ihren formalen Strukturen der literarischen Produktion der Spätaufklärung, der so genannten. „Vor-
klassik", zuordnen lassen. Man wird an Klopstock und Wieland
erinnert, an Stolberg, Voß und Matthisson, Jacobi, Claudius, Schu-
bart oder den Schweizer Salis-Seewis. In seinen späteren Jahren hat

Wessenberg Dramen, Epen und zahlreiche Gedichte aller Genres verfasst, die er oft nur als Jahresgaben für den Freundeskreis mit biedermeierlicher Titelei publizierte: „Merzblumen", „Rosenblätter", „Blüthen aus Italien", Ostereier – eine Gabe der Freundschaft", „Neujahrs-Geschenk der Muse an die Freunde", „Die guten Sterne", „poetische Bruchstücke", „Denkblätter. Blos für die Freunde"etc. 1834 brachte Cotta, der bedeutendste Verleger des 19. Jahrhunderts in Deutschland, Wessenbergs „Sämmtliche Dichtungen" in 4 Bänden heraus und komplettierte diese Ausgabe nach und nach bis 1857 auf 7 Bände.

Wessenbergs literarisches Œuvre ist zu umfangreich, um es im gegebenen Rahmen insgesamt mit der gebührenden Einlässlichkeit erörtern zu können, so dass eine Beschränkung auf die Präsentation einiger exemplarischer Texte unumgänglich ist.

Lyrik

Wessenberg hat sein lyrisches Œuvre in der Gesamtausgabe in der Manier der Zeit nach großen Themenbereichen geordnet: „Natur" „Freundschaft", „Wanderungen", „Vaterland", „Religion", der Katalog ließe sich fast beliebig erweitern: Geschichte, Politik, soziale Missstände, Glück, Moral, kurzum in den weit über tausend Gedichten, die er geschrieben hat, findet sich alles, was in der lyrischen Produktion der Zeit thematisch kurrent war – mit einer auffälligen Ausnahme natürlich: affektive Beziehungen zu Frauen, sollten sie Wessenberg je vertraut gewesen sein, er hat sie verschwiegen, erotischen Gefühlen hat der Zölibatär selbst im harmlosen poetischen Rollenspiel keine Lizenz gewährt. – Formal hat er Vieles gewagt und nahezu alles gekonnt, man begegnet in seinen Gedichten antiken und modernen Strophenformen und Versmaßen und allen gängigen Genres: Lied und Ballade, Ode und Elegie, Epigramm und Sonett, Hymne und Gebet.

Als Kostprobe diene zunächst ein frühes Gedicht, das durch einen eigenen Ton, eine originale Bildlichkeit und ein großes Thema eine beträchtliche Evokationskraft zu entfalten vermag:

Der Krieg
1793

Wie wenn aus faulen stinkenden Sümpfen oft
Ein Heer von Dünsten aufsteigt, den Mittag schwärzt,
    Und langsam sich in dunkeln Zügen
      Hoch auf unwirthlich Gebirge lagert.

Wenn dann ein furchtbar schauderndes Schweigen folgte
Und enggeklemmet jegliches Menschenherz
    Ermattet, und die liedervolle
      Kehle des Sängers im Walde bebet;

Und jetzt der Sturm mit tosendem Flügelschlag
Die Donnerwolken wild aneinander jagt,
    Daß Wälder stürzen und die Saaten
      Unter dem Zorne des Hagels sinken.

So sah ich jüngst (noch schauert die Nerve mir!)
Den Krieg in rother Rüstung, mit wildem Flug
    Vom Land, das in der Freyheit tollem
      Schwindel sich drehet, herunterrauschen.

Sein Auge blickte ganzen Geschlechtern Tod,
Pest und Zerstörung schnaubte sein Odem. – Ach!
    Zerknickt von seinem Hufe, starben
      Blüthen und Keime der Lebensschätze.

Doch, während er noch enger die Fesseln schloß
Am Arm der Völker, rief sie ein Zauberklang
    Zur Kampfwuth auf, der Freyheit Segen
      Ihnen vorlügend als Siegeskrone.

Die Menscheit floh! – In Wehmuth versunken, tief
Des Kummers Pein im Angesicht, sah ich Sie
    Auf der Anbethung heißem Fittig
      Vor dem Allmächtigen niederschweben.

„Ach Vater! Rief sie, der du mit Weisheit mir
Das Schicksal unerforschlich vor's Auge webst –
    Wie kann die zarte Saat des Lenzes
      Unter den Schlägen des Sturmes reifen?

Sieh, wie des Adams Enkel die Menschlichkeit
Auszieh'n, um sich mit Jubelgesang und Lust
    Zu morden, und des Lebens Schauplatz
      Selbst in die Urne des Tods zu wandeln.

O setze Ziel der Mordsucht, ein nahes Ziel!
Ein Wink nur, Vater! Und, wie der Frühling, wird
    Dein Friedensseraph niederschimmern,
      Daß er die Menschlichkeit wieder pflanze.

O laß die Herrscher dann, wie die Sonne mild
In ihren Staaten Segen verbreiten! Laß
    Wie Brüder sich umarmen alle
      Völker in deiner Erbarmung Schatten!"

So rief die Menschheit auf. Mehr noch sprach ihr Aug'
Mit Thränen. Doch ein Engel erschien, – Trost,
    Und in die Demantschale faßt' er
      Jegliche Thrän' und enttrug zu Gott sie.

Die Ode gehört in die Reihe jener Gedichte, in denen Wessenberg
die Französische Revolution und die nachfolgenden Revolutionskriege zum Thema machte. Dabei war er sich mit vielen deutschen
Intellektuellen einig, dass diese Revolution in Anbetracht des korrupten Zustands des feudalen Systems fällig war, in einer „Ode an
die Fürsten" heißt es:

„Wär' aber euch das Volk nur ein frohnend Vieh
Und rathlos, nun – was fabelt von Unrecht ihr,
    Wenn euch das Vieh vom Nacken schüttelt
      Grimmig euch unter die Klauen stampfet?"

Ein geradezu „jakobinistischer" Ausruf! – Andererseits war Wessenberg auch wie ebenfalls sehr viele andere deutsche Intellektuelle über die revolutionären Auswüchse erschrocken. Im realen Verlauf der Revolution erblickte er den Zusammenbruch aller menschlichen Gesittung. In der zitierten Ode über den Krieg wird dieser zwar generell zum Verbrechen an der Menschheit erklärt, aber Wessenberg hat dabei doch einen besonderen Krieg im Blick, den Krieg, mit dem die französischen Revolutionstruppen 1793 mit schockartiger Wirkung das Reich erschütterten und damit zugleich jene Ordnung bedrohten, die bei all ihrer irdischen Unzulänglichkeit von einem Mann wie Wessenberg als die natürliche und gottgegebene erachtet wurde. Gott wird dann auch als Instanz angerufen, die alte Ordnung wieder herzustellen, in der friedfertige Herrscher die Brüderlichkeit aller Völker garantieren – eine Utopie!

In lyrikgeschichtlicher Hinsicht ist dieses Gedicht signifikant, insofern Wessenberg seine Betroffenheit nicht in einem individuellen Ausdruck des Schmerzes, sondern in repräsentativer Rede äußert. Das Ich bleibt peripher, der Dichter spricht als Anwalt der Menschheit, oder genauer: als deren Priester. In dieser Rolle ist auch die uns so befremdende Sprachform dieser Ode mit ihrer verqueren Syntax und ihrer pathetischen Metaphorik begründet. Sie indiziert, wie schwierig im 18. Jahrhundert die authentische Rede an Gott, wie schwierig das öffentliche Gebet geworden ist. Es handelt sich dabei um eine historisch unvermeidliche Verlegenheit, die in weiten Teilen der geistlichen Dichtung Wessenbergs, in seinen zahlreichen Hymnen, seinen liturgischen Liedern und lyrischen Gebetstexten immer wieder begegnet. Man kann sich des Eindrucks nicht erwehren, dass der religiöse Auftrag, dem er dichterisch Folge leisten wollte, zur Fessel seiner literarischen Kreativität wurde.

Sehr viel freier erscheint uns Wessenbergs Muse, wenn er profane Erfahrungen ins Gedicht bringt. Wessenberg hat insbesondere nach seiner Amtsenthebung zahlreiche und ausgreifende Reisen unternommen. Sie führten ihn durch weite Teile Deutschlands, nach Holland und Belgien, durch Österreich und die Schweiz, durch ganz Frankreich und fünfmal ist er nach Italien gefahren. Was er auf diesen Reisen erwanderte und erfuhr, hat er in seinen Tagebüchern notiert und in vielen Gedichten in eine bündige Form gebracht. Unser Blick gilt im Folgenden einigen seiner Italiengedichte.

Italien war mit Goethes „Römischen Elegien" und seinen „Venetianischen Epigrammen" ein bedeutendes Sujet deutscher Dichter geworden, Italien faszinierte mit seiner üppigen Natur und seinem heiteren Himmel, mit seiner grandiosen Vergangenheit und seiner vitalen Daseinsfreude, mit seinem ungeheuren kulturellen Reichtum und der spontanen Geselligkeit des einfachen Volkes, Italien faszinierte die Reisenden aus den Ländern nördlich der Alpen als eine glückliche Gegenwelt, in der ihnen die Beengungen ihrer eigenen Existenz bewusst wurden. Diese Faszination ist auch in Wessenbergs Gedichten durchgängig zu verspüren. Er schildert Landschaft, Kunst und Volk Italiens, Berge, Buchten, Seen, Gärten, Paläste, Villen, Türme und Kirchen, Statuen und Grabmäler, er schildert Feste, Feiern, ländliche Szenen, das Leben der Hirten, Schiffer und Lazzeroni. Er schildert die Städte Venetiens und Liguriens, der Lombardei, der Toskana, der Romagna und Campagna, Mailand und Genua, Venedig und Florenz, Pisa und Neapel, Sorrent und Pompeji. Aus dem überaus reichhaltigen Motivensemble dieser poetischen Italienreiselust sei hier wenigstens ein köstlicher Appetithappen serviert, eine Idylle:

Die Feldcapelle

Ruhend auf grünem Hügel in einer alten
Buche Schatten sah ich, wie die Sonne hinabsank
Hinter leichtem Gewölk. Die Schnitter kehrten
Fröhlich scherzend und singend vom Feld. Am Wege
War ein Capellchen. Niederlegend die Sichel,
Knieten Mädchen und Knab', und die Eltern mit Andacht
Vor das Gebild der Madonna mit dem Kinde.
Abendglanz, hinstreifend am silbernen Scheitel
Greiser Schnitter, am Goldgelocke des Jünglings,
Und an der Kornblum' und den Spitzen der Aehren
Um der betenden Mädchen geflochtenes Haupthaar,
Gab dem Gnadenbild solche Beleuchtung, daß es
Schien zu leben. Den Segen, glaubt' ich ertheile

Mit dem Händchen das Kind. Madonna strahlte
Ganz in himmlischer Anmuth. Einen Greisen bemerkt' ich,
Welchem die Thräne funkelnd fiel von der Wange,
Als er, sanft sich verneigend, aufstand. Entgegen
Ihm ging ich zu erfragen den Grund seiner Rührung.
„Nimmer bleibt Ihr verwundert", sprach nun der Alte,
„Wenn Ihr vernehmt die Geschichte des Bildes.
Wild und öd' umher war die Gegend. Mein Aelter-Vater
Machte sie urbar, und da fand er das Bildwerk
Unter Schutt, und erbaut ihm diese Capelle.
Lange schalt ihn verdrießlich der Pfarrer, schmollend
Über des Götzendiensts Gräuel. Doch der Finder
Ruhete nimmer, bis mit Festgepränge das Bildnis
Ward vom Pfarrer geweiht vor der ganzen Gemeinde.
Viele Sommer verflossen seither. Die Ernten
Waren alle gesegnet. Wie wär' ich heute
Ohne Rührung geschieden von der guten Madonna?"
Näher jetzt tretend dem Gnadenbild, erkannt' ich
Einer Ceres Gestalt von griechischem Meißel,
Links den Aehrenkranz in der Hand, auf den rechten
Arm hingelegt war ihr ein lieblicher Amor
Von dem Finder, welcher, der Götterlehre nicht kundig,
Ceres und Amor fromm zusammengefüget
In die Gruppe der Mutter mit dem göttlichen Knaben.

Dieses Gedicht läuft auf eine witzige Pointe hinaus. Die Bauern haben im Schutt antike Götterstatuen gefunden, eine Göttin der Fruchtbarkeit und einen kleinen Liebesgott und haben sie zum Entsetzen des Pfarrers in aller Unschuld christlich umfunktioniert, indem sie der Ceres kurzerhand den Amor auf den Arm legten und sie als Madonna mit dem Jesuskind verehrten. Der Erfolg hat ihnen recht gegeben: „Die Ernten waren alle gesegnet." Ceres und Maria sind eins – für das simpel fromme Gemüt wie für den religionsanthropologisch gebildeten und deshalb toleranten Aufklärer, eine Blasphemie nur für den eifernden und insofern unaufgeklärten Theologen: „Lange schalt verdrießlich der Pfarrer, schmollend über des Götzendiensts Gräuel." Wir begegnen hier einem dominanten

Motiv in Wessenbergs Italienzyklus: der schönen Naivität des historisch unbelasteten Bewusstseins.

Epik

Weniger umfangreich ist das epische Œuvre Wessenbergs, wobei zunächst eine gattungsspezifische Einseitigkeit auffällt. Er hat nur Versepen geschrieben, keine fiktionale Prosa. Man wird diesen Befund nicht nur mit der bis zur Wende vom 18. zum 19. Jahrhundert geltenden Gattungshierarchie erklären können, in der Roman und Novelle gegenüber dem altehrwürdigen Epos als nicht ganz ebenbürtige Genres anerkannt waren, sondern es gibt auch eine spezielle Aversion Wessenbergs gegen den Roman, den er in seiner schon erwähnten kritischen Schrift „Über den sittlichen Einfluß der Romane" poetologisch zu begründen versucht hat.

Wessenberg verkennt nicht die Chancen der Gattung im Hinblick auf die Darstellung der totalen Wirklichkeit: „Der Roman hat seine eigentliche Welt im innern Menschen. Sein Gebiet ist daher unermesslich. Kein Abgrund ist ihm unzugänglich, kein Mißklang zu stark, kein Schicksalsknoten zu abenteuerlich, den er nicht zu lösen vermöchte ... Er enthüllt die Geheimnisse der großen Wechselwirkung zwischen der äußern Natur und dem innern Menschen, zwischen den beiden Gebieten festgeordneter und freithätiger physischer und sittlicher Kräfte ..." Wessenberg hat hier offenbar den modernen Roman im Blick, der im Laufe des 18. Jahrhunderts zuerst in England und Frankreich entstanden ist und schließlich – seit Wieland – sich auch in Deutschland durchgesetzt hat. Gegenüber dem älteren Roman zeichnet sich der moderne Roman durch die Dominanz der Beschreibung psychischer Vorgänge aus. Die Darstellung des inneren Menschen, der nach außen verborgenen Motive seines Handelns, zeigt erst den wahren Menschen, – eine Einsicht, die Wessenberg in einem eindrucksvollen Vergleich formuliert: „In manchen Ländern gleicht das öffentliche Leben noch immer den Leichenbegängnissen der südlichen Völker. Nur die Todten ... haben das Gesicht aufgedeckt, alle Mitgehende sind auf alle mögliche Art verlarvt. Der Roman trete nun hier scheulos unter

die Leute, nehme ihnen sanft die Maske vom Gesicht und zeige die
Welt und ihr Treiben in wahrer Gestalt! Wird dann das Bild nicht
für Jedermann, weß Landes er sei, unterrichtend sein?" Solcherma-
ßen der wahren Wirklichkeit verpflichtet, könnte der Roman also
prinzipiell eine erhebliche Erziehungsleistung erbringen, zumal
mit dem Darstellungsverfahren des Romans Möglichkeiten einer
identifikatorischen Lektüre geboten werden wie in keiner anderen
literarischen Gattung: „Obgleich der Roman die Illusion und den
Zauber der Dichtung über das Bild des Lebens verbreitet, so ist's
doch dem Leser, wenn das Bild gut entworfen ist, als ob ihm alles
Dargestellte selbst widerführe." In eben dieser identifikatorischen
Lektüre liegt für Wessenberg aber eine erhebliche Gefahr, nicht nur
deshalb, weil durch schlechte Romane unvermerkt sittenverderben-
de Einflüsse freigesetzt werden, sondern weil auch durch moralisch
einwandfreie Romane ein Leben in einer Scheinwelt offeriert und
somit ein tätiges Wirken in unserer realen Welt durch ein Handeln
in der Phantasie ersetzt wird. Kinder, Dienstboten, Gewerbetrei-
bende sollten tunlichst keine Romane – aus gleichem Grunde übrigens auch keine Märchen – lesen. Die Romanlektüre ist allenfalls
den Gebildeten vorzubehalten – und auch nur dann, wenn eine hinreichende Immunität, ein Vermögen zur kritisch reflektierenden
Distanz, garantiert ist. Wessenberg steht mit dem Verdikt der Romanlektüre noch ganz im Horizont der ausgedehnten Lesesucht-
diskussion des 18. Jahrhunderts. Ob ihm bewusst war, dass er damit
historisch auf verlorenem Posten stand – um 1825 war der Roman in
Europa überall auf rapidem Siegeszug – sei dahingestellt. Immerhin
vermag die hier vertretene Position erklären, warum Wessenberg,
der – wie aus den Beständen seiner Bibliothek zu ersehen ist – viele
Romane gelesen zu haben scheint und – wie manche seiner Urteile bezeugen – durchaus auch mit Vergnügen, selbst keine fiktionale
Prosa produziert hat.

Zum Epos hat er sich nicht ausführlich geäußert, aber wir dürfen ihm die Überzeugung unterstellen, dass er diese literarische
Gattung für pädagogisch harmlos hielt, indem hier allein schon die
strenge Versform die Künstlichkeit der dargestellten Welt kenntlich
machte und eine rein konsumierende Lektüre mit ihren fatalen Folgen für den realen Lebensvollzug ausschloss. Aus unserer Sicht mag

das Epos schon zu Wessenbergs Zeiten als antiquiertes literarisches Phänomen erscheinen, auch wenn noch das ganze 19. Jahrhundert über Epen geschrieben worden sind, die beim Publikum eine z.t. enorme Resonanz gefunden haben. Scheffels „Trompeter von Säckingen", z.b., war eines der meistverkauften Produkte auf dem Büchermarkt der Zeit.

Wessenberg hat vier Epen geschrieben. Das erste behandelt einen Stoff aus der Lebensgeschichte des französischen Erzbischofs Fénelon in der Absicht, den moralischen Ruhm desselben herauszustellen. In zwei weiteren Epen werden sentimentale Liebesgeschichten vor dem Hintergrund der französischen Revolution und der Napoleonischen Kriege erzählt. Das vierte Epos „Irene. Die letzten Kämpfe des siegenden Christentums" greift einen antiken Stoff auf, in dem wiederum eine Liebesgeschichte in die Zeit des römischen Kaisers Julian Apostata verlegt wird. Es sind dies allesamt Texte, die uns heute kaum noch zu berühren vermögen.

Wie sehr Wessenberg zumindest in seinen jungen Jahren, also noch um 1800, dem literarischen Geschmackshorizont der vorromantischen Epoche verhaftet war, lässt sich daran erkennen, dass er das „komische Versepos" schätzte, eine in der Rokokozeit besonders intensiv gepflegte Literaturgattung, in der Lehrhaftes auf witzige Weise präsentiert wird. Wessenberg erzählt auf rund vierzig Verszeilen die Geschichte einer alternden Dame, die mit ihrem Spiegel nicht mehr einverstanden ist, weil er zeigt, wie sie ist, und ihn deshalb zerschlägt, um sich jedoch unverzüglich ein willfährigeres Ersatzstück zu verschaffen. Die im Schlussquartett formulierte Pointe lenkt einen kritischen Blick auf die korrupten Usancen der absolutistischen Herrschaft:

Die Dirne und der Spiegel
An den Erbprinzen Friedrich von Hohenzollern-Hechingen

Eudoxia, die fünfzigjährige Koquette,
Die weyland Ebenbild der Schönheit war,
Jetzt aber – kaum mehr ihre Silhouette,
Saß jüngst am öden Putzaltar
Und flehte brünstig von dem Spiegel,

Vor dem sie auf dem Rosenhügel
Der Jugend einst so manches Stundenpaar
In süßer Eitelkeit vergafft:
In den Anbetherlosen Tagen
Ihr die verwelkte Zauberkraft
Der Anmuth und der Lieblichkeit nicht zu versagen.
Allein umsonst! Denn, wie bekannt,
Der Spiegel ist ein Erzpedant,
Der steif noch, wie die alte Welt,
Auf den unaufgeklärten Grundsatz hält:
Dem Anstand selbst zu lieb, in keinem Fall zu lügen.
Er wies daher – das war auf Ehre nicht galant! –
Der Eiteln in den abgehärmten Zügen
Der Todtenfarb und Eingefallenheit
Der Wangen, in der Mattigkeit
Des Blicks und in den Runzeln ihrer Stirne
So viele Zeugen der Vergänglichkeit.
Jetzt kocht die Galle der beschämten Dirne.
Sie knirscht und schäumt wie ein erboßter Pavian,
und wirft mit solchem Ungestüm den Grobian
Auf das Parquet, daß er in tausend Trümmer fährt.
Das nasenweise Kammermädchen hört
Den Schlag und schleicht herbei: „Was gibt's Madame?“-
„Ist's wahr, was, zu gerechtem Grame,
Der Spiegel mir so dreist in's Angesicht
Gesagt: ich sei zu alt, um ferner zu gefallen?“ –
„O trau'n Ihr Gnaden nur dem Spiegel nicht!
Sie sind die blühendste noch immer unter aller
Schönheiten in dem glänzenden Berlin.“ –
„Vortrefflich! Mamsell Pimpernelle,“
Versetzet die Gebietherin,
„Ihr offener gerader Sinn
Vertritt in Zukunft mir des Spiegels Stelle!“
So, Friedrich! Machen's unsre großen Herr'n!
Dem Wahrheitsprediger entzieh'n sie ihre Gnade,
Und jeden Mischer süßer Opiade
Erheben sie zum trauten Ordensstern.

Diese kleine Erzählung ist nach dem in der Literaturgeschichte der Aufklärung auf Schritt und Tritt begegnenden Prinzip witziger Rede organisiert. Witz gilt hier im Sinne des überraschenden Aufweises einer Ähnlichkeit von scheinbar weit auseinanderliegenden Bereichen. So wie die Dirne den Spiegel, der ihr zeigt, wie sie ist, ignoriert und sich stattdessen von der schmeichelnden Zofe sagen lässt, was sie gerne hört, treiben es die Fürsten: Sie verweigern sich denen, welche mutig die Wahrheit zu sagen wagen, und leihen ihr Ohr den Hofschranzen und Speichelleckern. – Derlei Hofkritik war in der Zeit üblich und auch ungefährlich, weil sich alle Fürsten grundsätzlich für aufgeklärt und also für nicht betroffen hielten. (Übrigens war Wessenberg dem namentlich genannten Adressaten des Textes, dem Erbprinzen Friedrich von Hohenzollern-Hechingen, freundschaftlich verbunden.)

Dramatik

Die Bretter, welche die Welt bedeuten, hat Wessenberg zwar nicht erobert, aber er hat Stücke geschrieben, die im Kontext der zeitgenössischen Dramenproduktion Achtung verdienen. Diese dramatischen Texte sind – wie damals häufig – von vornherein nicht für eine Aufführung im Theater verfasst, sondern als „Lesedramen" konzipiert worden und setzen im Grunde eine soziale Situation voraus, die sich am ehesten vielleicht auf die Formel „Salongeselligkeit" bringen lässt: Man liest vor, man unterbricht, man wiederholt, man wendet ein, man erläutert und setzt endlich die Rezitation fort. Wessenberg hat insgesamt vier Dramen geschrieben: „Die Spielbank", ein zeitkritisches Stück, ferner drei Stücke mit historischen Stoffen: die Tragödie des Columbus, die Tragödie des Padilla, eines spanischen Freiheitskämpfers zur Zeit Karls V., und die Tragödie des Stauferkaisers Friedrich II. – Geschichten vom Scheitern großer Männer. Der Verdacht ist nicht von der Hand zu weisen, dass Wessenberg in diesen dramatischen Geschichten Spiegelbilder seiner selbst entworfen hat.

Das in seiner zeitgeschichtlichen Bezüglichkeit brisanteste Drama ist zweifellos das Stauferstück. Erwartungsgemäß wird da der

Konflikt zwischen Kaiser Friedrich II. und Papst Innozenz IV. thematisiert und erwartungsgemäß gelten die Sympathien dem Kaiser,
die Antipathien dem Papst. Die dramatische Vergegenwärtigung
der mittelalterlichen Historie dient freilich nicht primär der Befriedigung eines antiquarischen Interesses, sondern fungiert als Medium der Einsicht in einen aktuellen Sachverhalt: Der Blick wird
auf die römische Kurie der Gegenwart gelenkt. Eine exemplarische
Szene aus dem I. Akt möge dieses Angebot einer doppelten Lesart
belegen:

Fünfter Auftritt

Der Kaiser: Ihr sehet, Freunde! Grad und offen ist
                     die Bahn, die ich mir vorgezeichnet.
                     Sie allein ziemt Rothbarts Enkel.

Der Kanzler: Herrlich wohl ist diese Bahn;
                     doch von Gefahr umgarnt,
                     läuft über unterird'sche Gluten sie dahin,
                     da man mit Römerlist bestehen muß den Kampf.

Der Kaiser: Nicht so verborgen mehr wie einst
                     schleicht diese Schlang im Finstern.
                     Immer mehr an's Licht gezogen wird ihr Trug,
                     und ist die Welt zu ew'ger Blindheit nicht
                                                      verdammt,
                     sie wird, sie muß erröthen, länger noch
                     am Gängelband der Römerlist zu geh'n.

Der Hochmeister: Wer redlich denkt in Deutschland,
                     schämt sich deß und sieht mit Unmuth,
                     daß im Angesicht der Heidenvölker man
                     am ersten Sitz der Christenheit
                     mit frommen Eifers Schein
                     verruchte Pläne stolzer Herrschsucht deckt.

Der Kanzler: Was hilft's, so lang das grundverderbte Rom,
                  durch gleißend Wort Unrecht in Recht
                                           umwandelnd
                  hinweg sich setzet über alle Scham?
                  O hätte der doch nie das Licht geseh'n,
                  der den Gesalbten des Altars zuerst
                  die Thronbestürmung machte zum Beruf!

Der Kaiser: Noch dämmert's kaum im Geisterreich.
                  Doch so kann's bleiben nicht.
                  Laßt fördern uns das Licht,
                  so viel uns thunlich ist!
                  Wenn besserm Sinn Rom ungelehrig sich versagt,
                  wenn es auf krummem Schleichweg nach der
                                           Herrschaft Ziel
                  zu streben bleibt erpicht, dann wollen wir
                  vor aller Christen Augen jeden Zug
                  von Täuscherei, Verrath und Hinterlist,
                  womit die Heuchler schänden Petri Stuhl,
                  aufdecken ohne Schonung, daß ihr Bild
                  herniederrufe Gottes Strafgericht.

„Schlange im Finstern", „Trug", „Gängelband der Römerlist", „frommen Eifers Schein", „verruchte Pläne stolzer Herrschsucht", „das
grundverderbte Rom", „Unrecht in Recht umwandelnd", „krummer
Schleichweg", „Täuscherei, Verrath und Hinterlist" – die Kaskade
lästernder Reden ließe sich nach Belieben fortsetzen. Da diese Läs-
tereien generalisierend formuliert sind, bleiben sie nicht an ihren
historischen Ort gebunden, sondern gelten auch noch für das Hier
und Jetzt. Der Angriff gilt dem römischen Papsttum überhaupt.
Liest man solche Passagen im Blickwinkel der autobiographischen
Aufzeichnungen Wessenbergs, insbesondere seines Rombesuchs
im Jahre 1817, so wird evident, wie sehr er in diesem Drama seinen
eigenen Fall mitverhandelt hat. Er schuf sich mit diesem geschichtlichen Sinnbild der Staufertragödie ein eigenes Denkmal. – Die
Ehre einer Indizierung ist ihm nicht widerfahren. Möglicherweise
blieb er nur deshalb ungestraft, weil er sich als Autor verbarg: Wes-

senberg publizierte das Drama 1844 unter dem Pseudonym „Heinrich von Ampringen".

*

Eine Rehabilitation des Kirchenmannes Ignaz Heinrich von Wessenberg wird seit rund einem halben Jahrhundert, seit dem II. Vatikanum also, betrieben. Diesem Trend habe ich mich im Hinblick auf sein literarisches Werk nicht entziehen mögen. Der Versuch einer Rehabilitation des Autors Wessenberg kann indessen nicht bedeuten, ihn fortan in den Kanon deutscher Klassiker einzureihen, wohl aber, dass er in der Literaturgeschichte erinnert zu werden verdient als einer unter nicht allzu zahlreichen Zeitgenossen, die sich auf das Handwerk des Dichtens verstanden. Dieses Handwerk setzt viel voraus: Charakter und Intelligenz, Fleiß und Geschmack, Lust am sprachlichen Bilden und Kunstfertigkeit. In diesem Sinne war Wessenberg ein Dichter – und unter allen Generalvikaren dieser Welt wohl der einzige.

Anmerkungen

1 Vortrag in der Katholischen Akademie Freiburg, 1988. Publiziert in dem Sammelband „Kirche und Aufklärung – Ignaz Heinrich von Wessenberg (1774 – 1869). Hg. v. Karl-Heinz BRAUN. 1989.

Die Hymnen und geistlichen Lieder
Bemerkungen zur literarischen Gattung und zur religiösen Essenz

„Du bist, o Unerforschlicher, weil Du bist!
Nur weil Du bist, sind wir, und ist alle Welt."[1]

Wessenberg hat ein umfangreiches Œuvre geistlicher Dichtung hinterlassen. Kaum eines seiner zahlreichen frommen Gedichte hat jedoch einen Platz im kanonischen Bestand der deutschen Gesangbuchlyrik gefunden. Anders als so viele Kirchenlieder der Reformations- oder der Barockzeit, deren religiöse Innigkeit die gläubigen Gemüter bis zum heutigen Tag zu bewegen vermag und die deshalb in einer immer noch beträchtlichen Häufigkeit in den Gottesdiensten beider Konfessionen gesungen werden, anders als diese im Gedächtnis zumindest einer noch kirchlich sozialisierten Gesellschaft haftenden Liedtexte verwehrt die spröde Frömmigkeit der geistlichen Dichtung Wessenbergs jeden spontanen Zugang.

Ein erheblicher Teil der geistlichen Gedichte Wessenbergs lässt sich in das Schubfach liturgischer Gebrauchstexte einsortieren. Wessenberg war darauf bedacht, die überkommene Praxis der Messfeier zu reformieren. Es war üblich gewesen, dass das priesterliche Handeln am Altar vom religiösen Verhalten der Gläubigen im Kirchenraum vollständig abgekoppelt war. Während der zelebrierende Priester die lateinischen Texte des Missale Romanum leise oder halblaut murmelnd las, pflegte die Gemeinde in einem überbietenden Lautpegel den Rosenkranz zu beten – ohne Rücksicht darauf, was am Altar geschah. Diese Praxis wechselseitiger Ignoranz zwischen Priester und Volk im Messgottesdienst sollte nach dem Willen Wessenbergs aufgehoben und stattdessen eine gemeinsame Feier aller in der Messe Versammelten eingeführt werden. Unerlässlich erschien ihm dafür nicht nur, dass Epistel und Evangelium vom Priester in deutscher Sprache vorzutragen waren, sondern auch für die übrigen Teile des Ordo Missae eine wenigstens partielle Übertragung zur Verfügung gestellt werden sollte, also für Introitus, Gloria, Credo, für die wesentlichen Gebetselemente zur Opferung und zur Kommunion. Dabei dürfte ihn das Bedenken, dass eine allzu wortgetreue Prosaübersetzung die Gläubigen nicht erreichen werde, veranlasst haben, diese Gebete in eine poetische, das heißt durch Rhythmus und Reim strukturierte Fassung zu kleiden. Das erleichterte zweifellos die Aneignung dieser Texte mit dem Ziel des auswendigen Rezitierens während der Messfeier. Bei diesem großzügigen Übertragungsverfahren hat sich Wessenberg nicht gescheut, den lateinischen Grundtext bemerkenswert zu variieren, so dass mitunter der kanonische Text hinter einem erbaulichen Ersatztext entsprechender Thematik nahezu verschwindet. Exemplarisch zitiert sei der Gebetsteil zur Opferung bis zum Paternoster, in dem Chor und Volk dialogisch organisiert den Priestertext begleiten:

Chor.	O Gott! Welch Opfer kann Dir noch gefallen,
	Nachdem Dein Sohn sich selbst geopfert hat?
	Nimm unser Herz mit seinen Mängeln allen!
	Mit Jesu mach es Eins in Sinn und Tat!
Volk.	Mach uns mit Jesu Eins in Sinn und Tat!
Chor.	Was haben wir, das wir nicht Dir verdanken?
	Doch Du begehrst nur ein geläutert Herz.
	O Vater! Gib, daß wir stets ohne Wanken
	Vom Staub den Blick erheben himmelwärts!
Volk.	Stets hebe unser Blick sich himmelwärts.

Die Präfation wird vom Vorbeter laut vorgebetet, dann folgt:

Chor.	Heilig, heilig, heilig
	Bist Du, unser Herr und Gott!
	Erd und Himmel füllt Dein Ruhm,
	Und es tönt im Heiligthum:
	Hochgesegnet sey der Sohn,
	Der da kommt von Deinem Thron.
Volk.	Heilig, heilig, heilig,
	Unaussprechlich heilig!
Chor.	Noch beim Schluß des Ostermahles
	Vor dem Hingang in den Opfertod

> Glich dem Glanz des Abendstrahles
> Deine Liebe, Herr! Von Haß bedroht.
> Im Gefühl des nahen Scheidens
> Gabst Du zum ewigen Verein
> Zum Gedächtnis Deines Leidens
> Deinen Leib, Dein Blut im Brod und Wein.
> Volk.   Dein Leib und Blut, o Herr! Im Brod und Wein
> Dien' uns mit Dir zu ewigem Verein!

Der Vorbeter spricht laut: „Du selbst, o göttlicher Erlöser! Hast uns angewiesen zu beten: Vater unser etc."[2]

Während der Priester also traditionsgemäß am Altar leise den Canon in lateinischer Sprache liest, begleitet ihn das Volk mit einer dem Priestergebet inhaltlich ungefähr korrespondierenden Textsequenz in deutscher Sprache.

Diese Gebetstexte zum Ordo ergänzte Wessenberg mit Bezugstexten zum jeweiligen Tag. Er dichtete liturgische Texte zu nahezu sämtlichen Festen des Kirchenjahrs, also nicht nur zu Weihnachten, Ostern und Pfingsten, sondern auch zu zahlreichen anderen Sonn- und Feiertagen: Advent, Kartage, Fronleichnam, Himmelfahrt, Erntedank und Kirchweihe, Allerheiligen und Allerseelen, für die diversen Apostel- und Märtyrermessen, vor allem für die Marienfeiertage: „Empfängnis", „Geburt", „Verkündigung", „Lichtmeß", „Aufnahme in den Himmel". In all diesen Texten wird die Botschaft des jeweiligen Festtags formuliert, wird dessen Ort in der heilsgeschichtlichen Topographie markiert und in der Regel dazu aufgerufen, sich reinen Herzens dem allwaltenden Gott zu öffnen. – Ähnliche Texte hat Wessenberg für allerlei Kasualien und andere außerordentliche liturgische Funktionen gedichtet: zur Beichte und Krankensalbung, zur Beerdigung und zum Requiem, zur Trauung und zur Priesterweihe, zum Bittgang durch die Fluren etc.

Alle diese poetisch-liturgischen Bemühungen Wessenbergs richten sich auf das Ziel einer Dienstleistung für das Volk im Sinne seines generellen seelsorgerlichen Aufklärungsprogramms. Religion sollte aus dem Bannkreis des undurchschaubar Magischen befreit und ins Licht der Vernunft gestellt werden. Das Volk sollte begreifen können, was im sakralen Akt wirklich geschieht. Die scheinbar geheimnisvollen, weil in der fremden lateinischen Sprache artikulierten Handlungen des Priesters am Altar sollten von Deutungstexten begleitet werden, welche jene Handlungen allgemein verstehbar machten und eine Teilhabe an der Liturgie allererst ermöglichten. Dieses anspruchsvolle Aufklärungsvorhaben, welches darauf hinauslief, den mentalen Horizont der einfachen und in religiöser Hinsicht noch vielfach archaisch orientierten Bevölkerung zu durchbrechen, setzte voraus, dass eine gemeinsame Sprache zwischen Aufklärer und Aufzuklärenden gefunden wurde. Das musste keine Alltagssprache sein, wohl aber eine Sprache, welche den Seelenhaushalt auch der ungebildeten Bevölkerung zu erreichen vermochte.

Wessenberg stellte die Bedeutung dieser Aufgabe nachdrücklich fest: „Der Volksgesang", schreibt er, gehöre zu den „besonders wirksamen Förderungsmitteln der geistigen und gemütlichen Veredlung eines Volkes ... Wie ungemein müßte dadurch die Feierlichkeit und der Eindruck kirchlicher Handlungen gewinnen! Wie sehr müßte der fromme Sinn belebt, wie sehr die Andacht gehoben und unterhalten werden." Allerdings sehe sich der Dichter beim Kirchenlied mit der Schwierigkeit konfrontiert, seine „individuellen Zustände", seine persönliche religiöse Verfassung also, dergestalt zum Ausdruck zu bringen, dass „religiöse Anklänge" „in der Brust der ganzen Gemeinde" geweckt werden. „Jeder Ausdruck, jedes Bild, Alles im Kirchenlied muß dem gemeinsten Verstand faßlich und jedes Herz ansprechend sein. Das Kirchenlied ist die höhere Gattung des Volksliedes."[3]
    Gedichte machen zu können wie ehedem die Volkslieddichter, die mit ihren naiven Versen jedermanns Gemüt jenseits aller Bildungsunterschiede zu ergreifen vermögen, dies war der Traum so vieler literarisch bemühter Zeitgenossen Wessenbergs, der Romantiker zumal im weitesten Sinne. Die Spannweite der Volkstonstimmen war breit und reichte von Herder bis Heine, von Goethe bis Mörike, von Tieck bis Eichendorff, den „Wandsbecker Boten" des Matthias Claudius wird man ebenso dazu zählen dürfen wie Johann Peter Hebels Mundartgedichte in alemannischem Dialekt. Diese epochenspezifische, im Schiller'schen Sinne „sentimenta-

lische" Sehnsucht der Moderne nach dem Naiven motivierte das Heidelberger Poeten-Duo Achim von Arnim und Clemens Brentano zu ganz besonderem Aufwand: Sie sammelten „alte deutsche Lieder" und publizierten dieselben unter dem berühmt gewordenen Titel „Des Knaben Wunderhorn" (1808). Zu dieser Sammlung, an der sich die literarisch Gebildeten der ganzen Nation weitgreifend beteiligten, steuerte übrigens auch Wessenberg etwas bei: drei alte Balladen im alemannischen Dialekt, die ihm sein Freund Fidelis Jäck, Pfarrer in Gütenbach, überliefert hatte.[4]

In diesem romantischen Bezugsrahmen wird man auch Wessenbergs hohe Wertschätzung des Barockdichters Friedrich von Spee sehen dürfen, aus dessen lyrischem Œuvre „Trutznachtigall" (1649) er 1802 eine Reihe von geistlichen Liedern ediert hat. In der Vorrede zu dieser Ausgabe rühmt Wessenberg ausdrücklich „die genialische Schönheit, Herzlichkeit und Naivetät" der geistlichen Verse dieses zu Wessenbergs Zeit weithin vergessenen Poeten.[5]

Mit der Betonung der „Naivetät" als dominantes Qualitätsmerkmal der Volkslieder wie der alten Kirchenlieder gibt Wessenberg wenigstens ahnungsweise ein Dilemma der Moderne zu erkennen: Wie kann sich ein aufgeklärt rationales Bewusstsein in einfältig volkstümlicher Natürlichkeit artikulieren? Wie lässt sich zumal religiöse Erfahrung in Worte fassen, so dass diese von Gebildeten und Ungebildeten der christlichen Gemeinde gleichermaßen verstanden, wertgeschätzt und dann auch angeeignet werden wollen?

Dieses Dilemma bewegte Wessenberg keineswegs allein, es ist vielmehr generell signifikant für eine poetologische Verlegenheit in Deutschland um 1800. Klopstock, unbestrittene Autorität seiner Zeit als religiöser Lyriker, hat der Edition seiner „geistlichen Lieder" eine theoretische Einleitung vorausgeschickt, in der er die spezifische Schwierigkeit einer Vereinbarung von „Religion und Geschmack" reflektiert. Für alle Zeiten unüberbietbares Muster religiöser Lyrik, sagt Klopstock, sind die Psalmen des Alten Testaments. Dieselben nachzuahmen, wäre „das höchste", was ein Dichter zu leisten vermöchte. Aber, so fügt er hinzu, die Psalmen seien in einem anderen, einem vorchristlichen Geiste geschaffen worden, so dass ihre Nachahmbarkeit in dem grundlegend differierenden Zeitalter des Christentums zu bezweifeln sei: „Würde

David, wenn er ein Christ des Neuen Testaments gewesen wäre, so geschrieben haben?" In Berücksichtigung des Umstands, dass ein Gottesdienst keine „Versammlung bloßer Philosophen", sondern eine „Versammlung bloßer Christen" sei, empfiehlt Klopstock einen Kompromiss (einen faulen Kompromiss): Geistliche Niveauabstriche (leider Gottes!), ohne jedoch „der Religion ...zu schaden". Auch wenn es für den Dichter unvermeidlich sei, „sich zu den Meisten ... herunterzulassen" (d.h. zum einfachen Volk), so seien Plattitüden dennoch zu vermeiden. Denn „die Meisten", das Volk also, seien mit einem hinreichend „guten Verstand" und einem hinreichend „natürlichen Gefühl" ausgestattet, um zu verspüren, „was wahr, gut und rührend ist" und verweigerten sich dem „Gemeinen, Platten oder lächerlich Künstlichen". Kurzum, Klopstock fordert eine geistliche Lyrik der Authentizität, eine Lyrik des frommen Herzens, die nicht primär „tiefsinniges Nachdenken", sondern heilige „Empfindungen" wecken soll. Denn „die wahre Anbetung ist mehr Herz als Betrachtung", also mehr Gefühl als Intellekt.[6]

Es ist mit Sicherheit anzunehmen, dass Wessenberg mit dem Œuvre Klopstocks vertraut war. Klopstocks große Werkausgabe von 1804 gehört zum Bestand der Wessenberg'schen Bibliothek, Wessenberg hat die Klopstock'sche Unterscheidung von „Liedern" und „Gesängen" (von Wessenberg „Hymnen" genannt) übernommen und es finden sich bei Wessenberg Gedichte, die eine gewisse Verwandtschaft mit Klopstocks lyrischer Redeweise erkennen lassen. Gemeinsam ist beiden auch mehr oder minder die Ahnung, dass das Kirchenlied als Ausdruck kollektiver Frömmigkeit der ganzen Gemeinde in eine literarhistorisch fundamentale Krise geraten war, was sie beide jedoch nicht gehindert hat, dennoch zahlreiche Liedtexte zu verfassen. Sie hatten das gleiche Motiv: Beide hofften, ein zeitgerechtes Gesangbuch zustande zu bringen.

Beide Autoren sind – wenn auch auf unterschiedlichem Niveau – gescheitert. Die pastorale Aufgabe, der sie sich stellten, war offenbar mit den literarisch geltenden Normen des Zeitgeistes nicht mehr zu bewältigen. Die am Ende des 18. Jahrhunderts zur Dominanz gelangte poetische Redeweise, von den Literarhistorikern in der Regel unter dem Begriff „Erlebnislyrik" subsumiert, war auf die Vermittlung einer momentanen Stimmung ausgerichtet, die den sensiblen Leser, je nachdem er dafür disponiert ist, hic et nunc zu ergreifen oder zu erschüttern vermag. Die Kommunikation zwischen dem einsamen Dichter und dem einsamen Leser verläuft über eine Korrespondenz der individuellen „Herzen": Lyrik ist Medium eines intimen Austauschs.

Das klassische Kirchenlied hingegen hat es auf eine emotionale Gleichschaltung der zur Feier des Gottesdienstes Zusammengekommenen abgesehen, auf eine kollektive Erfahrung also, und ist daher primär rhetorisch organisiert. Rhetorische Rede ist grundsätzlich öffentliche Rede. Als solche verhandelt sie intersubjektiv vertraute Bewusstseinsinhalte und artikuliert dieselben repräsentativ. Das gilt nicht nur, aber in besonderer Weise für den sprachlichen Ausdruck religiöser Gefühle. Solange Frömmigkeit zumal im liturgischen Verbund der Gemeinde geübt und erlebt worden ist, konnte sie auch in einer allgemein geltenden Sprache zum Ausdruck gebracht werden. Bis ins 18. Jahrhundert hinein formuliert das Kirchenlied vornehmlich eine fromme Gruppenerfahrung. Im Zuge der Aufklärung ist die Frömmigkeit als religiöses Gefühl in die Tiefen der individuellen Innerlichkeit abgetaucht, für deren Ausdruck jedoch aus welchen Gründen auch immer keine authentische Sprache hat entwickelt werden können.

Im Rahmen der literarhistorischen Überlegungen, die hier nur in dürftigen Umrissen den normativen Wandel lyrischer Rede im 18. und 19. Jahrhundert zu skizzieren versuchten, lässt sich erklären, warum uns Wessenbergs geistliche Lieder nicht mehr zu erreichen vermögen und – wie es scheint – auch schon bei seinen Zeitgenossen keine nennenswerte Resonanz mehr gefunden haben. Die Äußerung von Innerlichkeit in rhetorischem Gewand – das sei noch einmal wiederholt – erzeugt den Eindruck eines Widerspruchs, der die Glaubwürdigkeit der Rede unterminiert. Die Reibung zwischen seelsorgerlicher Intention und poetischem Sprachverfahren sei in aller Kürze an einem Lied demonstriert, für das in der Osterliturgie ein funktionaler Platz vorgesehen sein sollte:

Osterlied

Die Nacht ist verschwunden, es taget die Welt!
Den Fürsten des Lichtes begrüßet mit Liedern!
Der Jubel des Bruders verkünd'es den Brüdern:
Chor.
Vom Grab ist erstanden der göttliche Held.

Wie strahlt seine Wange von himmlischem Roth!
Wie blickt er auf uns mit unendlicher Liebe!
Wen können noch fesseln die irdischen Triebe?
Chor.
Besiegt ist die Sünde, bezwungen der Tod.

Nur ewigen Tod gibt die Sünde zum Sold,
Stürzt lächelnd hinein ihre rüstigsten Krieger.
O laßt uns erstehn mit dem göttlichen Sieger!
Chor.
Dann strahlt uns des Lebens frühröthliches Gold.

Nun darf sich des Lebens erfreuen die Brust!
Die Erd ist verjünget, nichts Gutes vergehet.
Dort erntet die Tugend, was hier sie gesäet.
Chor.
Die Aussaat des Frommen bringt himmlische Lust.

O der Du gebrochen die Bande der Gruft,
Gib Kraft uns zum Kampfe mit irdischem Triebe,
Daß unser Gemüt nur das Göttliche liebe,
Daß hier schon uns wehe des Himmelreichs Duft!
Chor.
Daß hier schon uns wehe des Himmelreichs Duft.[7]

Hier wird in einem an die Barockrhetorik erinnernden Pathos die
heilsgeschichtliche Bedeutung von Ostern beschworen. Mit der
Auferstehung des „göttlichen Helden" sind Sünde und Tod endgültig erledigt, über ein ewiges Leben in einer erneuerten Welt dürfen

wir uns freuen, freilich nur dann, wenn wir uns aller fesselnden Versuchungen der „irdischen Triebe" entwunden haben. Als Prämie einer tugendhaften Lebensführung werden wir schon hienieden olfaktorisch belohnt – mit „des Himmelreichs Duft". So schlicht auch der im Gedicht entfaltete Gedankengang erscheinen mag, so bombastisch wird er in Szene gesetzt; Die „Sünde" ist auf dem Kampfplatz des Daseins die gefährlichste Agentin, indem sie arglistig „ihre rüstigsten Krieger" – also die Oberstrolche! – „lächelnd" – in den „ewigen Tod" stürzt. Unsere Genugtuung über die Auferstehung des göttlichen Siegers – eine wahrhaft befremdliche Denomination Jesu Christi! – spiegelt sich im offensichtlich gesund geschminkten Teint des Auferstandenen: „Wie strahlt seine Wange im himmlischen Roth!" Wenn wir schließlich selbst mit dem „göttlichen Sieger" auferstehen, „strahlt uns des Lebens frühröthliches Gold!" – so also schaut's im himmlischen Paradies aus. Man spürt die Absicht und ist verstimmt! Denn sehr volksnah ist das bemüht prunkvolle Gepräge solcher Verse wohl kaum. Wessenberg versucht da um jeden Preis, seiner Osterfreude, die von ihm persönlich tief empfunden sein mochte, öffentlich einen feierlichen Ausdruck zu verleihen, indem er sich einer forciert rhetorischen Künstlichkeit befleißigt. Vom Kitschverdacht sind solche Verse nicht freizusprechen.

Es soll nicht unterschlagen werden, dass sich unter Wessenbergs geistlichen Gedichten auch andere lyrische Redeweisen finden lassen, insbesondere Texte, die sich um eine stilistische Humilität bemühen:

Weihnachten

Geboren ist das Heil der Welt,
Des ew'gen Vaters ew'ger Sohn!
O Nacht, in der dies Licht erstund,
Du leuchtest heller als der Tag!

„Den Guten Gottes Friede" tönt
Vom Sterngewölb der Engel Lied.
Zum Neugebornen eile hin,
Wer Gott mit reinem Herzen sucht.

Erhabne Demuth zeigt sich hier!
Ihr seht im Stall ein armes Kind!
Der Glaub' erblickt in dir, o Kind!
Durch diese Hülle Gottes Sohn.

Auch schweigend aus der Krippe schon
Gibst kund du der erstaunten Welt:
„Nur die so werden wie ein Kind,
Gehen ein in meines Vaters Reich!"

O heil'ges Kind! Voll Lieb und Huld,
Füll' unser Herz mit deinem Geist!
Mach' unsern Wandel sanft und rein
Nach deiner Kindheit Ebenbild.[8]

Volksliedhaft ist die Strophenform – 4 Verszeilen –, volksliedhaft
ist der metrische Bau dieser Verszeilen – Auftakt, 4 Hebungen –,
volksliedhaft einfach ist das Vokabular und ist die simple Syntax,
so dass trotz des völligen Verzichts auf Reimkonstruktionen eine
Sangbarkeit dieses Liedgedichts immerhin erahnbar sein mag.

Gesprengt wird der Rahmen des Volkslieds durch den homile-
tischen Tiefsinn dieser Weihnachtsbotschaft: Indem uns Gott in
Gestalt eines Kindes erscheint, offenbart er sich uns in jener Exis-
tenzform, die exklusiv den Zugang zum Himmelreich eröffnet. Das
Lied erzielt seine Pointe in dem paradoxen Aufruf, unser „Herz"
möge sich erfüllen mit diesem göttlich-kindlichen „Geist". Das ist
ein nahezu wörtliches Zitat, das der Evangelist Matthäus Jesus in
einer Rede an seine Jünger in den Mund legt: „Wahrlich, ich sage
euch, wenn ihr nicht umkehrt und werdet wie die Kinder, so werdet ihr nicht in das Himmelreich eingehen."(Mt 18,3) Die aktuellen
Bibelkommentare[9] verstehen diese Stelle als Antwort Jesu auf die
Frage der Jünger nach der zu erwartenden Rangordnung im Himmelreich. Jesu Aufforderung, „wie die Kinder" zu werden, als Voraussetzung einer Anwartschaft auf einen Platz im Himmelreich sei
ein Appell zur sozialen Selbstreduktion auf das bescheidene Gel-
tungsniveau von Kindern in der Gesellschaft der damaligen Zeit.
Und diese Lesart wird auch durch den nachfolgenden Vers bestä-

tigt; „Wer sich also für gering hält, wie dieses Kind, der ist der Größte im Himmelreich." (Mt 18,4)

Auffällig ist, dass diese Matthäusstelle im Ensemble der geistlichen Gedichte und Lieder Wessenbergs teils als Zitat, teils in vari-
ablen Konnotationen mit fast penetranter Häufigkeit begegnet, so
dass sich die Frage nach der existentiellen Bedeutung dieser Stelle
für die Spiritualität Wessenbergs geradezu aufdrängt. Ob er allerdings diese Stelle als eine Botschaft primär im Sinne einer sozialen
Selbsterniedrigung verstanden hat, ist zu hinterfragen.

Aus der Fülle der Belegstellen seien im Folgenden die markantesten aufgeführt, zunächst einige Verse aus einem anderen Weih-
nachtsgedicht:

Einst am großen Weltgericht
Bebt vor diesem Kind der Sünder.
Die nicht werden wie die Kinder,
Sehn nicht Gottes Angesicht.[10]

Am Ende der Tage, mag das wohl heißen, wird ein Kind über uns zu
Gericht sitzen und sich nur dann mit uns familiarisieren, wenn wir
unsererseits seinesgleichen, nämlich Kinder, geworden sind, und
darum lautet der Wunsch:

Kindes-Einfalt weih' uns alle
Heut zu Jesu Brüdern ein![11]

Kinder unterscheiden sich von Nichtkindern, unterscheiden sich
von uns Erwachsenen, durch eine signifikante Eigenschaft: Sie sind
„einfältig". Aus dem Kontext ist zu erschließen, dass damit der Zustand der Unschuld gemeint ist. Nur dann also, wenn wir schuldfrei
befunden werden, haben wir eine Chance zum Eintritt ins Himmelreich, nur dann, wie es im Text heißt, „wenn wir reinen Herzens
sind." – „Einfalt" ist einerseits Resultat unserer Anstrengungen, der
„Sündenfalle" zu entgehen, andererseits ein Status, der uns zufällt
bzw. von Gott geschenkt wird. In einem Pfingstlied heißt es:

Den Kindern mach', o Geist, uns gleich.
Einfältig laß uns werden!
Den Kindern gibt das Himmelreich
Die Einfalt schon auf Erden.
Die du erleuchtest, suchen nicht,
Was Staub ist und vergehet.
Sie fühlen, wenn ihr Auge bricht,
Zum Ew'gen sich erhöhet.[12]

„Staub" ist in Wessenbergs religiösem Lexikon die Oppositions-
vokabel zu „Geist" und wird mit allem, was das Triebleben betrifft,
assoziiert. Von diesem „Staub" unberührt sind die Kinder – natürli-
cherweise bzw. so von Gott verschont. Uns hingegen, die wir keine
Kinder mehr sind, bleibt nur die Bitte an den Heiligen Geist, uns
wiederum Kinder werden zu lassen – ein logischer Widersinn!

Unschuld also ist der fundamentale semantische Aspekt des Kind-
bzw. Einfaltsbegriffs, erschöpft jedoch nicht völlig dessen Bedeu-
tungsbreite. Ein Gedicht über „Die acht Seligkeiten" beginnt mit
folgenden Versen:

Selig, die in Einfalt wandeln,
Gut mit stillem Sinne handeln,
Was sie wert sind, Gott verdanken,
Nie mit seiner Weisheit zanken,
Hier auf Erden Kindern gleich,
Ihrer ist das Himmelreich.[13]

Diese Verse reformulieren erläuternd und erweiternd die erste der
Seligsprechungen in der Bergpredigt, die da lautet: „Selig die Armen im Geiste, denn ihrer ist das Himmelreich."
  (Mt 5,3) Das ist, wie wiederum den Kommentaren zu entnehmen
ist, ein schwer zu begreifender Satz.[14] Wessenberg verzichtet wohl
zur Vermeidung von Fehlverständnissen auf eine wörtliche Übernahme dieser schwierigen Phrase in seinen Text und ersetzt diese
durch die Vokabel „Einfalt". „Einfältig", sagt Wessenberg in dieser
Strophe, sind Menschen, welche Gutes tun ohne Aufhebens, welche

ihr Selbstwertbewusstsein als Geschenk Gottes anerkennen und die alles, was ihnen widerfährt, ohne Groll als göttlichen Ratschluss akzeptieren. „Einfältig" sind also Menschen, die sich nicht von zweckrationalen Kalkulationen leiten lassen. – Es ist evident, dass für Wessenberg ein „Sein-wie-die-Kinder" eine mentale Verfassung meint, einen idealen Zustand der menschlichen Existenz, die noch keinen Sündenfall hinter sich hat, keinen Sündenfall der Skepsis, keinen Sündenfall der Selbstreflexion.

Mit dieser Promotion des Kindes zum Sinnbild des reinen und arglosen Lebens, des uneingeschränkt glücklichen Lebens schlechthin, schließt sich Wessenberg jenem epochenspezifischen Diskurs an, welche in der geistes- und mentalitätsgeschichtlichen Forschung unter dem Thema „Das romantische Kind"[15] verhandelt zu werden pflegt, dessen Vorgeschichte jedoch bis weit in die Aufklärungsepoche hineinreicht. In einer Rekonstruktion der Geschichte dieses Diskurses wären im Blick auf Wessenberg insbesondere die einschlägigen Gedanken des französischen Philosophen Fénelon in den Blick zu nehmen, den Wessenberg wie kaum einen anderen Denker geschätzt und verehrt hat.[16] Fénelon sei fasziniert gewesen durch „die Unmittelbarkeit und ungebrochene Spontaneität … der kindlichen Natur", die mit unfehlbarer Sicherheit stets das Richtige tue und insofern mit dem „Wirken der Gnade" zu vergleichen sei. „Zum Kind werden" – das sei Kernthema der geistlichen Lehre Fénelons gewesen, „Simplicité" – im Wessenberg'schen Lexikon „Einfalt" – und „Esprit d'enfance" – im Wessenberg'schen Lexikon „Kindersinn" – seien als die zentralen Begriffe der Fénelon'schen Theorie des Kindseins zu betrachten.[17]

Das Kind als Antizipation eines schon erlösten Daseins! – Ich bin geneigt anzunehmen, dass diese Denkfigur, die Wessenberg von Fénelon übernommen haben dürfte, ins Innerste seiner Frömmigkeit verweist. Diese Hypothese bedürfte freilich einer ausgreifenden Erläuterung der fundamentaltheologischen Elemente des Wessenberg'schen Glaubens. Wir müssen uns im gegebenen Rahmen mit einem Streifblick auf die Rede von „Gott" in Wessenbergs geistlicher Dichtung begnügen.

Die Frage nach dem persönlichen Umgang der Aufklärer mit Gott, zumindest jener Aufklärer, die aus welchen Gründen auch im-

mer im angestammten Haus des Christentums verblieben waren,
die Frage also nach der spirituellen Reichweite ihrer praktischen
Gläubigkeit ist generell wohl kaum zu klären und könnte allenfalls
individuell durch eine Revision privater Zeugnisse, gegebenenfalls
Tagebüchern, Briefen, Berichten von Lebensgefährten, erkundet
werden. Offizielle Auslassungen dogmatischen Charakters dürften
diesbezüglich wenig Aufschlüsse erbringen. Das gilt – und zwar in
geradezu repräsentativer Weise – auch für Wessenberg. Wer sich
nur an die in seinen Gedichten verstreuten dogmatischen Aussagen halten will, wird keine tiefschürfenden Einblicke entdecken.
Zwar ist da häufig von „Gott" die Rede, aber meistens in einer derart
abstrakten Weise, dass sich dieser schiergar zu einem Schemen zu
verflüchtigen scheint. „Gott ist ein Geist"[18] – das ist für Wessenberg
d a s theologische Axiom. Als solcher aber entzieht er sich unserer
unmittelbaren Wahrnehmung:

„Wie nenn ich dich, den Niemand sah,
 Du Licht vom Licht, stets fern und nah?"[19]

Unsere Seele vermag zwar Gott als jenseitiges Wesen zu erspüren,
vermag ihn als jenseitigen Lebensquell zu erahnen, sinnfällig begegnet er uns aber nur im „Spiegel" der von ihm erschaffenen Natur, zumal in der Betrachtung des gestirnten Himmels:

Gott! Wie fühlt mein Herz sich weiter
Hier im Tempel der Natur,
Und wie steigt mein Geist befreiter
Auf der Leiter
Deiner Schöpfung hoch zur Sternenflur.

Zweifel fliehen hier erröthend,
Alles zeugt, o Gott! Du seyst
Fluren duftend, Wälder flötend –
Tiefanbetend
Huldigt dir mit der Natur mein Geist.[20]

Es ist im Grunde der Gott der Physikotheologen, der in solchen Versen gefeiert wird: Gott als unendlich intelligente Schöpferinstanz, der uns in der Pracht seiner weisen Schöpfung offenbar wird. Mit diesem Generalthema eröffnet Wessenberg die Sammlung seiner geistlichen Dichtungen:

Der Urgeist

Kein vergänglich Auge sieht
Durch den blauen Ätherschleier,
Wo an Sternlein Sternlein glüht.
Dennoch treibt ein mächtig Feuer
Meinen Geist, daß er dem Staub entflieht.

Könnte wohl den Sternenplan
Meine Sehnsucht überschweben,
Zöge sie kein Wesen an,
Quölle drüben nicht ein Leben,
Das die Seele hier nur ahnen kann?

Urgeist, den kein Auge sieht,
Aber jede Seel' empfindet,
den, was blühet und verblüht,
Als den Liebenden verkündet –
Könnt' ich zweifeln, was zu dir mich zieht?[21]

Unsere irdische Sehkraft scheitert zwar im Willen, die metaphysische Wirklichkeit jenseits des Sternenhimmels zu erkennen, aber dennoch erfüllt uns eine Sehnsucht nach jenem transzendenten Wesen, das in einem wie immer beschaffenen „Drüben" ist. Es ist unser unhinterfragbares Gefühl, das uns veranlasst, im „Blühen und Verblühen" der Natur einen „liebenden „Gott zu erfahren. – Aber dann folgt eine überraschende Schlusszeile:

„Könnt ich zweifeln, was zu dir mich zieht?"

Während die vorangehenden Verse zuvor in der Sprechhaltung eines kollektiven Subjekts – „jede Seele" – formuliert sind, meldet sich nun am Ende ein ganz und gar individuelles „ich" zu Wort, das den Zweifel, indem dieser negierend in Frage gestellt wird, erst recht provoziert. „Frömmigkeit" als Partnerschaft des Menschen mit Gott – so wollen wir den Begriff verstehen – setzt einen personal zu begreifenden Gott voraus, einen Gott mit menschlichen Zügen. Ist aber, wird man fragen dürfen, ein als abstrakter „Urgeist" konzipierter Gott mit der Vorstellung eines liebenden Wesens im menschlichen Sinne vereinbar? Ist ein „Urgeist" – wie in der Schlusszeile insinuiert – überhaupt in einem „Du" authentisch zu erfassen?

Diese Aporie, die Wessenberg zweifellos empfunden hat, mag psychologisch erklären, warum er in unermüdlichen Wiederholungen den „Kindersinn" als conditio sine qua non des Zugangs zum Himmelreich beschworen hat: Das „Kind" ist, was wir nicht mehr sind, und nur dem „Kind" ist der im Jenseits verborgene Gott nahe wie ein Vater. Nur den Kindern ist ein ewiges Leben in einer absolut heilen Welt beschert:

Die du geweiht zu Gottes Kindern –
Sie werden nie des Todes Raub.

Wieder-werden-wollen-wie-ein-Kind – in diesem absurden Regressionswunsch zeigt Wessenberg die nicht vernarbbare Wunde einer christlichen Existenz in der Moderne bis in unsere Tage.

Anmerkungen

1 „Allgemeines Gebet" – Ignaz Heinrich VON WESSENBERG, Sämtliche Dichtungen. Stuttgart/Tübingen 1834, Bd. 3, S. 429 (i.F.“S.D.") | 2 S.D., S. 383 f. | 3 „Chorlieder zu christlichen Volksgesängen", Vorwort S.D., S.313 ff. | 4 „Der König von Mayland", „Graf Friedrich", „Der Färber" in „Des Knaben Wunderhorn. Alte deutsche Lieder. Gesammelt von L.A. VON ARNIM und CLEMENS BRENTANO. Krit. Ausg., hg. Von Heinz RÖLLEKE, Stuttgart 1987, Bd. 2, S. 271 ff., Kommentar ebd. S. 520 ff. | 5 Zitiert bei Wilhelm MÜLLER und Karl August FÖRSTER, Bibliothek deutscher Dichter des 17. Jahrhunderts Bd. XII, Friedrich von Spee, Leipzig 1831, S. XXIV. | 6 KLOPSTOCKS Werke Bd. 7, Leipzig 1804, S. 57-70. | 7 S.D., S. 367 f. | 8 S.D., S. 393 | 9 Z.B. Joachim GNILKA, Das Mathäusevangelium. Kommentar. Freiburg, Basel, Wien 1988, Bd. 2, S.120 ff. | 10 „Der Christtag", S.D., S. 349 |11 Ebd. | 12 „Lied an Pfingsten" S.D., S. 254 |

13 „Die acht Seligkeiten" S.D., S. 278 | **14** GNILKA, a.a.O. Bd. 1, S. 19 ff. | **15** z.B. Meike S. BA-DER, „Die romantische Idee des Kindes und der Kindheit: auf der Suche nach der verlorenen Unschuld." Neuwied 1996, Hans Heino EWERS, „Kindheit als poetische Daseinsform Studien zur Entstehung der Romantischen Kindheitsutopie im 18. Jahrhundert, München 1989, Angela WINKLER, „Das romantische Kind." Frankfurt 2000. | **16** Wessenberg hat ein Versepos über Fénelon geschrieben. Zeugnisse seiner intensiven Beschäftigung mit diesem Autor begegnen in seinem Schrifttum auf Schritt und Tritt. | **17** R. MÜHLBAUER, „Kind", in „Historisches Wörterbuch der Philosophie, hsg von J. RITTER und K. GRÜNDER, Bd. 4, Darmstadt 1976, S. 830; ferner Robert SPAEMANN, „Reflexion und Spontaneität. Studien über Fénelon. Stuttgart 1963, S.138 ff., insbesondere Michael BANGERT, „Bild und Glaube, Ästhetik und Spiritualität bei Ignaz Heinrich von Wessenberg, Fribourg/ Stuttgart 2009, S. 147 ff. | **18** „Gottesverehrung", S.D., S. 328. | **19** „Gefühl von Gott", S.D., S. 232. | **20** „Gottesdienst", S.D., S. 237. | **21** „Urgeist", S.D., S. 231.

Dieses Porträt zeigt Wessenberg in seinen späteren Jahren. Das Bild wird dem Künstler Richard Ölschlägel zugeschrieben. – Der Konstanzer Phaleristikexperte Michael Autengruber hat mich darauf aufmerksam gemacht, dass das Gemälde einen Wessenberg im liturgischen Schmuck eines Domkapitulars der Diözese Konstanz zeigt – feierliche Mozetta und Malteserkreuz –, obwohl die Diözese Konstanz schon längst liquidiert war. Was wollte er mit dieser anachronistischen Ausstattung demonstrieren?"

Religion auf dem Prüfstand der Aufklärung

Zum Spätwerk von Ignaz Heinrich von Wessenberg[1]

1857, drei Jahre vor seinem Tod hat Ignaz Heinrich von Wessenberg eine fast tausend Seiten starke Summe seiner lebenslangen Anstrengungen um eine Kompatibilität von christlicher Glaubensüberlieferung und Vernunft publiziert: „Gott und die Welt – oder das Verhältniß Aller Dinge zueinander und zu Gott." Mit dem Titel des Werkes und erst recht mit seinem Untertitel stellt Wessenberg ein wahrhaft anspruchsvolles Vorhaben in Aussicht. Er annonciert damit ein Konkurrenzunternehmen zu Alexander von Humboldts „Kosmos". So wie dieser, schreibt er in der Vorrede, den Kosmos als „Bestand und Zusammenhang aller Dinge in der ganzen materiellen Welt" zu beschreiben sich vorgenommen habe, so wolle er, Wessenberg, sich anheischig machen, „die Aufstellung eines ähnlichen Bildnisses der geistigen und sittlichen Welt zu versuchen."[2] Den ganz und gar säkularen Ansatz Humboldts, eine Darstellung der physischen Weltordnung zu liefern, verspricht Wessenberg mit einer metaphysischen Perspektive auf die Wirklichkeit zu ergänzen. Es gelte, „die Dinge der Welt, die Menschen aller Zeiten und Himmelsstriche, die Vergangenheit und die Gegenwart, das Diesseits und Jenseits als ein großes zusammenhängendes Ganzes" zu betrachten, das sich nach Maßgabe eines universalen „Leiters" prozesshaft entwickle und sich am Ende der Zeiten als „Reich Gottes" realisiere.[3] Die Welt ist somit als ein dynamisches Phänomen zu begreifen, als ein Produkt historischer Verläufe. Gott offenbart sich für Wessenberg nicht nur im Kosmos der Natur, sondern auch in der Geschichte der Menschheit.

Zur Religionstheorie der Aufklärung –
ein Gott der Vernunft

Wessenbergs religionstheoretische Überlegungen sind dem Generalgebot der Rationalität verpflichtet. Kritische Instanz jeglicher Rede über Gott ist die Vernunft: „Gottes heiliger Wille kann es nicht

sein, dass die Offenbarungen von Ihm und über Ihn im Widerstreit
mit der Vernunft dargestellt werden, indem ja die Vernunft von
Gott selbst allen Menschen zu einer Leuchte und Führerin gegeben
ist." Diese Vernunft im religiösen Denken und Handeln stelle sich
freilich nicht selbstverständlich ein, sagt Wessenberg, sondern es
bedürfe eines besonderen Aufwands, um „der Vernunft weder Veranlassung noch Vorwand" zu geben, „sich von der Religion loszu-
reißen." Und deshalb sei Sorge zu tragen, dass „die Darstellung der
Religion vernünftig sei und alles davon ferngehalten werde, was den
Vorwurf, als sei sie mit der Vernunft im Widerspruch, begründen
kann."[4] Unermüdlich argumentiert Wessenberg für eine deutliche
Markierung der Möglichkeiten und Grenzen religiöser Einsicht
nach Maßgabe der Vernunft. Im speziellen Blick auf das Christentum stellt er fest: „Das Denken, die Prüfung mittelst des Gedankens
(man kann es nicht genug wiederholen) ist ein unentbehrliches Ve-
hikel der christlichen Erkenntniß, ein nie zu vernachlässigendes
Mittel, sie vor Entstellung und Mißleitung zu bewahren. Das Still-
stehen des Denkens, der Prüfung, wäre ihr im höchsten Grade verderblich ... Die Erkenntniß des Christentums kann durch das Licht
der Vernunft nur gewinnen."[5] Noch drastischer heißt es an anderer
Stelle: „Die Feinde der Vernunft sind auch die Feinde des Christentums."[6] Ein strittiges Verhältnis zwischen Religion und Wissenschaft ist für Wessenberg ausgeschlossen. Denn der religiöse Glaube suspendiere keineswegs die Normen der kritischen Rationalität:
das logische Denken und die empirische Wahrnehmung.[7] „Wenn
also je vom Eifer für die christliche Wahrheit der echten Wissenschaft Eintrag geschah, so war dies der christlichen Wahrheit selbst
fremd und könnte von ihr nur mißbilligt werden."[8]

Mit solchen ständig wiederholten Bekenntnissen zur Geltung
der Vernunft im Reden über Religion stellt sich Wessenberg in die
vitale Tradition eines Aufklärungsdenkens, das die Theologen und
Philosophen Europas seit Ende des 17. Jahrhunderts zutiefst umge-
trieben hat. Ganz grob und unvollständig lassen sich die einschlägigen Auseinandersetzungen, wie folgt, sortieren:

- Die radikalen Materialisten schlossen jeden Versuch, eine tran-
  szendent verankerte Religion vernünftig zu begründen, katego-
  risch aus und erklärten sich zu Atheisten.
- Andere distanzierten sich zwar von einer religiösen Glau-
  benszumutung, die sich auf irrationale Offenbarungen stützte,
  aber sie entwickelten Theorien einer „natürlichen Religion". Sie
  argumentierten mit wohl bedachten Gründen für die Plausibi-
  lität der Annahme eines „höheren Wesens". Dabei verfuhren sie
  entweder apriorisch, indem sie die Existenz und Verfasstheit
  einer Gottheit logisch herleiteten oder beim Studium der Natur im vermeintlichen Wunder der Schöpfungsordnung einen
  unendlich weisen Urheber entdecken zu dürfen glaubten – die
  sgn. „Physikotheologen".
- Schließlich gab es prononciert christliche Denker, die sich zum
  Glauben an den in den kanonischen   Schriften geoffenbarten
  Gott grundsätzlich bekannten, aber gleichzeitig einräumten,
  dass sich Gott in gewisser Weise auch alternativ in der Anstrengung vernünftigen Denkens erschließen lasse. Die natürlichen Erkenntniskräfte (Logik. Empirie) bestätigen sozusagen
  komplementär den aus der Offenbarung sich nährenden Got-
  tesglauben. Wo irrationale Elemente in dieser Überlieferung
  begegnen, sind diese hermeneutisch zu bereinigen, dergestalt,
  dass ein Widerspruch zwischen religiöser Botschaft und Vernunft aufgehoben wird.

Wessenbergs religionstheoretischer Ansatz ist im Wesentlichen
dieser dritten Variante zuzuordnen.

Er eröffnet seinen Denkweg systematisch mit einer Reflexion
über „Ursprung und Entstehen der Idee von Gott im Menschen".[9]
Diese Frage erörtert er nicht theologisch, sondern anthropologisch:
Der Mensch ist ein Wesen, das in vielfältiger Hinsicht von der Erfahrung seiner Bedürftigkeit geprägt ist. Er erfährt Mangel, Abhän-
gigkeit, Einschränkung, Gefährdung – und vor allem erfährt er seine Endlichkeit. Aber als geistbegabtes Wesen verfügt er auch über
das Vermögen, eine Existenz zu denken, die aller Bedingtheiten der
Endlichkeit enthoben und also unendlich ist, ein vollkommenes
Wesen – Gott!

Dieser gedachte Gott ist kein schieres Phantasiegebilde, sondern ein unmittelbarer Reflex seines Erscheinens: „Der gestirnte
Himmel über uns und das sittliche Bewußtsein in uns, sind die
bleibenden, nicht mit Dinte geschriebenen Urkunden, in welches
sich jedem Menschengeist lesbar und lebendig die Idee vom Unendlichen kundtut."[10] Mit dieser klassischen von Kant entliehenen Formulierung definiert Wessenberg die Medien, in denen sich Gott zu
erkennen gibt: in der Natur – am sinnfälligsten im astrophysischen
System des Universums – und in dem uns eingeborenen Gewissen,
durch das wir Gottes Willen vernehmen.

Freilich, sagt Wessenberg, sträube sich „unsere beschränkte Intelligenz, das Dasein eines unendlich vollkommenen Wesens als
eine über alle Zweifel erhabene Tatsache anzuerkennen, weil sie
die Beschaffenheit eines solchen Wesens nicht zu begreifen vermag.
Gott lässt sich also nicht gegenständlich vorstellen, weil die Wahr-
nehmungsorganisation des endlichen Menschen ein Unendliches
prinzipiell nicht erfassen kann. Es wäre vermessen, heißt es weiter,
„unser Denken von Gott dem Denken Gottes von sich selber gleichzustellen". Mehr als einen „nur schwachen Schattenriß von Ihm"
können wir nicht erkennen.[11] Insofern bleibe Gott dem sterblichen
Menschen während seines Erdenlebens immer ein „Geheimniß".[12]
Wir müssen uns mit einem weiter nicht definiblen „Gottgefühl" begnügen.[13]

Wessenberg unternimmt noch einen zweiten Ansatz der lo-
gischen Konstruktion Gottes: den „Satz des zureichenden
Grundes", welcher besagt, dass alles, was ist, sich auf Ursachen, auf
eine Kette von Ursachen und letztlich auf eine Grundursache zu-
rückführen lässt. – Bei Wessenberg heißt das so: „Jedes einzelne
Ding im Weltall ist die Wirkung von anderen. Es ist jedoch ebenso
unmöglich, eine Reihe von Ursachen ohne höchste Ursache zu denken, als einen Fluß ohne Ursprung. Wir nehmen nirgends den Uranfang eines Seins wahr, wir sehen überall nur ein Werden. Aber ein
Werden ohne Anfang, ohne Folgereihen von Ursachen, ohne erste
Ursache (Uranfang) ist für uns undenkbar."[14]

Es sind logische Gründe, die Wessenberg geltend macht, um die
kurrenten Theorien eines rein gott-losen Ursprungs der Welt zu wi-
derlegen, nämlich

- dass die Welt aus nichts entstanden sei,
- dass die Welt sich selbst hervorgebracht habe,
- dass die Welt Produkt einer ihr innewohnenden Naturkraft sei,
- dass das Weltall von Ewigkeit her und also unendlich sei.

Da all dies nicht sein kann, sagt Wessenberg, ist die Annahme eines transzendenten Urhebers der Welt unumgänglich: „Nur ein unendliches und eben deshalb vollkommenes Wesens kann als der Grund seines eigenen Seins und als die Ursache alles anderen Seienden gedacht werden."[15] – Gott! Dass Gott die Welt erschaffen hat, können wir also denken, die Erschaffung selbst, das Wie und Warum, „der Ursprung des Lebens, der Ursprung des Geistes im Menschengebilde" bleibt uns indessen ein ganz und gar „unbegreiflicher Akt".[16] – Die Genesis ist für Wessenberg mythologische Rede „ohne Anspruch auf wissenschaftliche Begründung".[17] Wessenberg ist also ein „Kreationist" in dem Sinne, dass er die Geburt der Welt als Ergebnis eines wie auch immer handelnd eingreifenden Gottes versteht.

Schließlich glaubte Wessenberg, auch in der Geschichte des Menschengeschlechts eine Offenbarung Gottes erkennen zu dürfen – nicht zwar in jedem Puzzleteil der Ereignisgeschichte, aber doch wohl im Blick auf den pauschalen Verlauf: Gott organisiert die Geschichte nach dem Prinzip des Fortschritts. Die Geltung dieses Prinzips komme in vielfältiger Hinsicht zum Vorschein, etwa in der Differenz der kulturellen Niveaus verschiedener Ethnien in der Welt oder auch in der Entwicklung der Wissenschaften und der Technik oder in der Durchsetzung der Menschenrechte oder in der Pflege der Kunst und Musik etc., kurzum in der Humanisierung der Gesittung.[18] Insgesamt lasse sich die Universalgeschichte als eine Geschichte der fortschreitenden Entfaltung der Vernunft verstehen, „die Vernunft ist das eigentliche Fortschrittsorgan."[19]

Seinen Grund findet der Fortschritt zunächst in der anthropologischen Disposition des einzelnen Menschen: in der stetigen Unzufriedenheit mit dem je Gegenwärtigen, in dem natürlichen Bedürfnis nach positiver Veränderung dessen, was ist, in der Fähigkeit, den Ist-Zustand virtuell zu transzendieren: „Das Bild des Vollkommenen als Ideal kann der Mensch, auch wenn er ihm noch ferne steht, sich im Innern zur Anschauung bringen."[20] Der Mensch ist also ein utopiefähiges Wesen. Natürlich weiß Wessenberg auch die Gefahr dieses Vermögens abzuschätzen, natürlich weiß er, dass die individuellen Glücksvorstellungen nur allzu oft die Glücksansprüche der Kommunität oder gar der gesamten Menschheit verfehlen. Besonders fatal werden solche Verirrungen, denen ganze Gesellschaften verfallen können, dergestalt, dass der Fortschritt in einen Rückfall pervertiert wird. Dann aber, so Wessenberg, ist „die Fügung einer höheren Macht" fällig, ein korrigierendes Eingreifen Gottes.[21] Wie das von Fall zu Fall geschieht, entzieht sich unserer Einsicht und lässt sich nicht prognostizieren: „Zahllos sind Gottes Wege, seine Vollkommenheit zu offenbaren und dem Kampf für das Wahre und Gute in der Welt zum Sieg zu verhelfen."[22] Denn Gott will den Fortschritt. In diesem teleologischen Konzept haben dann freilich auch die Katastrophen ihren vernünftigen Platz: „Der uns spurlos erscheinende Untergang ganzer Reiche und Völker diente zur Förderung des Fortschritts der Menschheit. Hingegen ein längeres Fortbestehen des Abgenützten und Verderbten, das sich überlebt hatte oder schon in Verwesung übergegangen war, wäre der weiteren Entwicklung des Ganzen hinderlich gewesen."[23] – Gott führt offenbar eine strenge Regie in diesem „fortlaufenden Drama der Weltbewegung."[24]

Wessenbergs Theorie des stufenweisen Fortschritts ist nicht neu, aber er ist damit auf der Höhe der Zeit. Naturphilosophische, sozialphilosophische, geschichtsphilosophische Entwicklungskonzepte waren in der ersten Hälfte des 19. Jahrhunderts geläufig, so dass man geradezu von einem „prädarwinistischen Evolutionismus" sprechen könnte. Das Wort „Evolution" kennt Wessenberg noch nicht, aber er beschreibt das Phänomen: „Während das Streben nach immer größerer Vervollkommnung uns als allgemeines Gesetz aller mit freiem Willen begabter Wesen sich darstellt, zeigt sich dasselbe als Naturtrieb in der Gesamtheit aller andern. Alle Weltkörper, vom größten bis zum kleinsten, sind in beständiger Arbeit, welche Geburtswehen vergleichbar ist, und wodurch die ganze Schöpfung auf dem Wege fortwährender Entwicklung sich befindet. Ein solches Fortschreiten des Weltalls entspricht ganz unserer Idee vom Urheber. Denn obgleich sein Werk seiner unendlichen

Vollkommenheit nie gleichkommen kann, so ist doch anzunehmen, dass ihm vom Urheber ein Trieb eingesenkt sei, seiner Vollkommenheit immer näher zu kommen. Daß dem Geist des Menschen dieser Trieb innewohne, sagt ihm, sobald er Gott in seiner Wesenheit erkennt, sein innerstes Bewusstsein."[25]

Die Vielfalt der Religionen und die Eine Religion

Gemäß seinem „kreationistischen" Weltbild teilt Wessenberg die unter seinen Zeitgenossen im 19. Jahrhundert noch vielfach verbreitete Annahme, dass die frühe Menschheit am Anfang der Zeiten vom Glauben an den Einen Gott beseelt war. Intellektuelle und moralische Dekadenz hätten im Laufe der Geschichte jedoch dazu geführt, dass die Einheit dieses Glaubens verloren gegangen sei und sich deviante Vorstellungen von Gott ausgebildet hätten, so dass in der gegenwärtigen Welt unzählbar viele Religionen anzutreffen seien. Eine vergleichende Religionsgeschichte vermöge aber durchaus nachzuweisen, dass allen Religionen ein gemeinsamer „Urquell" eigen sei: der Glaube an eine höhere Instanz und die Zugänglichkeit derselben in Formen der Verehrung, des Bitt- und Dankgebets und in einer sittlichen Lebensführung: „Alle Menschen haben Einen Gott, wenngleich nicht die gleiche und rechte Erkenntniß von Ihm, weil sie das große Lebensgesetz, das Er in aller Herz geschrieben, nicht alle gehörig verstehen."[26] – Religion ist für Wessenberg also universal, wenn auch variabel – keinesfalls aber beliebig. Da die Aufspaltung in diverse Religionen schon in Urzeiten erfolgt sein müsse, sei zu fragen, warum „der oberste Lenker des Weltalls diese Verschiedenheit zugelassen habe, was er doch in seiner Allmacht hätte verhindern können". Offenbar sei dies „in weiser Absicht" geschehen. Gott habe die Welt „vielgestaltig" geschaffen, „Alles in Gottes Schöpfung ist vielgestaltig – wie könnte es in der Religion anders sein?"[27] Wenn das so ist, sagt Wessenberg, dann folgt daraus aber unwiderleglich das Gebot umfassender religiöser Toleranz: „Solange Gott verschiedene Religionsformen duldet, ist es klar, dass er gleiche Duldsamkeit von den verschiedenen Religionsbekennern gegeneinander verlange."[28] Erzwungene Bekehrungen, Missionierungen mit kolonialistischen Methoden sind für Wessenberg ausgeschlossen.[29] Stattdessen gelte es, eine „Einigkeit in der Liebe" unter allen Menschen guten Willens zu erstreben. „Gott ist auch der Heiden Gott" und kenne „in jeglichem Volke seine Auserwählten".[30] Demnach sei uns geboten, auch in jedem „Andersgläubigen einen von Gott berufenen Menschen und Mitbruder zu achten."[31]

Wenn Wessenberg ausdrücklich erklärt, dass „allen Religionen etwas Wahres zum Grunde liege"[32], ist er dennoch weit davon entfernt, in Konsequenz dieses generellen Urteils alle Religionen, alles religiöse Verhalten mit gleicher Wertschätzung zu bedenken – im Gegenteil, es gebe Wahngebilde von Gott und Göttern, die geradezu verwerflich seien, weil sie den dergestalt Befangenen in sinnwidrige Abhängigkeiten zwingen und ihn beengen, indem sie ihn in Furcht und Schrecken versetzen.[33] „Der wahre Gott ist ein Geist" – ein Geist der Freiheit, der von freien Menschen verehrt sein wolle „im Geist und in der Wahrheit"[34], „Sklavensinn ist Gott ein Greuel!"[35] Bei allem Respekt oder zumindest bei aller Nachsicht, die Wessenberg den anderen Religionen in der Welt generell zuzubilligen bereit war, kritisierte er dieselben doch zugleich in befremdender Abfälligkeit – und zwar aus einem eindeutig christozentrischen Blickwinkel.

Mit den antiken Religionen der vor- und frühchristlichen Jahrhunderte war er aufgrund seiner klassischen und kirchengeschichtlichen Ausbildung wohl vertraut, schätzte deren religiöse Glaubenstiefe aber nur gering ein. Für diese antiken Religionen und nur für diese reservierte er den Diskriminierungsbegriff „Heidentum". „Heidnisch" bedeutet für Wessenberg ein religiöses Glaubenssystem, das keine sakrale Dimension entwickelt hat, keine Dimension des wahrhaft „Geistigen", man könnte auch sagen: keine Transzendenz. Der Götterhimmel der antiken Religionen kommt für Wessenberg über die Vorstellung eines profanen Theaters nicht hinaus.

Wie weit Wessenbergs Kenntnisse über die Religionen des fernen Ostens reichten, lässt sich leider nicht genau bestimmen. Landeskundliche Bücher über China, über den Indischen Subkontinent und über Hinterindien, die wenigstens beiläufig auch über die Hauptreligionen Buddhismus und Hinduismus informieren, sind zwar in seiner Bibliothek mehrfach nachweisbar, aber seine pauschalen Urteile über diese Religionen bezeugen keine tiefgründige Befassung damit. Den Buddhismus hält er als „Ergebnis rein spekulierender Intelligenz" lediglich für einen „licht- und trostlosen Pantheismus", den Brahmanismus erklärt er im Blick auf die üppige Götter- und Dämonenwelt für einen „auf grundfalsche Naturlehren gestützten Unsinn."[36]

Den Islam oder den von ihm so genannten „Moslemismus" versteht Wessenberg als eine Abspaltung vom Christentum, als eine Sekte, die zwar das fundamentale Dogma des Glaubens an den Einen Gott übernommen habe, nicht aber den Inbegriff desselben: Der islamische Gott sei „kein Gott der Liebe und des Friedens, sondern des Hasses und des Krieges", ein Gott der Gewalt also. Der Stifter Mahomed sei im Übrigen nichts weiter als „ein schlauer Araber" gewesen, dem es gelungen sei, „mittelst kluger Berücksichtigung der Berührungspunkte die verschiedenen Meinungen und Gebräuche seiner Zeit und durch Schmeichelei der Sinnentriebe" ein für die Völker des Nahen Ostens attraktives Glaubensgebäude zu errichten, welches zu ausgreifenden Eroberungen bis weit nach Europa hinein animierte.[37]

In dem teleologischen Denksystem Wessenbergs sind alle diese Religionen und erst recht die Religionen der primitiven Völker Ausartungen des Ursprünglichen, sie sind, wie oben schon kurz angedeutet, aus der lebendigen und authentischen Offenbarungsgeschichte Gottes im Laufe der Zeiten nach und nach ausgeschieden – nicht so die Juden. Sie blieben ungeachtet ihres immer sich wiederholenden Verrats doch als Gesamtvolk treu im Glauben an den ursprünglichen, den Einen die Welt regierenden Gott. „Die Bewahrung dieser Gottesidee in dem Volke Israel" inmitten des „vielgestaltigen Götzentums" der benachbarten Völker sei wahrhaft „bewundernswürdig".[38] – Es ist evident, dass in der teleologischen Perspektive Wessenbergs der Figur des Moses eine nicht zu überschätzende Bedeutung zuzuweisen ist. Ihm sei mit der Verkündung des „Gesetzes" als geoffenbartes Wort Gottes die „Nationalbildung" der Israeliten gelungen, indem er sie auf eine gemeinsame „sittlich-religiöse Gesinnung und Lebensart" verpflichtet habe.[39] Wessenberg will dieses jüdische „Gesetz" jedoch nur „bildhaft,

sinnbildhaft" verstanden wissen, es sei jedoch „geistig" aufzufassen
als lebensleitende Markierung für ein „sinnlich-rohes Volk", um
es „beständig an sein Verhältnis zu dem Einen unsichtbaren Gott
zu erinnern". Hingegen verfehle ein wortwörtliches Verständnis
der im Gesetz vorgeschriebenen zeremoniellen Verrichtungen den
wahren Sinn des Gesetzes und verkehre die im Grunde befreiende
Bündniszusage Gottes in eine „einengende Fessel".[40] Es gehöre zum
tragischen Verlauf der Geschichte Israels, dass durch die Fixierung
auf den Buchstaben der zugrunde liegende Geist des Gesetzes ver-
kannt worden sei. Falsches Verständnis der prophetischen Verhei-
ßungstexte habe auch dazu geführt, „die Vorstellung von Jehova
als sittlichem Gesetzgeber" aus dem Blick zu verlieren und Gott
stattdessen in einen „Machthaber" zu verwandeln, der Herrschaft
ausübe „gleich den menschlichen Machthabern, nur gewaltiger."[41]
Die messianische Erwartung materialisierte sich in der Hoffnung
auf „die irdische Verherrlichung" des Volkes Israel, so dass, als ein-
trat, was verheißen war, die Kernbotschaft Christi nicht verstanden
werden konnte – nämlich dass mit seinem Erscheinen das „Reich
Gottes" schon anzubrechen im Begriffe war. – Ungeachtet all dessen dürfe der Blick dafür nicht verstellt werden, dass das Judentum
dem Christentum näher verwandt sei als jede andere Religion dieser Welt, jeder Christ müsse „den Zusammenhang von Christus
mit Abraham und Moses und den jüdischen Propheten anerkennen". Und man möge bedenken: „Die erste Christenkirche war eine
hebräische!"[42]Für Christen gebe es somit keinen Grund, Juden zu
„verachten" oder gar zu „hassen" – und schon gar nicht unter dem
Vorwand, dass irgendwelche verblendete Vorfahren Christus ans
Kreuz geschlagen hätten.[43]
        Mit dem Christentum ist nach Wessenberg eine Religion in
die Weltgeschichte eingetreten, welche „die Idee vom Göttlichen"
wirkungsmächtig wie keine andere Religion zuvor zum Ausdruck
gebracht habe. Im religionsphänomenologischen Vergleich unter-
scheide sich das Christentum von anderen Religionen zunächst
durch den radikalen Anspruch auf universale Geltung. Das sei auch
ein wesentlicher Unterschied zu der nächstverwandten Religion –
dem Judentum. Bei aller fundamentalen Gemeinsamkeit des Christentums mit den Propheten Altisraels im Glauben an den Einen

Gott, der den Menschen in Liebe verbunden sei, müsse als die entscheidende Differenz die Behauptung der „nationellen" Exklusivität der jüdischen Religion registriert werden. Was Gott tut, das tue er gemäß jüdischen Glaubens stets im ausschließlichen Bezug auf ein einziges Volk, sein Volk – die Juden. Der dogmatische Kern der christlichen Theologie bestehe dagegen in dem Glauben, dass sich „Gott durch Christus als den Vater aller Menschen geoffenbart" habe, damit alle Menschen einander verschwistert werden und als grundsätzlich Ebenbürtige, ausgestattet alle mit der „gleichen persönlichen Würde[44], einander schätzen und lieben mögen.[45] In diesem uneingeschränkten Liebesgebot erweise sich das Christentum als „Schlußstein" und „Vollendung" aller „Erkenntnis von Gott und göttlichen Dingen".[46]

Für Wessenberg bedeutet das Auftreten Christi also einen „Wendepunkt der Weltgeschichte" ohnegleichen. Der Glaube an einen liebenden Gott, der alle Menschen befähige und verpflichte, ihrerseits liebend miteinander umzugehen – und zwar ausnahmslos über alle rassischen, sozialen und kulturellen Unterschiede hinweg –, dieser Glaube qualifiziere das Christentum als die erste und einzige und auch unüberholbare „Welt-Religion".[47] Es sei im Sinne der „Alles leitenden Vorsehung", dass die gesamte Menschheit christianisiert werde, denn erst eine total christianisierte Welt würde geistig bereit sein können, einen „Welt-Staat" zu errichten und einen „Ewigen Frieden" zu garantieren. Dann wäre gewissermaßen der Endzustand eines auf Fortschritt programmierten Weltgeschehens erreicht – eine Gesellschaft, die sich „von den Übelständen, der Not und des Elends" befreit hat: „die goldene Zeit der Menschheit", das manifest gewordene Reich Gottes auf Erden.[48]

Wessenberg war sich dessen bewusst, dass er mit diesem heilsgeschichtlichen Entwurf ein „Traumgesicht" riskierte, eine Utopie, die in Anbetracht der „Unvollkommenheit unserer Natur" als Menschen nur eine geringe Hoffnung auf Realisierung zulässt. „Bei ruhiger unbefangener Weltbetrachtung" sei leider einzuräumen, dass der bisherige Fortschritt der Menschheit sich vor allem auf dem Felde der „Verstandesbildung", also der intellektuellen, der zivilisatorischen, der technologischen Entwicklung, vollzogen habe, dass jedoch die „innere Bildung", „die sittliche Gesinnung" dahin-

ter zurückgeblieben sei. Wessenbergs Vision eines gottgewollten
irdischen Paradieses ist für ihn selbst keine Naherwartung, sondern
allenfalls eine „ferne Aussicht", ein „Dereinst".[49]

Zur Dogmatik des Christentums

Wessenberg hatte nicht die Absicht, ein Lehrbuch der katholischen
Dogmatik zu schreiben, sondern begnügte sich mit einer Profilskiz-
ze des christlichen Glaubens, ohne die konfessionellen Differenzen
eigens zu markieren.

Das Fundament des christlichen Glaubens, die Botschaft Christi,
sei denkbar „einfach"[50] und bedürfe keinerlei „dialektische" Opera-
tionen der „spekulierenden Vernunft".[51] Die Theologen, zumindest
die Dogmatiker unter ihnen allesamt, hält Wessenberg für weitgehend überflüssig. Es sei nicht Aufgabe der Theologie, „Wort und
Geist der heiligen Urkunden durch Vermittlung der Intelligenz in
Begriffsformen, Ausdrücke und Systeme der Schule" zu übertragen,
wodurch „der Inhalt dieser Urkunden mehr verwirrt als aufgehellt"
werde.[52] Dogmatische Auseinandersetzungen seien in der Regel An-
laß für erbitterte „Streitigkeiten und Zänkereien", die letztendlich
unvermeidlich zu Spaltungen führten.[53] Diesbezüglich beispielhaft
verweist Wessenberg auf die strittigen Deutungen der Person Christi, die im 5. Jahrhundert eine Abtrennung der Altorientalischen
Kirchen von der Gesamtkirche zur Folge hatten.

Christus habe aus gutem Grund seine Lehre nicht in schrift-
licher Form hinterlassen, obwohl er dies hätte tun können. Er habe
mit diesem Verzicht anzeigen wollen, „dass seine Worte des Lebens
nicht buchstäblich, sondern im Geiste (also sinngemäß, d.V.) auf-
gefasst werden sollten."[54] Das Christentum sei nicht erst aus den
Evangelien heraus entstanden, sondern entfaltete sich „in voller
Wahrheit und Kraft vor aller schriftlichen Darstellung."[55] – Dessen
ungeachtet sind für Wessenberg die Evangelientexte historische
Quellen von allerhöchstem Rang, weil sie die historische Wahrheit verbürgen. Es handle sich keineswegs um „mythische Erzäh-
lungen"[56], sondern um Berichte von Augen- und Ohrenzeugen, die,
über jeden "Verdacht der Erfindung" erhaben, mitteilen wollten,

was tatsächlich geschehen ist. Dennoch sei stets zu bedenken, dass diese Texte „in der Denkweise und den Vorstellungsformen" ihrer Zeit verfasst und insofern nicht durchweg wortwörtlich zu nehmen seien, so dass ihr eigentlicher Sinn von Fall zu Fall durch „Auslegung und Erklärung" erschlossen werden müsse.[57] Wessenberg ist offenbar willens, bei diesem hermeneutischen Verfahren einen relativ weiten Spielraum der Deutung zuzulassen, solange eine solche den Generalrahmen der Botschaft Christi nicht verlässt.

Trägt man die dogmatischen Bekenntnisse Wessenbergs, die er im Kontext dieses Spätwerks an oft unterschiedlichen Stellen äußert, zusammen, ergibt sich ein nur schmaler Katalog von Essentials, die sich überdies nicht in das enge Korsett einer scholastischen Logik zwängen lassen. Die divergierenden Formulierungen der Grundüberzeugungen christlichen Glaubens lassen erahnen, dass Wessenberg oft auf schwimmenden Planken balanciert. Das betrifft insbesondere jene elementaren Glaubensforderungen des Christentums, die sich jeder rationalen Evidenz verweigern; Trinität, Christologie, Auferstehung und Jenseitsexistenz, Urheberschaft des Bösen in der Welt u.a.m.

Zur Trinität

Wenn in Wessenbergs Text von „Gott" die Rede ist, wird in auffälliger Insistenz immer von dem „Einen Gott" gesprochen. Die „Dreifaltigkeit", die „Dreieinigkeit von Vater, Sohn und Geist", das Zentralmysterium des christlichen Glaubens, immerhin konziliar ratifiziertes Dogma seit vielen hundert Jahren, wird von Wessenberg nur an einer einzigen Stelle thematisiert, und zwar in einer Fußnote, im Kleingedruckten: „Der Glaube an Gott den Vater und den heil.(sic!) Geist ist vollständig in dem Glauben an Christus enthalten, indem Christus uns den Vater (seinen und aller Menschen Vater) und den Geist, der sie in alle Wahrheit einführt und heiligt, bekannt gemacht hat."[58] Dieser kompliziert gedrechselte Satz könnte vielleicht so verstanden werden: Wer glaubt, was Christus gesagt hat, teilt dessen Glauben an einen väterlichen Gott und ist von dessen Geist beseelt. Die Umständlichkeit der Gedankenführung lässt erahnen, dass sich Wessenberg schwertat mit dem Dogma der Trinität und dass er es für eines jener Resultate der theologisch „spekulierenden Vernunft" gehalten haben mochte, die er so sehr missbilligte.

Unermüdlich wiederholt Wessenberg diesen Satz: Gott ist Geist, Gott ist Ein Geist, nicht als einer unter anderen, sondern er ist das Geistige schlechthin. Als Geist ist er „allgegenwärtig", jedoch „unsichtbar und unantastbar".[59] Das Prädikat des „Vaters", das ihm Christus zuerkannt habe, ist demnach metaphorisch zu verstehen: „Gott ist Liebe", sein Wesen ist Liebe, Gott ist väterliche Liebe. Strikt formalistisch gelesen, heißt dies: Gott ist ein Abstractum, ein Begriff, kein sinnlich erfassbares Bild einer Person, das in irgendeiner Weise „der Idee von Gott entspräche."[60] – Ob Wessenberg damit eine Depersonalisierung Gottes tatsächlich angepeilt hat (im Vorgriff auf manche Überlegungen prominenter Theologen unserer Tage), sei dahingestellt. In seinem Text begegnen jedoch Formulierungen, welche die Überzeugung zum Ausdruck bringen, dass die Menschen in einem innigen Liebesverhältnis mit Gott verbunden sein sollten. Ist aber, so darf zweifelnd gefragt werden, der Mensch überhaupt fähig, eine Liebesbeziehung zu einem nicht-personalen Gegenüber zu entwickeln?

Intimster Ausdruck dieser transzendenten Liebesbeziehung zwischen Mensch und Gott ist das Gebet – freilich nicht jedes Gebet, meint Wessenberg: „Wir sollten nie beten, dass Alles nach unserem Wunsch gehen, sondern vielmehr, dass unser Wunsch immer dem Willen Gottes gemäß sein möge[61], und was die weltlichen Güter betreffe, so wisse „Gott besser als wir, wessen Jeglicher bedürfe."[62] Man wird nicht annehmen können, dass ein Gott, ein wie auch immer väterlich gedachter Gott, der nicht um Hilfe angerufen werden will, wenn irdische Not herrscht, dennoch die Liebe seiner Kinder finden wird. Dessen ist sich Wessenberg, wie es scheint, auch bewusst gewesen, denn er schreibt an anderer Stelle: „Gott ist das einzige Wesen, vor welchem jeder Mensch sein ganzes Herz mit allen seinen Schwachheiten, Mängeln und Gebrechen und alle seine Bedürfnisse offen und ohne alle Scheu, mit kindlicher Zuversicht in jeder Lage des Lebens darlegen und entfalten kann. Es gibt keine Not, für welche der Mensch nicht im Gedanken an Gott Zuflucht, Trost und Linderung seines Leidens finden könnte."[63] – Die zitierten Stellen zeigen ein tiefes Dilemma der Aufklärung: der um Gottes Hilfe bittende Mensch verhält sich paradox!

„Wie Gott für uns der Mittelpunkt (die geistige Sonne) des Weltalls ist, so ist Christus der Mittelpunkt der Menschengeschichte."[64] So also, könnte man konstatieren, sind die Ressorts auf die unterschiedlichen Personalinstanzen verteilt: Gott, (sc. Gott-Vater) ist zuständig für das Große und Ganze, für das Universum, Christus ist zuständig für unsere Welt – eine in trinitarischer Hinsicht misslungene Formulierung! Gemeint hat Wessenberg jedoch dies: Der unendlich ferne Gott habe sich in der Erscheinung Christi „anschaulich zu erkennen" gegeben – „gleichsam", fügt Wessenberg vorsichtig hinzu.[65] „Der Eine Gott" habe sich „den Menschen in der Person Christi, welcher dem Geiste nach mit ihm Eins ist, menschlich versichtbart"[66] – wohlgemerkt „dem Geiste nach": was heißt das? – Christus sei die weltgeschichtlich „einzige Gestalt, in welcher unser Geistesblick schon hienieden das Göttliche in seiner Beziehung zur Menschheit" wahrzunehmen vermöge, „klar und deutlich" strahle „das Göttliche aus seiner Persönlichkeit hervor", Christus sei eine Person, „welche die Fülle des Göttlichen und Reinmenschlichen in sich vereinigt" darstellt, etc.pp. Das sind auffällig zurückhaltende Formulierungen, um dem Glauben einer totalen Identität Christi mit dem Vater in der Einheit Eines Gottes Ausdruck zu geben, und so fügt Wessenberg hinzu: „Über die Art, wie der Sohn Gottes Eins ist mit Gott dem Vater, haben die Menschen viel gestritten, weil sie das Unbegreifliche begreifen wollten."[67] In einem allerletzten Satz zu diesem christologischen Fundamentalproblem bringt Wessenberg – wiederum in einer Fußnote – seine Verlegenheit einer Vereinbarung der dogmatisch verbindlichen Glaubenstradition mit dem rationalen Plausibilitätsanspruch auf den Kapitulationspunkt: „Die Gottheit Christi geht nicht in seiner Menschheit auf."[68] – Aber was heißt das?

Der „Heilige Geist" schließlich wird von Wessenberg nicht als eigene Instanz, als besondere „Person" herausgestellt, sondern ist als „heiliger und heiligender Geist Gottes" diesem immanent. Diesen „Geist" zu senden, hat Christus den Jüngern versprochen.[69] In der Denklogik Wessenbergs heißt dies: Er selber, Christus, werde im Geiste bei seinen Jüngern sein.

Zur Auferstehung

Wessenberg, der „Wunder", „Mirakel" jedweder Art als Konstrukte des Aberglaubens zu verabscheuen pflegte, kann nicht umhin, das Ereignis der Auferstehung Christi von den Toten als „Tatsache" anzuerkennen: „Kein außerordentlicher, nach Naturgesetzen nicht erklärbarer Vorgang ist je besser bezeugt worden als diese Auferstehung." Dieses Ereignis enthalte die tröstliche Verheißung, dass ein jeder von den Toten auferstehen werde, „wenn er dieser Verheißung wahrhaft vertraut." Freilich vermöge „der in dem engen Kreis der Sinne Befangene" den Kern dieser Botschaft nicht zu fassen. Und dann folgt der dogmatisch entscheidende Satz: „Christus wollte selbst, daß sie geistig aufgefaßt werde" – „s i e", das heißt seine eigene Auferstehung wie auch die u n s verheißene Auferstehung.[70] Was Wessenberg genau damit gemeint hat, bleibt unausgeführt. Man darf aber wohl davon ausgehen, dass er eine wie immer beschaffene materiell-körperliche Auferstehung ausschließt, und zwar ganz im Sinne der einschlägigen Aussagen des Apostels Paulus in dem von Wessenberg besonders geschätzten 1. Korintherbrief : „soma pneumatikon".

Die letzten Dinge

Vom Gericht redet Wessenberg nicht explizit, aber er setzt es offenbar voraus, indem er auf ein „Jenseits der Gerechten" verweist, die dort eine selige „Einigung mit Gott" erfahren dürfen, und indem er auf ein „Jenseits der Bösen" verweist, „einen Ort der Trauer und Pein, wo der Wurm des Gewissens nicht stirbt".[71] Ein realistischer Blick in diese Jenseitswelten bleibe uns Sterblichen jedoch verwehrt. Hoffnung und Furcht hätten die Menschen jedoch veranlasst, die „ausschweifendsten Schilderungen" zu ersinnen und die „Erscheinungen der Sinnenwelt in die Geisterwelt hinüberzutragen."[72] Kurzum, wir wissen nichts darüber, Christus habe wohl mit Bedacht immer nur „gleichnißweise" davon gesprochen.

    Dass sich Wessenberg gleichwohl intensiv mit dem Teufel befasst, ist merkwürdig. Über diesen Repräsentanten des Bösen herrsche in der Christenheit eine große Verwirrung insofern, als ihn nicht nur das einfache Volk, sondern auch gestandene Theologen für eine „leibhafte Person" halten, die in der Welt ihr böses Unwesen treibe. Den Teufel, Urheber allen Übels, als „eine mächtige, furchtbare Persönlichkeit" sich vorzustellen, sei aber „unvernünftiger Wahn" und schierer „Aberglauben". In Wahrheit sei der Teufel nur eine Redeweise, um den „Grund des Bösen" zu bezeichnen, „das in denjenigen Platz findet, die ihn in ihren Willen aufgenommen haben."[73] Soweit entmythologisiert Wessenberg den Teufel, ohne ihn indessen vollends zu entsorgen. Auffälligerweise kommt er kurz vor dem Ende seines des Buches ausführlich auf einen sogenannten „Lügengeist" zu sprechen und widmet demselben fast vierzig Seiten. Wer ist dieser „Lügengeist"? – Offenbar eine externe personale Macht, die „mit allen ihren Künsten" gegen die Verchristlichung der Menschheit kämpfe, um den von Gott vorgesehenen Heilsweg zu hindern. Den Titel „Lügengeist" übernimmt Wessenberg aus dem Johannesevangelium, in dem der Teufel explizit als „Lügner", als „Vater der Lüge" bezeichnet wird (Joh. 8,44). Dieser „Erzlügner" war da „von Anbeginn", sagt Wessenberg, „im Geist der Lüge besteht die Erbsünde des Menschengeschlechts."[74] Der „Lügengeist" täusche die Menschen „in allen Arten von Verstellung, Gleisnerei, Tücke und List"[75], nicht nur „in Gestalt eines Marktschreiers, Sykophanten oder Beutelfegers", sondern „weit gewöhnlicher vebirgt er sich hinter der Maske des tiefen Ernstes, des religiösen und kirchlichen Eifers, einer menschen- und volksfreundlichen Förderung des Gemeinwohls oder der Freiheit."[76] Wessenberg beklagt in aller Länge und Breite die Verseuchung der gesamten sozialen Welt durch den „Geist der Lüge": Staat, Justiz, Familie, Wissenschaft – und nicht zuletzt auch die Kirche. – Natürlich lässt sich diese Brandrede metaphorisch lesen, als bildhafte Verbreitung des Bösen generell, vielleicht hat Wessenberg diesen „Lügengeist" auch als anthropologischen Grunddefekt verstanden im Sinne von Kant, den er in diesem Zusammenhang namentlich zitiert und der die Lüge als „faulen Fleck in der menschlichen Natur" definiert hat.[77] Aber die exorzistische Rage, in der Wessenberg den „Lügengeist" verflucht, lässt erahnen, dass dieser Widersacher für ihn mehr war als ein agent imaginaire, sondern eine wenn auch letztendlich indefinible Realität. Dieses „Lügengeist"-Kapitel verdient ein besonderes Interesse, weil es in frappanter Sinnfälligkeit die Aufklärungsgrenzen eines katholisch geprägten Weltbilds zu erkennen gibt. Wessenberg verfügt offenbar über keine vernünftige, d.h. wissenschaftlich plausible Theorie des Bösen (wie z.b. die moderne Ethologie), sondern macht dafür das destruktive Walten eines wie auch immer beschaffenen negativen Wesens verantwortlich, das er „Lügengeist" nennt oder auch, indem er den Evangelisten Johannes zitiert, den „Widersacher" schlechthin.[78] In der ratlosen Begegnung mit dem Bösen in der Welt scheint Wessenberg geneigt zu sein, einem magischen Rest seiner traditionalistischen Prägung Geltung einzuräumen, den er bei noch so energischem Aufklärungswillen nicht gänzlich wegzureflektieren vermochte.

Ekklesiologie

Die Kirche ist für Wessenberg zunächst eine spirituelle Institution: „Der wesentliche Charakter des Reiches Gottes, dessen äußerer Ausdruck die Kirche auf Erden sein soll, ist seine Geistigkeit, indem es, an den Bestrebungen der äußern Menschenwelt nach zeitlichen Dingen selbst unbeteiligt, einzig die Heiligung des innern Menschen erstrebt."[79] Christus selbst habe die Kirche gestiftet mit der Auflage, „eine Nachbildung der von Gott bestimmten sittlichen Weltordnung anzustreben."[80] Aus dieser Prämisse leite sie ihre Sendung ab: Die Kirche habe die Botschaft Christi „in unversehrter Reinheit und Vollständigkeit zu bewahren, zu verbreiten und fortzupflanzen."[81] Das müsse sie tun, aber wohl darauf achtend, dass sie „nicht die Beherrscherin des Glaubens, nicht die Schöpferin, noch die Herrin der christlichen Wahrheit" ist und dass sie „den Lehren Jesu nichts hinzufügen und nichts davon hinwegnehmen" könne, sie habe „keinen anderen Grund als den der Stifter selbst gelegt hat."[82] Die Kirche dürfe sich in diesem Auftrag auf den ihr von Christus verheißenen Beistand des göttlichen Geistes verlassen, der sich im gemeinsamen Glaubensgut der Christenheit „jederzeit und allerorten" äußere – also gemäß der Maßregel des Vinzenz von Lerin: „semper et ubique!"

Die spirituelle Kirche manifestiert sich in sinnfälligen Zeichen – den sogenannten „Sakramenten". Wessenberg vermeidet die Vokabel „Sakrament", er bevorzugt den Begriff „Symbol".[83] Die hervorragenden „Symbole" christlicher Glaubensbekundung sind für Wessenberg die Taufe und die Eucharistie. Während die Bedeutung der Taufe als Initiationssymbol offenbar selbstverständlich zu sein scheint, sieht sich Wessenberg veranlasst, sein Verständnis der Eucharistie zu explizieren: In der Eucharistie werde „der höchst denkbare Akt göttlicher Liebe" als wiederholende „Darstellung des blutigen Sühnopfers Christi unblutig erneuert" – und zwar von den mit dem apostolischen Hirtenamte eigens betrauten Priestern. Aber im gemeinsamen Abendmahl würden zugleich „alle Christen geistigerweise Priester" und stärkten sich im „Geist der Bruderliebe".[84] Die kurrenten Schlüsselbegriffe der diesbezüglichen Dogmatik – „Transsubstantiation" oder „Realpräsenz" – bleiben unerwähnt.

Ohne die übrigen Sakramente der Katholischen Kirche ausdrücklich zu negieren, lässt er sie doch beiseite – Firmung, Ehe, letzte Ölung bzw. Krankensalbung – oder er bringt sie nur indirekt und deutungsoffen zur Sprache wie das Bußsakrament: „Den Beruf der Kirche, der Verletzung der Liebe bei vorkommenden Zerwürfnissen unter Christen zu begegnen, sprach Christus deutlich aus." Und Wessenberg fügt gewiss mit besonderem Bedacht die entsprechende Schriftstelle Mt 18 hinzu – bezeichnenderweise eine jener Schriftstellen, die nach katholischer Lehre die Begründung der Sakramentalität des Bußakts biblisch dokumentieren. Auffällig ist aber auch hier, dass Wessenberg die wesentlichen Elemente des Bußkomplexes unterschlägt: Sünde, Schuld, Reue, Beichte, Umkehr, Absolution, Genugtuung, also alles, was ihm möglicherweise als Spuren einer magischen Praxis verdächtig sein mochte, und dass er stattdessen eine durchaus profane Zielintention markiert: Konfliktbereinigung, Friedensstiftung als wesentliche Pflicht der Kirche. – Als indirekter Hinweis auf das Sakrament der Priesterweihe kann (muss aber nicht) die folgende Formulierung gelesen werden: „Durch die Bestellung von Verkündigern seiner Lehre" habe Christus „eine fortwährende Reihe angeordnet".[85] Dass diese Verkündigung durch eine sakramentale Weihe geheiligt wird, sagt Wessenberg nicht, aber wenn man den Hinweis auf die „fortwährende Reihe" als Übersetzung der „apostolischen Sukzession" interpretiert, lässt sich zumindest hintergründig ein spezifisch katholisches Verständnis des Priesteramtes erschließen. Eine streng tridentinische Linientreue lässt sich für solche Formulierungen freilich nicht bestätigen.

Die Kirche ist nicht nur eine spirituelle, sondern auch eine weltliche Institution, die sich „wie jede wohlgeregelte Gesellschaft" in einer funktionstüchtigen Ordnung organisiert: mit Ämtern und Rangstufen, d.h. in einer hierarchischen Konstruktion.[86] Auf die konkreten Formen der Organisation der diversen christlichen Kirchen geht Wessenberg nicht ein, wohl aber erörtert er abstrakt ein „Kirchenregiment", wie es sein sollte: Es sollte vor allem total unterschieden sein vom Regiment der weltlichen Machtausübung. „Hierarchie" bedeute im eigentlichen Wortsinne „eine Herrschaft der Heiligen".[87] Wessenberg weist darauf hin, dass die entscheidenden Antriebsfaktoren profaner Herrschaft – Geltungsbedürfnis, Lust an der Macht – im wechselseitigen Umgang der Menschen innerhalb der Kirche verpönt sein sollten und stattdessen die Bereitschaft zum Dienst eines jeden für einen jeden in „Liebe und Wahrheit" geboten sei.[88]

„Hierarchie" bedeutet auf keinen Fall eine uneingeschränkte Entscheidungsgewalt des „Kirchenregiments" in den wesentlichen Angelegenheiten der Gesamtkirche. Schon in der frühen Christenheit sei es „allgemeine Vorschrift" gewesen, dass die fälligen Entscheidungen „von den Oberhirten" mit den ihnen „am nächsten stehenden Mitpriestern und von Zeit zu Zeit in Synoden, auch mit Beteiligung der Laien" getroffen wurden.[89] „Darin liegt ja eben der großartige Charakter der Kirche, daß in ihr das Bedürfnis der Gesamtheit reiflich erwogen und berücksichtigt, im Geist einer das Ganze umfassenden und bedenkenden Liebe gepflogenen Beratung beschlossen und angeordnet werden soll."[90] – Das ist ein klares Plädoyer für den Konziliarismus und implizit eine Kritik am römischen Kurialismus, der soeben unter dem Pontifikat Pius IX. eine innerkirchliche Macht durchzusetzen begann, die dominierender werden sollte als je zuvor.

Resümee

„Gott und die Welt" ist kein Werk aus einem Guss. Vorab ist kritisch ist zu vermerken, dass die architektonische Disziplin der Darstellung streckenweise nicht in wünschenswerter Stringenz beachtet worden ist. Nicht immer ergibt sich die Kapitelfolge aus der Logik des Sachzusammenhangs, manche Kapitel verlieren das religionstheoretische Generalthema aus dem Blick und bilden problemfremde Einheiten, es gibt Redundanzen und Repetitionen. All das und darüber hinaus auch die stilistischen Inhomogenitäten – die Darstellung pendelt zwischen akademischer Nüchternheit und homiletischem Pathos – legen die Vermutung nahe, dass der Gesamttext aus Teilen montiert worden ist, die von Wessenberg zu unterschiedlichen Lebenszeiten und in unterschiedlichen Interessenzusammenhängen niedergeschrieben worden sind. Manche dogmatischen Unstimmigkeiten sind vielleicht eben darauf zurückzuführen. – Wessenberg mag (wie wir alle!) nicht zu allen Zeiten seines Lebens exakt das Gleiche geglaubt haben.

Für manche dieser Unstimmigkeiten zumal im Ensemble der dogmatischen Aussagen wird man aber auch ein rezeptionsstrategisches Kalkül in Anschlag bringen dürfen. – An welche Öffentlichkeit hat sich Wessenberg mit diesem Werk gewandt? Von welchen Wirkungszielen hat er sich leiten lassen? Und wo verlaufen demnach die polemischen und apologetischen Frontlinien? – Wessenberg operiert in einer dreifachen Blickrichtung:

Einerseits richtet er seinen Text an die Adresse jener Zeitgenossen, welche im kritischen Geist der Aufklärung und zumal in Vertrautheit mit den modernen Wissenschaften intellektuell sozialisiert worden waren und sich infolgedessen von einer kirchlich-konventionellen Religionspraxis weitgehend entfremdet hatten. Indem sich Wessenberg nachdrücklich zur Aufklärung bekennt und eine rational fundierte Religiosität vertritt, versucht er, die „Außenstehenden" für einen Dialog zu gewinnen. Mit diesem kommunikativen Anliegen stellt sich Wessenberg trotz aller theologisch-systematischen Differenzen im Grunde in die Gefolgschaft Friedrich Schleiermachers, der ein halbes Jahrhundert zuvor in seinen „Reden über die Religion" „die Gebildeten unter ihren Verächtern" zum

Dialog herausgefordert hatte. (Ursprüngliche Titelformulierung:
„An die aufgeklärten Verächter der Religion".)
    Andererseits richtet Wessenberg seinen Text auch an die From-
men im Lande, an jene Leserschicht zeitgenössischer Katholiken in
Deutschland, die in den Jahrzehnten der Restaurationsepoche gegen den Rationalismus der Aufklärung sich auf eine Rückkehr zu
den Normen und Formen einer gegenreformatorischen Katholizität besonnen haben. Diese pauschal unter der Denomination „Ultramontanismus" versammelten Konservativen bekannten sich im
Konflikt zwischen Dogma und Rationalität zum absoluten Vorrang
des überlieferten Glaubens. Zu den Feindbildern, die in diesem
mentalen Regressionsprozess entwickelt wurde, gehörte alles, was
ursprünglich der Aufklärung anzulasten war: Demokratie, Revolution, Liberalismus, Pressefreiheit, Sozialismus, Antiklerikalismus,
Protestantismus, Indifferentismus, Idealismus, Pantheismus etc.pp,
kurzum alles, was ein halbes Jahrhundert später unter dem Sam-
melbegriff „Modernismus" im reaktionären Lager der Katholischen
Kirche offiziell diskriminiert werden sollte. Gegen diesen um sich
greifenden Geist einer nach draußen abgeschotteten Katholizität
vertrat Wessenberg gewissermaßen als Krönung all seiner kirchenpolitischen Aktivitäten und Publikationen in seinem Spätwerk das
Profil eines dezidiert offenen Christentums. Die provokative Absicht ist evident.
    Schließlich mag Wessenberg auch und nicht zuletzt an eine pro-
testantische Leserschaft gedacht haben. Er war überzeugt, dass eine
Aufhebung der christlichen Konfessionsspaltung früher oder später
fällig sein würde, und so war er offensichtlich bemüht, die brisanten
Differenzen im Glauben und in der Organisation der Kirchen schon
vorab zu entschärfen, zu umgehen oder einfach zu ignorieren. So
ist vom spezifisch katholischen Kirchenregiment, vom Papst und
seinem universalen Rechtsanspruch, nirgendwo die Rede. Wesentliche kirchlich relevante Entscheidungen sollten stets nach dem Sy-
nodalprinzip unter Einschluss der Laien getroffen werden. Das ist
eine genuin protestantische Position. – Dass er, streng genommen,
nur zwei der sieben katholischen Sakramente als solche ausdrücklich und eindeutig bestätigte, die Taufe und die Eucharistie, dass er
die Amtsbezeichnung „Priester" mitunter durch die Funktionsbe-

zeichnung „bestellte Verkündiger", also „Prediger", ersetzte, dass er ein „allgemeines Priestertum" aller Gläubigen betonte, dass er die tief katholische Sorge um die Verstorbenen, die Fegefeuerphantasien, das Ablasswesen, allen Heiligen- und Reliquienkult außer acht ließ, all das wird man als interkonfessionelles Friedensangebot verstehen dürfen. Das deutlichste Signal an die Protestanten ist endlich seine vorbehaltlose Forderung nach Gedanken- und Gewissensfreiheit. Diese Freiheit müsse in jeder „echt-christlichen Verwaltung der kirchlichen Amtsgewalt einen Hort, einen Beschützer gegen jede Anfechtung finden". Dass er diese Forderung ausgerechnet unter die Devise „evangelische Freiheit" stellte, ist gewiss als demonstrativer Akt transkonfessionellen Respekts zu deuten.[91]

Wessenbergs Absicht, diese konträr einander gegenüberstehenden Lesermilieus zugleich anzusprechen, bringt ihn unumgänglich in eine Dilemmakonstellation: Wie ist über Religion zu reden, so dass Interne und Externe, Konservative und Liberale, Gläubige und Agnostiker sich gleichermaßen darauf einlassen mögen? Wessenbergs Anliegen, für eine religiös divergente Gesellschaft eine gemeinsame Bühne zur Verhandlung von Grundfragen der Religion einzurichten, gerät gewissermaßen zu einem intellektuellen Drahtseilakt mit unvermeidlich prekären Balanceproblemen, mit Problemen also, die nicht nur eine kluge Taktik herausfordern, sondern auch und erst recht die Geltung der Sache in Frage stellen. – Wohlgemerkt: Balancelabilität im religiösen Diskurs ist kein Makel, sondern ein Stigma der Moderne. Dieses Stigma hat dem Aufklärer Wessenberg im spezifisch „katholischen Milieu"[92] seiner Zeit die Verfemung als Kirchenfeind eingetragen. Eben dieses Stigma qualifiziert ihn aber heute zu einem Dialogpartner für uns.

Anmerkungen

1 Gott und die Welt oder das Verhältniß aller Dinge zueinander und zu Gott. 2 Bde, Heidelberg 1857. | 2 GuW I, S. IX (Einleitung) | 3 Ebd. S. XI ff. | 4 Ebd. II, S. 28 | 5 Ebd. S. 349 | 6 Ebd. S. 389 | 7 Ebd. S. 385 | 8 Ebd. S. 321 | 9 Ebd. I, S. 1 | 10 Ebd. S. 8 | 11 Ebd. S. 42 f. | 12 Ebd. II. 24 | 13 Ebd. I. S. 42 und ähnlich ebd. S. 58 | 14 Ebd. S. 24 f. | 15 Ebd. S. 26 | 16 Ebd. S. 24 | 17 Ebd. S. 157 f. | 18 Ebd. II. S. 329 | 19 Ebd. I. S. 427 f. | 20 Ebd. S. 409 | 21 Ebd. S. 440 | 22 Ebd. S. 446 | 23 Ebd. S. 421 | 24 Ebd. S. 411, besonders drastisch II. S. 324 f. | 25 Ebd. S. 445 | 26 Ebd. II. S. 11 f. | 27 Ebd. S. 20 | 28 Ebd. S. 22 f. | 29 Ebd. I. S. 381 und II. S. 433 | 30 Ebd. II. S. 24 ff.

| **31** Ebd. S. 426 | **32** Ebd. | **33** Ebd. S. 58 | **34** Ebd. S. 33 (Wohl kaum eine andere biblische Textstelle begegnet in den Wessenberg'schen Schriften so häufig wie Joh 4,24.) | **35** Ebd. S. 13 | **36** Ebd. S. 427 | **37** Ebd. S. 418, S. 424 f. | **38** Ebd. S. 281 | **39** Ebd. S. 278 | **40** Ebd. S. 281 | **41** Ebd. S. 282 | **42** Ebd. S. 423 | **43** Ebd. S. 424 | **44** Ebd. S. 299 | **45** Ebd. S. 411 und S. 485 | **46** Ebd. S. 17 | **47** Ebd. S. 411 ff. | **48** Ebd. S. 496 | **49** Ebd. S. 429 | **50** Ebd. S. 296, S. 379 u.ö. | **51** Ebd.S. 384 | **52** Ebd.S. 314 | **53** Ebd. S. 346 | **54** Ebd. S. 322 | **55** Ebd. | **56** Ebd. S. 349 | **57** Ebd. S. 348 | **58** Ebd. S. 279f. | **59** Ebd. S. 39 | **60** Ebd. S. 27 | **61** Ebd. S. 17 | **62** Ebd. S. 301 | **63** Ebd. S. 33 | **64** Ebd. S. 422 f. | **65** Ebd. S. 293 f. | **66** Ebd. S. 295 | **67** Ebd. S. 294 | **68** Ebd. S. 293 | **69** Ebd. S. 313 f. | **70** Ebd. S. 310 | **71** Ebd. S. 310 | **72** Ebd. S. 311 | **73** Ebd. S. 51 | **74** Ebd. S. 437 | **75** Ebd. S. 441 | **76** Ebd. S. 445 | **77** Ebd. S. 438 | **78** Ebd. S. 436 | **79** Ebd. S. 335 | **80** Ebd. S. 336 | **81** Ebd. S. 335 | **82** Ebd. S. 338 | **83** Ebd. S. 339 | **84** Ebd. S. 351 | **85** Ebd. S. 340 | **86** Ebd. | **87** Ebd. S. 341 | **88** Ebd. S. 342 | **89** Ebd. S. 355 | **90** Ebd. S. 405 | **91** Ebd. S. 355 | **92** Zu dieser Formulierung und dem ihr zugeordneten historischen Sachverhalt vgl. Andreas Holzem: Weltversuchung und Heilsgewissheit. Kirchengeschichte im Katholizismus des 19. Jahrhunderts. Altenberge 1995, S. 140 ff.

Über Gott und die Welt
Eine Sammlung Wessenberg'scher Sentenzen

Vorbemerkung

Wessenbergs intellektuelle Interessen bewegten sich zwar vorwiegend im Problemhorizont seiner Profession und galten demgemäß zumal der Religion im weitesten Sinne, aber sie blieben keineswegs darauf beschränkt. Er beteiligte sich darüber hinaus mit einer Fülle von Beiträgen am Diskurs der gebildeten Welt seiner Zeit – mit Schriften zur Philosophie, zur Pädagogik und Wissenschaftstheorie, mit historiographischen Abhandlungen und literatur- und theaterkritischen Essays, und er hat zahlreiche Gedichte und Dramen publiziert. Will man ihn als Schriftsteller historisch einordnen, wäre am ehesten an jene Zirkel von Intellektuellen zu denken, die in den Zeiten der Aufklärung in Frankreich als „gens de lettres", als „philosophes", als „moralistes" bezeichnet zu werden pflegten –, freie Geister, die, ohne sich sonderlich um die Zäune schuldisziplinärer Kompetenzen zu scheren, der kritischen Reflexion unterzogen, was ihnen reflexionsbedürftig erschien: Religion, Natur, Gesellschaft, Geschichte, Politik, Kunst, Literatur. Diesen „Moralisten" galt Wessenbergs passionierte Verehrung sein Leben lang. Er hat nahezu alle, die unter ihnen Rang und Namen besaßen, in seiner riesigen Bibliothek versammelt und im Fußnotenapparat seiner Bücher begegnen sie auf Schritt und Tritt: Montaigne, Pascal, Charron, Rivarol, Montesquieu, Vauvenargues, Voltaire, Rousseau, Diderot, Holbach, d'Argenson, Helvetius, wie auch deren Nachfahren im 19. Jahrhundert: Benjamin Constant, Lamennais, Louis Eugène Bautain, Louis Blanc und viele andere. Wessenberg, der selbst kein Freund der strengen Systemphilosophie war, kein Freund der Scholastik, kein Freund des deutschen Idealismus, scheint an den französischen Moralisten Gefallen gefunden zu haben wegen der ihnen eigenen Methode eines gleichsam experimentellen Denkens, das sich von der Phänomenalität der konkreten Lebenswelt provozieren ließ. Ihre Philosophie, hat einmal jemand gesagt, sei im Grunde „Lebensklugheit".

Fasziniert war Wessenberg offenbar insbesondere von der Rhetorik der Moralisten, die ihre Überlegungen gerne in Formen artikulierten, welche hier generalisierend unter dem Oberbegriff der „sentenziösen Rede" zusammengefasst seien. Gemeint sind damit jene kurzen, konzis geformten Textgebilde, die einen Sachverhalt, eine Erfahrung, eine Einsicht, ein Urteil in pointierter Prägung zum Ausdruck bringen. Sie finden sich in vielerlei Spielarten: Maxime, Aphorismus, Sprichwort, Apercu, Bonmot, Apophthegma, Reflexion, Fragment etc. – das sind sinnverwandte Begriffe, die sich nicht alle trennscharf unterscheiden lassen. Gemeinsam ist all diesen Varianten ihre multiple Einsetzbarkeit im pragmatischen Diskurs, Sentenzen funktionieren okkasionell. Sie entfalten ihre Wirkungsmacht erst recht in Situationen der Geselligkeit, also in Anwesenheit einer parteibereiten Zeugenschaft, die zum Beifall oder zum Widerspruch herausgefordert werden soll – oder auch zur Kapitulation. Ein sentenziöser Satz am richtigen Ort kann im Rededuell gefechtsentscheidend sein, indem man, zum Beispiel, den Gegenüber mit einer überraschenden Volte irritiert und die Lacher auf seine Seite bringt. Aus dieser pragmatischen Funktion ergibt sich eine Rhetorik der Schlagfertigkeit: apodiktisches Behaupten, skrupelloses Verallgemeinern, irritierende Mehrdeutigkeit, hintersinniges Paradoxieren, kurzum „Witz" im weitesten Sinne des Wortes. Ihre Nützlichkeit in der rhetorischen Praxis führte im Laufe der Geschichte dazu, die Sentenzen aus ihren ursprünglichen Kontexten zu isolieren und zu exzerpieren und in speziellen Sammlungen – den sogenannten „Collektaneenbüchern" – zu edieren, wodurch sie von Fall zu Fall kanonisch geworden sind. Das ist schon im griechisch-römischen Altertum geschehen und ist schiergar bis in unsere Gegenwart hinein fortgeführt worden.

Wessenberg war sich der Effektivität sententiöser Rede wohl bewusst und bediente sich ihrer in seinen Schriften von Fall zu Fall ausgiebig, zumal dann, wenn er mit einer gespaltenen Öffentlichkeit rechnen zu müssen glaubte, also mit einer Leserschaft an erwartbar divergenten Meinungsfronten. Besonders auffällig begegnet diese Rhetorik in Wessenbergs Spätwerk „Gott und die Welt", in dem er geradezu testamentarisch in großen Zügen sein aufgeklärt christliches Weltbild skizzierte. Das fast rund tausend Seiten starke Werk wird im Buchhandel nicht mehr angeboten, auch nicht im Antiquariatshandel. Wer es lesen will, muß es in Universitätsbibliotheken suchen, wo es von Fall zu Fall – wie z.b. in Konstanz – nur im Lesesaal eingesehen werden darf. Ersatzweise habe ich deshalb – alten Gepflogenheiten folgend – die über den Gesamttext verstreuten Sentenzen exzerpiert, nach Themen grob geordnet und lege sie hiermit vor, um die geistige Physiognomie dieses außergewöhnlichen Mannes wenigstens umrisshaft erahnen zu lassen. Er hat wie kaum ein anderer unter seinen katholischen Zeitgenossen in Deutschland die Ethik der Menschenrechtskonvention vorweggenommen –, was der Vatikan erst ein Jahrhundert später in der Enzyklika „pacem in terris" von Papst Johannes XXIII. anno 1963 nachvollzogen hat.

Sentenzen

Religion und Vernunft

Die wahre Religion kann nie gestatten, daß man sie der Prüfung der menschlichen Vernunft entziehe.

Gottes heiliger Wille kann es nicht sein, daß die Offenbarungen von Ihm und über Ihn im Widerstreit mit der Vernunft dargestellt werden, indem ja die Vernunft von Gott selbst allen Menschen zu einer Leuchte und Führerin gegeben ist.

Wenngleich die Vernunft nicht zureicht, um dem Menschen über das Göttliche vollständige Belehrung zu geben, so wäre es doch eine tiefe Herabwürdigung dieses von Gott den Menschen zur Unterscheidung von Wahrheit und Irrtum verliehenen Lichtes, wenn man behaupten wollte, daß sein Gebrauch nur in weltlichen und zeitlichen Dingen, nicht aber bei der Beurteilung der religiösen stattfinden dürfe.

In der Religion muß Manches dem sterblichen Menschen während dem Erdenleben Geheimnis bleiben. Der Schleier vor dem Unendlichen kann von des Menschen Geist nur gelüpft, nicht weggehoben werden.

Diesseits und Jenseits

Das Leben auf Erden ist ein Bruchstück, eine Vorschule.

Wer an Gott glaubt und ihm vertraut, wird nicht von ihm verlangen, daß er ihm schon im Diesseits Alles gebe und nichts für das Jenseits vorbehalte.

Wir erkennen, daß es etwas Unendliches geben könne, wir erkennen ferner, daß Gott, der Unendlich-Vollkommene, ist und sein muß. Aber begreifen können wir Gott nicht, weil unserem Geist das Maß abgeht, um das Unermeßliche zu messen.

Der Mensch soll sich kein sinnliches Bild von Gott machen, weil keines der Idee von Gott entspräche.

Von Gott kann nur Gott dem Menschen Kunde geben.

Unser Denken von Gott dem Denken Gottes von sich selber gleichzustellen, wäre nicht minder vermessen als die Gleichstellung des Widerscheins der Sonne am Mond mit dem ihr selbst inwohnenden Lichte.

Nach seiner Größe ist Gott, der Herr des Weltalls, uns verborgen, aber in seiner Liebe ist Gott, der Vater, uns offenbar.

Des Menschen Sprache von Gott kann nur symbolisch sein.

Zwar schuf Gott den Menschen zu seinem Ebenbilde, – die Menschen sind aber nur zu geneigt, sich Gott nach ihrem Bilde zu gestalten.

Nur Gott weiß, was ein Jeder im Diesseits fassen und tragen und sich zu seinem Besten aneignen kann.

Es hat der Gedanke, daß hinter und über dem uns Begreiflichen ein Unbegreifliches liege, für unseren Geist etwas im höchsten Grad Erhebendes.

Beschränktheit ist des Menschen Laufbahn, das Unendliche seine Aussicht.

Unser Geist soll sich Zeit und Ewigkeit nicht so voneinander getrennt denken, als ob eine unermessen tiefe Kluft zwischen ihnen bestände. Unser Diesseits und Jenseits stehen vielmehr in engem und genauem Zusammenhang, sie bilden ein Ganzes.

Nichts Endliches mit dem Unendlichen zu vermengen, dem Unendlichen nichts Endliches unterzuschieben und die Eigenschaften des Unendlichen keinem endlichen Wesen beizulegen, verlangt die Folgerichtigkeit unserer Intelligenz.

Der Priester soll lehren: Gott dienen! Oft aber lehrte sein Beispiel, sich Gottes zu bedienen. Kein Wunder, wenn dann auch Andere, vom Staatsoberhaupte bis zum Geringsten sich zu bedienen strebten und dies für Religion ausgaben. Dem Ewigen soll das Endliche dienen. Wie kann aber noch Religion bestehen, wo das Verhältnis umgekehrt wird und man das Ewige zum Diener des Endlichen machen möchte.

Wir sollten nie beten, daß Alles nach unserem Wunsch gehen, sondern vielmehr, daß unser Wunsch immer dem Willen Gottes gemäß sein möge.

Man vergesse nie, daß die Revision unserer Urteile Gott vorbehalten bleibe.

Der Mensch verlangt oft von anderen, was das Maß ihrer Kräfte übersteigt. Gott hingegen verlangt dies von keinem Menschen.

Der Uranfang aller Dinge ist für uns in Dunkelheit gehüllt und unerkennbar. Den Ursprung des Weltalls kennt nur Der, durch dessen Kraft es ward und besteht.

War einmal irgendwo die Religion zur Larve und zum Triebwerk der Selbstsucht oder zum bloß mechanischen Maul- und Machwerk geworden, so durchdrang ein leichenartiger Modergeruch bald alle Poren des häuslichen und öffentlichen Lebens.

Toleranz

Allen Religionen liegt etwas Wahres zum Grunde.

Gott ist auch der Heiden Gott.

Die erste Christenkirche war eine hebräische.

Nichts kann den Christen berechtigen, in Ansehung der Nichtchristen dem Gerichte Gottes vorzugreifen.

Jede Lehre, die man für Religion oder göttliche Wahrheit ausgibt, wird, wenn sie von den Menschen, damit sie ihr Heil erlangen, Dinge fordert, die das ihnen verliehene Kraftmaß übersteigen, eben dadurch der Unwahrhaftigkeit mehr als verdächtig. Gewiß falsch ist sie, wenn sie Unmenschliches befiehlt.

Solange Gott verschiedene Religionsformen duldet, ist es klar, daß er gleiche Duldsamkeit von den verschiedenen Religionsbekennern gegeneinander verlange.

Einen recht auffallenden Beweis, wie sehr der Lügengeist in die öffentliche Meinung eingedrungen war, gab die Erklärung im preußischen Religionsedikt von 1788: „daß es den angestellten Geistlichen erlaubt sei, den Inhalt der von ihnen vorgetragenen Konfessionslehre nicht zu glauben, jeder aber auch das, was er selbst nicht glaube, zu lehren verbunden sein soll.

Eine Regierung kann von der Wahrheit gewisser Religionsgrundsätze fest überzeugt sein. Das gibt ihr aber kein Recht, die Anerkennung derselben zu erzwingen.

Wahre Religion ist mit Zwang ganz unverträglich.

Den Geist der Liebe, nicht den lieblosen Eifer hat Christus zum Apostel seines großen Gebots bestellt.

Harte, grausame Verfolgung war jederzeit Feuerprobe des Glaubens. Selbst der Irrtum kann durch sie neue Stärke gewinnen, obgleich nur die Wahrheit diese Probe auf immer besteht. Jedenfalls hat aber Niemand das Recht, Andere dieser Feuerprobe zu unterwerfen.

Welche Anmaßung ist es nicht, wenn Menschen – Herrscher oder Völker – sich zu Vollziehern der Rache beleidigter Gottheit aufwerfen. Diese Rache wird dann schrankenlos, indem der vorgeblich fromme Eifer allen Rechtssinn und alles Menschengefühl erstickt.

Natur und Geist

Die Natur außer uns und der Geist in uns sind zwei Bücher, mit deren Studium wir nie zu Ende kommen.

Der Geist will, der Körper muß.

Der Geist und der Leib streiten sich um die Herrschaft: der eine muß Herr, der andere Diener sein.

Das Tier lebt immer nur in der Gegenwart, der Mensch weit mehr in der Zukunft und in der Vergangenheit.

Ein schlechter Magen kann zwar dem Denken hinderlich sein. Doch sind die den besten Magen haben, nicht immer die besten Denker.

Es gibt eine Macht, die bloß aus der öftern und langen Wiederholung der nämlichen Tätigkeit oder Untätigkeit sich bildet und ihren Einfluß nicht nur auf den unfreien Körper, sondern auch auf den freien Geist erstreckt: die Macht der Gewohnheit.

Oft teilt sich die Trägheit des Leibes dem Geiste mit, und die Trägheit von beiden deckt sich mit dem Feigenblatt des Wahns, es sei vornehmer, nicht arbeiten zu dürfen, als das Gegenteil, – eines Wahns, der, für Leib und Geist gleich verderblich, eine fruchtbare Quelle von Elend ist.

Viele, die im Geiste anfingen, endigten im Fleische.

Ob und in welche neue organische Gestalt der Geist nach Auflösung seines irdischen Leiborgans sich kleide? Das ist eine Frage, deren Beantwortung über den Grenzen seiner Erkenntnis auf Erden liegt.

Staat und Gesellschaft

Weil unbeschränkte Freiheit sowohl als unbeschränkte Herrschaft die verderblichsten Folgen nach sich zieht, so war es zu allen Zeiten das Bestreben weiser Gesetzgeber, durch Teilung der Staatsgewalt und ein zweckmäßiges Verhältnis zwischen der Wirksamkeit ihrer Bestandteile ein Gleichgewicht und Ebenmaß zu bewirken, welches verhindere, daß bloße Gewalt an die Stelle des Rechts trete.

Das mit dem Schein von Humanität oder Unbefangenheit sich schmückende Streben, die ärgsten Frevel und Verbrechen, die in Zeiten gewaltsamer Umwälzungen sich hervortun, zu entschuldigen, ist ein Wahrzeichen tiefer Ausartung der Gesellschaft.

Jedes freie Volk, dem eine seine Freiheit schützende Verfassung teuer und heilig ist, hat Grund, auch den andern eine solche Verfassung zu wünschen, schon deswegen, weil dadurch die seinige eine neue Bürgschaft gewänne.

Ein toter Buchstabe sind Verfassung und Gesetze, wenn nicht die Liebe des Gemeinwohls zu ihrer Befolgung antreibt und Sinn für Gerechtigkeit ihr Wächter ist.

Durch jede Verflechtung in die Triebwerke der weltlichen Politik hat die christliche Religion immer nur an Würde verloren, ohne daß dadurch der Staat selbst wahrhaft an Wohlfahrt gewonnen hätte.

Obwohl Natur und Geschichte jedem Staat dereinstigen Untergang – das Los alles Endlichen! – prophezeien, so handeln doch jederzeit der weise Regent oder Staatsmann, der tapfere Held, der rechtschaffene Bürger so, als wären sie der Unsterblichkeit ihres Staates gewiß. Sobald diese Gesinnung schwindet, steht der Staat auf schlüpfrigem Abhang.

Schweren Tadel und den tiefsten Abscheu verdient die Politik, die den eigenen Vorteil auf die geistige und sittliche Erniedrigung oder Niederhaltung der Anderen zu begründen versucht.

Güter, die wir selbst als wertvoll hochschätzen und deshalb für uns verlangen, andern Völkern zu mißgönnen und zu schmälern, ist ein Unrecht, das keinen Segen bringen kann.

Die Schwachsinnigkeit Vieler ist Ursache, daß sie stets geneigt sind, mit Leidenschaft zu irgendeinem Äußersten, sei es Knechtschaft oder Ausgelassenheit, sich hinreißen zu lassen und dafür Partei zu nehmen, wo dann die Wenigen, die mit besonnener Umsicht nur dem Wahren und Guten nachstreben, eine schwere Stellung bekommen und von beiden Parteien mißkannt und angefeindet werden.

Der Reichtum hebt die Mühseligkeiten des Lebens nicht auf, sondern verändert sie nur.

Großer Reichtum, Überfluß daran, war zu allen Zeiten die Pandorabüchse vieler Verderbnisse und Laster. Aber zu große Armut und Not erzeugten sie ebenfalls.

Allerdings erzeugen Armut und Elend viele Laster, so wie auch Laster oft in Elend stürzen.

Leider sind die Gefängnisse und Strafanstalten oft mehr Schulen des Lasters als der Verbesserung.

Rechtzeitige Reformen sind allein imstand, einen Staat und jede Gesellschaft zu erhalten. Daher sind die Freunde und Förderer solcher Reformen die wahren Conservativen, ihre Gegner die Destruktiven.

Die Macht der Machthaber

Nicht nur der Regent, auch das Volk ist von Gottes Gnaden,

Die riesenhaftesten Denkmäler der Baukunst sind das Werk von Sklavenhänden.

Ob der Ehrgeiz, die Macht- oder Vergrößerungssucht einzelner Regierungen ihr auf unrechtlichen Wegen, sei es durch Gewalt oder durch Trugkünste, verfolgtes Ziel erreiche oder verfehle, könnte für sich dem Menschenfreund gleichgültig sein. Doch wegen der sittlich verderblichen Folgen eines Siegs der Ungerechtigkeit kann ihm die Vereitelung solchen Sieges nur erwünscht erscheinen.

Die Vergötterung der unbeschränkten Herrschergewalt hat immer nur dazu gedient, in ihren Inhabern einen Schwindel zu wecken, den zu bewältigen der Verstand und das Herz des Menschen nicht gewachsen sind.

Die unbedingtesten Lobpreiser anarchischer (gesetzloser) Freiheit sah man plötzlich ohne Scheu zur tiefsten Volksknechtung und die niederträchtigsten Volksschmeichler zur härtesten Volkstyrannei schreiten. Und wie oft hat man nicht auch die feurigsten Herolde rücksichtsloser Volksaufklärung sich plötzlich in eifrige Beschirmer und Förderer aller Künste der Verfinsterung verwandeln gesehen!

Unter der Herrschaft der Despoten und Tyrannen sah man oft vorzüglich freisinnige und tugendkräftige Männer sich bilden, weil Druck Gegendruck und die Ausschweifungen der Willkür Abscheu vor ihnen und Liebe der Freiheit und Ordnung in unverderbten Seelen erwecken.

Man hat jederzeit Menschen gesehen, die im Privatleben die schönsten Tugenden entfalteten, im öffentlichen aber sich durch Härte und Ungerechtigkeit, selbst Grausamkeit hervortaten. Die Vereinigung zweier so entgegengesetzten Menschen in Einem ist nur dadurch erklärbar, daß Ehrgeiz, Furcht, Eitelkeit auf den Menschen, der öffentlich vor den Augen der Welt auftritt und sich in vielfache Verhältnisse mit derselben entwickelt sieht, nur zu oft einen verderblichen Einfluß ausüben. Bald ist es die Gunst oder Ungunst der Machthaber, bald die der Menge, die den Handelnden bestimmt und unterjocht. „Opinio regina mundi." (Die öffentliche Meinung regiert die Welt.)

Unbeschränkte despotische Monarchien enthalten für freie Nachbarvölker immer einige Gefahr, weil ihre Beherrscher, wenngleich ihr persönlicher Machtbesitz auf schwankendem Grunde ruht, doch durch rasche und konzentrierte Gewaltausübung ein freies Nachbarvolk unterdrücken können, da ihnen durch nichts die Hände gebunden sind.

Demosthenes warnte die Athener vor den Lockungen des Macedoniers Philippus. „Niemals", sprach er in seiner zweiten Rede gegen diesen, „sind enge Verbindungen mit Tyrannen für freie Staaten gefahrlos."

Durch die Barbarei des einen Volkes ist immer die Zivilisation der Anderen, die mit ihm in Berührung stehen, bedroht.

Milde weckt Milde, Zutrauen Zutrauen, ebenso Grausamkeit Grausamkeit, Mißtrauen Mißtrauen, oft selbst in von Natur sanftmütigen und gutmütigen Wesen. Sahen wir doch die Tyrannei selbstsüchtiger Europäer die gutartigsten Indianer und Neger in rach-

süchtige Tiger verwandeln. Eine gerechte und gütige Behandlung
hätte die Farbigen mit den Weißen befreundet zum großen Vorteil
von beiden Brudergeschlechtern. Allein die maßlose Habsucht der
auf die Vorzüge ihrer Kultur eingebildeten Weißen wollte den Vorteil allein für sich, und so wurde die Bekanntschaft der Weißen mit
den Farbigen beiden zum Fluch.

Warum hat es in neuester wie in ältester Zeit Eroberer gegeben,
die großen Anhang und begeisterte Verehrer fanden? – Bloß weil
Eroberungen – im Ganzen doch etwas Verhaßtes! – einen starken
Schimmer des Ruhms von sich werfen, weil der Zauber dieses
Ruhms Viele betört, weil damit auch allerlei Beute verknüpft ist,
deren Köder gemeine Seelen an sich lockt. Und doch ist das Strafgericht niemals ausgeblieben.

Wer andere quält, bereitet sich selber Plagen. Tyrannei nahm von
jeher ein tragisches Ende. Wenn das Maß der Verruchtheit voll war,
brach das Verderben gewöhnlich wie ein Blitz herein, nachdem vor-
her im Rausche des Übermuts das ferne Brausen des Orkans über-
hört worden war.

Das Auftürmen von Weltreichen durch Eroberungen zog unvermeidlich Willkürherrschaft und Begründung eines weiten Ab-
stands zwischen den großen Massen und der unverhältnismäßig
geringen Zahl von Günstlingen des Glücks in Bezug auf Bildung
und Vermögen nach sich. Die Treibhausbildung der höheren Kreise
stand im Gegensatz mit der Verwahrlosung der unteren.

Als der Gedankenkreis sich bedeutend erweiterte, als das Nachdenken über alle gesellschaftlichen Anliegen in immer größeren
Schichten des Volkes war geweckt worden, zog das Reich der Gedanken stets mehr die Aufmerksamkeit der Machthaber auf sich.
Sie hätten sich zwar gern des Vorteils der intellektuellen Fortschrit-
te bemächtigt, als sie aber in der Freiheit der Kundgebung der Gedanken Gefahr witterten, umgaben sie dieselbe um so ängstlicher
mit Schranken, je mehr Mittel erfunden wurden, ihre Veröffentli-
chung zu erleichtern.

Ist es doch das Merkmal jeder herrschsüchtigen, mißtrauischen Regierung, daß sie das nicht öffentlich dulden will, was sie insgeheim dulden muß, sie mag wollen oder nicht. Allein die Not außerordentlicher Umstände drang von Zeit zu Zeit den Machthabern ab, wozu sie sich gutwillig nicht verstanden.

Ergreift Wahnsinn die Regierer, so büßen es die Regierten.

Die Presse soll nicht nur das Totengericht über die Großen der Erde halten, was immer das Amt der Geschichte schon vor Erfindung der Presse war, sie soll auch schon zu ihren Lebzeiten über sie zu Gericht sitzen.

Krieg und Kriegsrecht

Krieg, der große Brüdermord, ist das Kainszeichen der Menschheit. Wem fallen nur zu oft seine Opfer? Der eingebildeten Ehre, dem Ruhm und der Habsucht von Einem oder Wenigen! Hunderttausende ziehen gegeneinander aus, um sich zu morden und unsägliches Elend zuzufügen, ohne sich einer dazu auffordernden Beleidigung bewußt zu sein. Und wer gewinnt im Krieg? Im Grunde Keiner! Und wer verliert? Alle! Und dennoch spürt man in der Kriegswut noch keine merkliche Abnahme, wohl aber wird man täglich sinnreicher in Erfindung von Mitteln, um ihre Zerstörungskraft zu erhöhen.

Noch immer wird zu wenig durch die Tat anerkannt, daß der Krieg nur als Verteidigung des Rechts, wenn alle andern Mittel dafür erschöpft sind, gerechtfertigt werden könne, und daß auch ein gerechter Krieg nicht zur Verletzung der allgemeinen Rechte der Menschheit berechtige.

Wann wird man zwischen Staaten, die einer hohen Zivilisation sich rühmen, der barbarischen Maxime entsagen, daß der Krieg alles Recht still stelle und gegen den Feind alles Rechtswidrige erlaube. Wann wird unter gesitteten Völkern der Grundsatz zur vollen Geltung gelangen, daß der Krieg, auch der gerechteste, nur gegen Staaten und Regierungen, nicht gegen die Völker geführt werden dürfe, daß mithin das, was Allen stets heilig und unverletzlich bleiben soll – Religion, persönliche Freiheit, Eigentum, Gewerbe, Anstalten der Wissenschaft und Humanität und solche, welche allen Völkern zum fortwährenden Vorteil gereichen, wie Eisenbahnen, Telegraphen, Quarantänen – dem Bereich des Kriegsrechts entzogen sei und von keinem der Kriegführenden angetastet werden dürfe?

Unter allen Kriegen sind die wegen der Religion und die Bürger-kriege, unter den Privatzwisten die zwischen Geschwistern und lange Zeit Befreundeten die erbittertsten.

In Indien werden die Ackerleute für heilig und unverletzlich gehal-ten. Sie bearbeiten daher in der Nähe der feindlich einander gegen-über stehenden Heere ruhig und ohne Gefahr ihre Felder.

Blick in die Zukunft – Fortschritt

Fortschreiten ist das Gesetz allen Strebens nach Vollkommenheit. Wie dieses Streben soll auch der Fortschritt nie aufhören.

In unserer Beschränktheit wünschen wir freilich, das Vollkom-mene käme in kürzester Zeit zustand. Allein unser Aller Leben ver-schwindet, ohne es vollbracht zu sehen in der Zeit, wie ein Tropfen im Ozean, während die Menschheit langsam der Vollendung entge-gengeht.

Während das Streben nach immer größerer Vervollkommnung uns als allgemeines Gesetz aller mit freiem Willen begabter Wesen sich darstellt, zeigt sich dasselbe als Naturtrieb in der Gesamtheit aller andern. Alle Weltkörper, vom größten bis zum kleinsten, sind in beständiger Arbeit, welche Geburtswehen vergleichbar ist und wo-durch die ganze Schöpfung auf dem Wege fortwährender Entwick-lung sich befindet. Ein solches Fortschreiten des Weltalls entspricht ganz unserer Idee von seinem Urheber.

Die Menschengattung hat noch einen weiten Weg vor sich. Welch eine kleine Strecke desselben sind die Jahrtausende, welche sie bisher durchlaufen hat.

Zum Fortschritt sind Veränderungen notwendig. Aber wie jeder Fortschritt von einem bestehenden Zustand ausgeht, so bezweckt er vernünftigerweise auch wieder einen Zustand, der von wohltuendem Bestand sein kann. Veränderungen ohne diesen Zweck sind kein Fortschritt und können nur zur Verwirrung und Unordnung führen. Veränderungen bloß um zu verändern, sind heillos und barer Unsinn.

Weit entfernt, daß vielfältige Aufregung den Fortschritt fördert, ist vielmehr nichts, was ihn mehr verhindert. Der wahre, nachhaltige Fortschritt gelingt nur stufenweis, mithin besonnen, allmählich und geräuschlos.

Man darf hoffen, daß die Schranken, welche Vorurteil, Unkunde und leidenschaftliche Selbstsucht zwischen Völkern und Menschenrassen aufgerichtet haben, allmählich vor der Einsicht fallen werden, was die Menschen einander sein können und sollen.

Die Morgenröte trügt nicht selten am meisten, wenn sie am hellsten scheint. Wie fern lag nicht oft die goldne Zeit, wenn die Posaunen und Triumphgesänge des Tags ihr Dasein am lautesten verkündeten.

Am häufigsten treten Verkündiger der Zukunft in ganz verworrenen Zeiten auf, wo die Grundfesten der Gesellschaft tief erschüttert sind und Alles wankend und ungewiß geworden ist. In solchen Zeiten findet jeder Gehör, der mit kecker Zuversicht durch den Schleier der Zukunft zu blicken behauptet, weil der Wunsch allgemein ist, aus dem peinlichen Zustand der Ungewissheit erlöst zu werden.

In wie beschränktem Maß ist es selbst dem Scharfsichtigsten und Erfahrungsreichsten vergönnt, alle künftigen Ereignisse vorherzusehen, wie selten, den Zeitpunkt ihres Eintreffens im Voraus zu berechnen!

Nichts macht die Wahrheit des Fortschritts gewisser Völker mehr verdächtig als das ewige Posaunen, Prangen und Prahlen damit. Ein Fortschritt ohne großes Geräusch bewährt sich immer und überall am besten. Die Wagen, die am stärksten poltern, sind die leeren.

Nur das Gesunde und Lebenskräftige kann gute Früchte hervorbringen. Wenn die dürren Blätter und Zweige vom Stamme sich ablösen, so beweist das nicht, daß der Stamm absterbe, sondern vielmehr, daß der Trieb nach frischem Leben und neuen Erzeugnissen desselben in ihm sich rege.

Vorschnelle Reife pflegt der Vorbote vorzeitiger Hinfälligkeit zu sein, wie bei einzelnen Personen, so auch bei ganzen Völkern.

Es gibt Wendepunkte in der Geschichte wie im Einzelleben, wo der Todeskampf eines abgewelkten verderbten Zustands und die Geburtswehen eines frischen, bessern zueammentreffen. Das sind die Zeiten der Verjüngung.

Die Epochen im fortlaufenden Drama der Weltbewegung kann nur Gott bestimmen.

Trügerisches Glück

Nichts dient mehr dazu, des Menschen Sinn zu verwirren, seine Kraft zu erschlaffen, seine Wachsamkeit einzuschläfern, als lange anhaltendes und wachsendes Glück.

Nichts ist launenhafter als das Glück. Hat es je lange gedauert, ohne durch Mißgeschicke unterbrochen zu sein, hat es den höchsten Gipfel erreicht, dann hat der Mensch gerade am meisten Grund, ihm zu mißtrauen und sich auf einen Wechsel gefaßt zu halten.

Hat nicht, wer aufrecht steht, allen Grund, sich vorzusehen, damit er nicht falle.

In den Erwerb und Genuß aller Glücksgüter mischt sich gewöhnlich einiges Unbehagen, wie ein Vorbote, eine Ahnung des in der Zukunft lauernden Wechsels oder Mißgeschicks. Selbst dem reinsten Gefühl von Glück, von Seligkeit, gesellt sich eine Wehmut, die an unsere Endlichkeit erinnert. Und wie oft wirft nicht der Glückliche selbst im freudigsten Gefühl seines Glücks etwas hinein, das ihm seine Süßigkeit verbittert, seinen Glanz trübt, wodurch er gleichsam ein Geständnis ablegt, daß das Erdenleben für ganz ungetrübte Glückseligkeit nicht gemacht sei.

Zu welchem Grad von Übermut würden die Menschen sich nicht erheben, wenn die vielen Wechselfälle von allem dem, was ihr irdisches Lebensglück berührt, sie nicht beständig an ihre und aller Erdengüter Hinfälligkeit erinnern!

Ein Sehnen nach einem unvergänglich guten Zustand liegt unaustilgbar im Gemüt, während das Leid der Lust wie der Schatten dem Lichte nachschleicht.

Die Summe des Angenehmen und Unangenehmen, der Genüsse und Entbehrungen, der Freuden und Leiden ist im menschlichen Leben so verteilt, daß kein Sterblicher sich einer so vollkommenen Glückseligkeit bewußt werden kann, um nicht nach einem höhern Grad derselben zu dürsten. Wer Enthebung von allen Leiden begehrt, vergißt, daß er ein Mensch ist. Genüge findet der Mensch nur im Verlangen, im Begehren, nicht im Genuß.

Weit schwerer ist es oft, ein großes Glück zu ertragen als ein großes Unglück.

Der Zauber glücklicher Erfolge wiegt nur zu leicht in Selbsttäuschung ein. Widerwärtigkeiten sind hier oft das einzig wirksame Heilmittel.

Es gibt glücklich scheinende glänzende Erfolge, die die ärgste Strafe sind, indem sie verblenden, während Niederlagen die größte Wohltat werden und sich in Triumphe verwandeln, wenn man in ihnen eine Aufforderung zu erhöhten Anstrengungen erblickt.

Vergänglichkeit und Tod

Der Ordnung der Natur ist eigentlich der Tod nur als Ableben aus Altersschwäche gemäß, jeder andere Tod ist Unterbrechung des ordentlichen Naturlaufs.

Wenn die Zeit gereift ist, sieht man Gebäude, die Jahrhunderte getrotzt, unaufhaltbar wie durch ein Erdbeben zusammenstürzen.

Die ganze Erde ist eine große Ruine. Alle Völker leben und wandeln über Trümmern der Vorzeit. In wie vielen Gegenden sehen wir nicht Trümmer über Trümmern gehäuft und die Zukunft wird diese mit neuen vermehren. Kein Land, kein Volk, kein Staat, keine Verfassung, keine Einrichtung, kein Erzeugnis wissenschaftlicher, gelehrter oder künstlerischer Anstrengung, kein Werk des Genies ist von dem aus der Beschränktheit hervorgehenden Gesetz der Vergänglichkeit ausgenommen.

Was von der Erde kommt, verfällt wieder der Erde. Der Erdball ist das Grab der Volksstämme und Geschlechtsalter, das Grab aller irdischen Herrlichkeit und alles irdischen Elends. Die Menschheit wandelt über Grabtrümmern, und über diesen erblühen fortwährend neue Geschlechter und Zeitalter.

Welch trauriger Gegensatz zeigt sich bei Vielen zwischen ihrer kindischen Furcht vor dem unvermeidlichen Tod und dem unbesonnenen Leichtsinn, womit sie ihm entgegengehen! Sie leben dahin, als wenn sie nicht alle Tage ihre Mitmenschen sterben sähen, und so tritt vor sie der Tod wie eine entsetzliche Überraschung.

Der Weise befreundet sich mit dem Tod zum Vorteil seines Lebens.

An den Tod wird der Weise oftmals denken, nicht um sich mit dessen Befürchtung zu quälen, sondern um sich an dessen Gewißheit, Unvermeidlichkeit und an dessen Notwendigkeit für den Eingang in das Jenseits zu erinnern.

Was am Menschen stirbt, ist nicht er selbst.

Vom Geheimnis umhüllt ist für uns der Tod wie das Leben.

Menschliches, Allzumenschliches

Wir schwimmen auf einem Meere, dessen Ufer wir nicht wahrnehmen können.

Um wahre Menschenliebe unversehrt in sich zu bewahren, tut es not, sich zuweilen dem Umgang mit den Menschen zu entziehen.

Der Mensch tut Vieles, was er nicht will, und will Vieles, was er nicht tut.

Was schärft mehr und besser den Geistesblick, was weckt kräftiger das Gemüt aus dem Schlummer, was erhebt mächtiger Geist und Herz über das Niedrige, Nichtwürdige, was läutert wundersamer den Sinn von den Blendwerken des Scheins und Trugs als die widrigen Geschicke? Was schützt besser vor Überhebung und blindem Vertrauen auf Vergängliches, Hinfälliges als die Warnungsstimme der Unfälle und Leiden?

Gegen mittelmäßige Übel und Leiden sträubt und empört sich des Menschen Gefühl und bricht in heftige Klagen aus, wogegen die äußersten es betäuben und ihm Stillschweigen auflegen.

Das Tier lebt nicht so wie der Mensch beständig zwischen Hoffnung und Furcht. Diese fügt des Menschen wirklichen Leiden diejenigen bei, welche seine Einbildung schafft. Ihn quält nicht nur der Schmerz, sondern auch die Furcht davor.

Eines der stärksten Hindernisse der Wohlfahrt ist die Furcht, selbst
ein großes Übel, weil sie die Besinnung raubt, den Geist und das
Gemüt trübt und alle Kräfte lähmt. Furcht schwächt die Urteils-
kraft mehr als irgendein anderer Affekt.

Nichts ist niederbeugender und lähmender als die Furcht, wogegen
nichts mehr belebt als Hoffnung. Fehlgeschlagene Hoffnung aber
schlägt noch schmerzlicher nieder, als die Entdeckung des Un-
grunds der Furcht erhebt.

Der Mensch liebt Veränderung und Wechsel, kann er nicht vor-
wärts, so geht er lieber rückwärts, als daß er still stehen bliebe.

Allen Wesen, auch dem Menschen, ist ein Trieb zum Widerstand
gegen Veränderungen eingepflanzt. Dieser Widerstand von Seite
des Menschen äußert sich im Verfechten und Festhalten dessen,
was besteht, des Erworbenen, des Ererbten, des Angewöhnten, des
Hergebrachten. Wird derselbe zuletzt auch überwunden, so ist er
doch, wofern er nur Maß hält, wie die Vernunft gebietet, für das
Ganze wohltätig. Wird er aber maßlos, zäh und starrsinnig, so reizt
er zu Umwälzungen und fördert sie, anstatt sie zu hindern.

Wenn das Herz, das Gewissen, den Menschen verdammt, so wendet er sich an den Verstand, daß er die Anwaltschaft für seine Mis-
setat übernehme.

Der Gewissenlose scheut sich mehr vor Verstößen des Verstandes
als vor sittlichen Vergehen. Die meisten Menschen ertragen jedoch
den Vorwurf von Verstandesschwäche und Irrtum leichter als den
des Unrechts und der Unsittlichkeit.

Mißgeschick verschmerzt der Mensch noch leichter als Ungeschick.

Mit wie viel Beischlag ist nicht alles Tugendgold versetzt.

Die Zeit, in welcher das Gewebe gesponnen wird, woran die vielen
endlichen beschränkten Kräfte im Weltall unaufhörlich betätigt

sind, und welches wir Schicksal nennen, ist ein strenger Buchhalter, der weder Rechnungsfehler noch falsche Wechsel anerkennt.

Es ist eine ganz falsche Behauptung, daß der Mensch entweder Amboß oder Hammer sein müsse. Der edle Mensch hütet sich gleich sehr, eines oder das andere zu sein.

Bei dem rastlosen Streben nach Wissen, Genuß, Glück, Lob und Ruhm kommen die Menschen in der Welt so selten auf die Frage: Was bin ich? Was ist meine Bestimmung? Und doch sollte Alles von ihr ausgehen und muß Alles mit ihr enden.

So sehr der Mensch die Freiheit liebt und für sich in Anspruch nimmt, so großen Reiz hat für ihn die Herrschaft über Andere. Wer die Freiheit Anderer nicht achtet, ist ihrer selbst unwürdig.

Das reine natürliche Verhältnis der Geschlechter muß durch jeden unnatürlichen Zwang notwendig Nachteil leiden. Verdrängung der freien, durch Gefühl und vernünftige Überlegung geleiteten Wahl durch Nebenrücksichten kann nur Unheil stiften, indem er Solche zusammenbringt, die nicht zusammengehören.

Schon in den ältesten Zeiten wurden Ehegenossen als Solche angesehen, deren Lebensschicksale ungeteilt sein sollten. Sie hießen „Consortes".

Übrigens sei der Mann ganz Mann, die Frau ganz Frau! Ein Herkules am Spinnrocken widert ebenso an wie eine Grazie, mit einer Keule bewaffnet.

Die Frauen meinten: wer ihnen im hohen Grade gefalle, müsse zu allem fähig sein.

Alle Teile des menschlichen Leibes sind für Schmerz empfindlich, nur einige für Vergnügen.

Das Richten über Andere ist ein mißliches, das Gewissen beschwerendes Geschäft. Wenn nicht ein bestimmter Beruf dieses Geschäft zur Pflicht macht, der enthalte sich desselben! Mit voller Gerechtigkeit wird es jedenfalls Keiner verrichten, der es nicht durch Übung im unbefangenen Richten seiner Selbst schon weit gebracht hat. Ein solcher wird aber auch am wenigsten geneigt sein, Andere zu richten oder dabei leichtsinnig oder lieblos zu verfahren.

Liebe zur Heimat ersprießt als Kind der Natur auch in den am wenigsten begabten Weltgegenden und trägt nicht wenig bei, das Los der Erdebewohner ihnen erträglich zu machen. Erblüht und veredelt sie sich aber zur Liebe eines Vaterlandes, dann wird sie eine fruchtbare Quelle erhöhten Lebensgefühls, welches dem Kosmopoliten, der auf jedem Erdflecke, wo er sich behaglich findet, sein Vaterland erblickt, fremd bleibt.

In Athen durfte Keiner einem Andern verweigern, daß er sein Licht an dem seinigen anzünde.

Alles Böse und alle Übel in der menschlichen Gesellschaft sind Abweichungen von ursprünglich Gutem. Omnia mala ex bonis initiis orta sunt (alles Schlechte hat sich aus guten Anfängen entwickelt).

Jede Überschreitung einer gewissen Grenze, eines gewissen Maßes, ruft Widerstand hervor. Jedes Un- und Übermaß ist ein Aufruf zur Zurückführung auf das rechte Maß. Omne nimium vertitur in vitium (alles Zuviel verkehrt sich ins Falsche).

Wer Enthebung von allen Leiden begehrt, vergißt, daß er ein Mensch ist.

Alles Lebendige hat seinen Frühling, Sommer, Herbst und Winter. Jeder dieser Abschnitte bringt Vor- und Nachteile mit sich. Der Mensch kann die Vorteile steigern, die Nachteile vermindern, er kann sogar die guten Früchte aller Jahreszeiten des Lebens für sich perennierend machen. Nur kann er den Kreislauf der Natur nicht abändern.

Was eigentlich das Leben oder sein innigster Grund sei, ist uns ein undurchdringliches Geheimnis.

Irrtümer, Weisheiten

Keiner will irren, auch dann nicht, wenn er sich in einen Irrtum verliebt hat.

Beschränkte Geister begreifen nicht, daß zuweilen Untätigsein besser ist und wirksamer als Vieltun.

Ein schädlicher Irrtum ist es, wenn man in guten Unternehmungen das Stehenbleiben auf halbem Wege für das Einhalten der goldenen Mitte hält. Die Menschen sind nur zu geneigt, ihre Schwäche und Feigheit mit dem Scheine der Mäßigung zu beschönigen.

Ein großer Irrtum ist es, die goldene Mitte mit der Mittelmäßigkeit zu verwechseln. Jene ist der Zustand zwischen zwei Äußersten, diese ist der Zustand zwischen dem Geringsten und dem Höchsten, dem Schlechtesten und dem Edelsten auf der Stufenleiter der Vollendung. Die goldene Mitte ist der Standpunkt der nach Weisheit und Tugend Strebenden, die Mittelmäßigkeit der heilige Standpunkt des großen Haufens.

Der allergefährlichste Feind unseres Glücks ist die durch Scheu geregelter Arbeit erzeugte Langeweile, diese unerträgliche Quälerin und ärgste Versucherin zu allem Törichten und Bösen.

Die Begierde, den Stein der Weisen zu finden, hat die zahllosen Forschungen und Versuche veranlaßt, die notwendig waren, um die Nichtexistenz des vermeintlichen Steins der Weisen darzutun.

Auch die gelehrte Welt hat ihre Donquischotts, die Schattenbildern nachjagen und mit Windmühlen kämpfen.

Das von der Wirklichkeit absehende Denken soll doch nie der Natur gleichsam das Fell über die Ohren abziehen, sie verzerren oder entseelen.

Daß es jederzeit Gespenster gegeben habe und noch gebe, wer kann das leugnen? Ist doch die Einbildungskraft in Erschaffung von solchen unerschöpflich.

Die wahrsten und beachtungswürdigsten Gespenster sind die, welche die Brust der Frevler mit Schrecken erfüllen, die verwerflichsten die, womit verschmitzter Betrug die arglose Unwissenheit gängelt und prellt.

Es ist nichts gewöhnlicher in der Welt als der Übergang (oft der schnelle) von einem Äußersten zum andern. Jedes Äußerste ruft das entgegengesetzte hervor. Abyssus Abyssum invocat (ein Abgrund provoziert den nächsten).

Übertriebenes Lob und übertriebener Tadel stiften viel Unheil in der Welt, indem jenes berauscht und dieses verletzt und entmutigt.

Die Verkennung der wahren Natur des Bösen hat ganze Völker zu einer folgenreichen Verkehrtheit verleitet, nämlich zur Annahme eines Prinzips des Bösen außer uns, dessen Macht sie sogar höher stellten als die des Prinzips des Guten, weshalb sie es auch mehr scheuten und, um es zu besänftigen, mit größeren Opfern als dieses verehrten. So glauben auch jetzt noch die Leute zwischen dem Senegal und der Gambia an ein böses und an ein gutes Grundwesen. Dem letzteren bezeigen sie keine Verehrung, weil es unfähig sei zu schaden, aber an ersteres richten sie Bitten und Opfer.

Ohne Selbstdenken kann es niemand in der Erkenntnis weit bringen. Allein Selbstdenken erfordert Anstrengung, während das Andere-für-sich-denken-lassen sehr bequem ist. Wie Vieles hindert nicht am Selbstdenken, wie Vieles schreckt nicht davon ab.

Das Greisenalter wird ehrwürdig, indem es seinen Abgang an Tatkraft durch Erfahrungsweisheit und Würde des Benehmens ersetzt und durch Auffrischung oder Erneuerung der Heiterkeit und Zufriedenheit des Kindesalters die Jüngeren erfreut und erbaut.

Selten bewahren Greise die Jugendfrische des Geistes. Viele werden kindisch, urteilen mit Vorgunst von der alten, mit Abgunst von der neuen Zeit. Doch die Zeit, im Ganzen immer neu und jung, geht ihren Weg, den überlieferten Stoff verarbeitend und mit neuem vermehrend und vermischend.

Die Verbindung der rechten Einfalt des Gemüts und der ruhigen Besonnenheit und Beurteilung aller Dinge mit einer durch Erfahrung und Nachdenken gereiften Einsicht wird selten vor dem Greisenalter erreicht.

Bei allen besonnenen Völkern wurde der Rat der Alten immer einer vorzüglichen Beachtung für würdig gehalten.

Menschenwürde, Menschenrechte

Kann es ein anderes Sittengesetz geben für diejenigen, welche herrschen und ein anderes für diejenigen, welche beherrscht werden?

Glücklich das Volk und die Zeit, wo die Todesstrafe ebenso wie die Folter ohne Gefahr für die gesetzliche Ordnung abgeschafft werden kann!

Nebst der Anerkennung der gleichen Menschenwürde in beiden Geschlechtern ist die sorgsamste Beachtung der Eigenheiten und Vorzüge eines jeden von beiden unerläßliches Erfordernis guter Ehen.

Verächtliche und herrische Behandlung der Frauen stand immer im Bunde mit Knechtschaft, sei es des ganzen Volkes oder eines Teils desselben.

Ebenso ungerecht als grundlos ist die Behauptung eines solchen Rassenunterschiedes, der gewisse Völker einer wahren Bildung und Gesittung unfähig mache und sie zum ewigen Verharren auf einer niedrigen Stufe geistiger Entwicklung verurteile. Die hämische Behauptung, womit man die unwürdige Behandlung farbiger Rassen beschönigen möchte, ist eine Verunglimpfung der Menschenwürde.

Zur Annahme von ursprünglich und unveränderlich höhern und niedrigern Menschenrassen berechtigt uns nichts. Alle Völker sind der Veredlung empfänglich und keines ist durch seine natürlichen Anlagen von der Veredlung und Befähigung zum Genuß aller Menschengüter ausgeschlossen.

Zur Schmach der neueren Zivilisation hat die Gewinnsucht die Arbeit, die der größte Segen für menschliche Zufriedenheit und Wohlfahrt sein sollte, für Viele in Fluch verwandelt.

Ist es den Reichen, ist es den Machthabern ein wahrer Ernst, der Armut und ihren bösen Folgen zu steuern, so rufen ihnen tausend Tatsachen die Wahrheit zu: die Hülflosen zu unterstützen, den Arbeitsfähigen lohnende Arbeit zu verschaffen und durch bildende Anstalten und rechtzeitige Hülfe nach Kräften zu verhüten, daß die Armut sich durch Vererbung und Laster krebsartig fortpflanze und vermehre, daß sie nicht durch Rohheit und Mutlosigkeit zur fortwährenden Pflanzstätte des Elends und der Unsittlichkeit werde.

Wer kann leugnen, daß Jedermann Anspruch habe, an der Verbesserung der gesellschaftlichen Zustände Teil zu nehmen und daß die ganze Gesellschaft dabei gewinne, wenn niemand davon ausgeschlossen bleibt.

Ignaz Heinrich Karl Thadaeus Fidel Dismas Freiherr von Wessenberg

Zeittafel

Am **4. November 1774** in Dresden geboren als Sohn eines fürstlichen Hofbeamten und aufgewachsen auf dem Familiengut Feldkirch im Breisgau.

In den **1790**er Jahren Studium der Theologie und Jurisprudenz an den Universitäten Dillingen, Würzburg und Wien.

1802 Berufung auf das Amt des Generalvikars der Diözese Konstanz durch Fürstbischof Carl Theodor von Dalberg.

1803 Reichsdeputationshauptschluß: radikaler Systembruch der katholischen Kirche in Deutschland durch die Säkularisierung.

1812 Wessenberg läßt sich zum Priester weihen.

1814 Dalberg ernennt Wessenberg zu seinem Coadjutor mit dem Rechtsanspruch auf Nachfolge im Bischofsamt, was von der römischen Kurie jedoch nicht bestätigt wird.

1814/15 Teilnahme Wessenbergs am Wiener Kongreß: Kontroversen mit den päpstlichen Delegierten über das Konzept einer zukünftigen katholischen Kirche in Deutschland.

1817 Tod Dalbergs und Wahl Wessenbergs zum Bistumsverweser durch das Konstanzer Domkapitel. Nach der Ablehnung dieser Wahl durch die römische Kurie reist Wessenberg nach Rom, um sich gegenüber dem Papst Pius VII. persönlich zu rechtfertigen. Eine Verständigung kommt nicht zustande. Gegen den Willen der römischen Kurie bleibt Wessenberg weiterhin Bistumsverweser von Konstanz.

1821 Liquidierung des Bistums Konstanz durch die römische Kurie und stattdessen Errichtung der Erzdözese Freiburg für das Großherzogtum Baden 1827 und der Diözese Rottenburg für das Königreich Württemberg 1828. Empfehlungen aus diesen Ländern, Wessenberg zum Oberhirten in Freiburg oder in Rottenburg zu bestellen, werden von der römischen Kurie verworfen.

1827 scheidet Wessenberg aus dem Kirchendienst aus.

Die letzten dreißig Jahre seines Lebens führt Wessenberg die Existenz eines vermögenden Privatiers. Er ist oft wochen- oder gar monatelang unterwegs auf Reisen nach Italien, durch die Niederlande und Belgien, immer wieder auch nach Frankreich. Er ist als Schriftsteller tätig und äußert sich meistens kritisch zu den kirchenpolitischen Entwicklungen in Rom und anderswo. Er schreibt Gedichte und verfaßt Dramen. Er gründet philanthropische Institutionen und sorgt für deren Unterhalt.

Am 9. Juli 1860 stirbt Wessenberg nach kurzer Krankheit treu umsorgt von seinen dienstbaren Hausgenossen in dem von ihm so lange Jahre bewohnten Domherrenhof gegenüber dem Münster. Sein Erbe hat er testamentarisch nicht seiner Familie vermacht, auch nicht der Kirche, sondern im Wesentlichen der Pflege des Gemeinwohls seiner Stadt Konstanz gewidmet.

Bildnachweis

Einbandvorderseite: Marie Ellenrieder, ohne Jahr. Kohle, teilweise gemischt, rote Kreide. Staatliche Kunstsammlungen Dresden. Foto Herbert Boswank

S. 52: Johann Heinrich Lips, 1814. Kupferstich. Rosgartenmuseum Konstanz
S. 72: Gebhard Gagg, 1860. Aquarell. Rosgartenmuseum Konstanz
S. 77: Foto Privatbesitz
S. 78: Städtische Wessenberg-Galerie Konstanz
S. 106: Marie Ellenrieder, 1819. Radierung. Rosgartenmuseum Konstanz
S. 154: ohne Jahr, Tempera auf Bein. Städtische Wessenberg-Galerie Konstanz

UVK:Weiterlesen

Kleine Schriftenreihe des Stadtarchivs Konstanz

Band 10
Lothar Burchardt (Hg.)
Aufregende Tage und Wochen
Das Tagebuch des Konstanzer
Lehrers Herbert Holzer aus den
Jahren 1945-1948
2010, 246 Seiten, Broschur
ISBN 978-3-86764-251-4

Band 11
Daniela Frey, Claus-Dieter Hirt
Französische Spuren in Konstanz
Ein Streifzug durch die Jahrhunderte
2011, 186 Seiten mit farbigen und
s/w Abb., Broschur
ISBN 978-3-86764-322-1

Band 12
Daniel Wilhelm
Energie aus dem Paradies
Gasversorgung in Konstanz seit 1861
2011, 128 Seiten mit farbigen und
s/w Abb., Broschur
ISBN 978-3-86764-318-4

Band 13
Heike Kempe
Die »andere« Provinz
Kulturelle Auf- und Ausbrüche in der
Bodensee-Region seit den 1960er Jahren
2013, 200 Seiten mit farbigen und
s/w Abb., Broschur
ISBN 978-3-86764-363-4

Band 14
David Bruder
**Soziale Stimme –
streitbarer Sachverstand**
Geschichte des Mieterbundes
in Konstanz seit 1912
2012, 154 Seiten mit farbigen und
s/w Abb., Broschur
ISBN 978-3-86764-381-8

Band 15
Manfred Bosch, Siegmund Kopitzki (Hg.)
Wettlauf mit dem Schatten
Der Fall (des) Wilhelm von Scholz
2013, 288 Seiten
45 s/w Abb. und 15 farb. Abb., Broschur
ISBN 978-3-86764-384-9

Band 16
Arnulf Moser
**Vom Königlichen Garnisons-Lazarett
zur Arbeiterwohlfahrt**
Die wechselvolle Geschichte des
Gebäudekomplexes Friedrichstraße 21
in Konstanz von 1882 bis heute
2013, 128 Seiten mit farbigen und
s/w Abb., Broschur
ISBN 978-3-86764-429-7

Band 17
Lisa Foege
Wessenbergs Herzenskind
Geschichte einer sozialen
Fürsorgeinstitution in Konstanz
2014, 160 Seiten mit s/w Abb., Broschur
ISBN 978-3-86764-452-5

Klicken + Blättern

Leseprobe und Inhaltsverzeichnis unter

www.uvk.de

Erhältlich auch in Ihrer Buchhandlung.